DAS GROSSE BUCH
der Entspannungs-
und Meditations-
methoden

Orbis Verlag

© 1991 Orbis Verlag für Publizistik GmbH
München und litera-team, München
Autoren: Margit Seitz-Dahlke (Meditationsteil),
Rainer Wallbaum (Heilfasten)
Redaktion: litera-team, München
Satz: Filmsatz Schröter GmbH, München
Druck- und Einband: Mohndruck
Graphische Betriebe GmbH, Gütersloh
Printed in Germany · Alle Rechte vorbehalten
ISBN 3-572-00505-1

Inhalt

Vorwort 13

I Die Grundlagen der Meditation

Was ist Meditation? 17
Warum Meditation? 19
Die Meditationstechniken 22
Die Wirkungen der Meditation 24
Was geschieht beim Meditieren? 31
Meditation und Psychotherapie 35
Klassische Psychoanalyse 37
Gestalttherapie nach Fritz Perls 38
Urschreitherapie von Arthur Janov 39
Bioenergetische Analyse 40
Ziele der Meditation 41

II Die Praxis der Meditation

Die Umgebung 53
Die Haltung 54
1. Übung: Einheit 56
2. Übung: Schwerpunkt 56
3. Übung: Lotos-Sitz 58
4. Übung: Verlagern des Schwerpunkts 60

Die Atmung 61
1. Übung: Beobachten 62
2. Übung: Bewußtwerden 62
3. Übung: Zwerchfellatmen 63

Die innere Einstellung 64
1. Übung: Körperliches Abreagieren 66
2. Übung: Bewußtheit 68

Die Vorbereitung	68
Eutonische Grundübung	70
Kin-hin-Übung	71
Körperzentrierte Aufwärmübung	73
Muskuläres Tiefentraining	74
Lebenskraftübung	76
Pranayama-Übung	77
Der Einstieg	80
Praktische Übungen	83
Aiki-do	83
Augenmeditation	84
Ahnenmeditation	85
Atem-Meditation	87
Atem-Rebirthing	89
Aurameditation	91
Ausdehn-Atem	92
Ballonmeditation	93
Bhakti-Yoga	95
Chakrenmeditation	96
Dynamische Meditation	98
Erntedankmeditation	99
Erdritual	101
Enlightment intensive	103
Einfühlen	104
Energietanz	105
Fasten als Weg in die Mitte	107
Flammenmeditation	109
Feuerritual	110
Farbatmen	112
Gebirgs-Imagination	113
Gefühlswahrnehmung	114
Geführte Meditationen	116
Ha-Atmung	119
Himmel-Erde-Atmung	120
Hatha-Yoga	121
Herzensmeditation	123
Intuitionsmeditation	126

Jnana-Yoga	127
Jahreszeiten-Meditation	128
Kristallmeditation	130
Karma-Yoga	132
Kunst-Meditation	134
Kochen als Meditation	135
Konzentrations-Meditation	137
Kraftplatzimagination	138
Licht-Meditation	140
Liebe-Meditation	141
Loslassen	142
Luftritual	144
Lebensmotto	146
Licht-Imagination	147
Meditation der Kargheit	148
Meditation mit dem Steinverbündeten	148
Meditatives Waschen	151
Meditatives Arbeiten	152
Meditation über Symbole	153
Meditatives Malen	155
Meditatives Tanzen	156
Stirb- und Werde-Meditation	158
Meditation über Leben und Tod	159
Mutprobe-Imagination	160
Marsmeditation	161
Meditation über den Anfang	162
Mutterleibsmeditation	164
Mondmeditation	165
Mondrhythmusmeditation	165
Das innere Kind	167
Metapher-Meditation	171
Mantra-Singen	172
Mandalamalen	173
Meditation über das Meer	174
Meditation der Liebe	175
Musik-Meditation	176
Der innere Führer	176
Meditation über Symbole	177

Mantra-Meditation	179
Meditatives Essen	182
Namensmeditation	183
Natur-Meditationen	184
Origami	187
Obertonsingen	188
Out-of-Body-Reisen	189
Psychometrische Meditation	191
Reinigungsatmen	192
Raja-Yoga	193
Rebirthing	195
Reigentanz	196
Runenmeditation	197
Rückverbindungsmeditation	200
Sanduhr-Meditation	202
Satipatthana-Meditation	204
Sonnenaufgangsmeditation	206
Spiele als Meditation	207
Spannungs-Meditation	209
Sonnenmeditation	209
Sonnengebet	210
Spiegelmeditation	213
Schreib-Meditation	214
Seinen Platz finden	216
Sandbildmeditation	218
Samadhi-Satori-Tank	220
Todesmeditation	222
Tantra	223
Tai Chi	225
Traummeditation	226
Tastsinnübung	228
Ton modellieren	229
Traumreise – Reisetraum	231
Verschwinden	232
Vokalatmen	232
Vergangenheitsmeditation	233
Wirbelmeditation	234
Wunscherfüllungsmeditation	236

Wissensmeditation 237
Wasser-Imaginationen 238
Yogi-Vollatmung 239
Zazen 240
Zeitmeditation 242
Zen-Koan 243
Zeitreisen 245
Zen in der Kunst der Blumenzeremonie 246
Zen in der Kunst des Bogenschießens 249

III Heilfasten

Was bedeutet Heilfasten 253

Die Popularität des Fastens 253
Das Hindernis »praktische Durchführung« · Die andere Seite des
Fastens · Ist Fasten naturgemäß? · Fasten als bewußte Entschei-
dung · Von der Natur des Menschen

Die Rolle der inneren Haltung 259
Unterschwellige Bedenken · »Nebenbei« fasten? · Loslassen und
Sich-Einlassen · Die Fasten-Haltung als das eigentlich Schwierige ·
Die vier Dimensionen des Fastens · Wechselwirkungen der ver-
schiedenen Dimensionen

Das Besondere am Heilfasten 268
Heilung ist das Ziel · Heilfasten ist kein Heilsweg · Selbständiges
Heilfasten – klinisches Heilfasten

Auswirkungen 271

Körper und Organismus 271
Verjüngungskur für die äußere Erscheinung · Regeneration des
Organismus · Heilung von Erkrankungen · Steigerung der körperli-
chen Leistungsfähigkeit · Anwachsen der intellektuellen Fähigkei-
ten · Zusammenfassung der Wirkungen im körperlich-organischen
Bereich

Seele und Geist 278
Wirkungen auf die Psyche · Wirkungen im spirituellen Bereich

Soziale Beziehungen 279
Distanz · Bereinigung

Persönlichkeit 281
Ein anderer Mensch werden? · Ausstrahlung und Charisma

Vorgänge in Körper und Seele 284
Aufnehmen · Umstimmen und umschalten · Reinigen und erneuern

Körperliche Vorgänge 287
Darm · Blut · Bindegewebe · Ausscheidungsorgane · Leber und
Nieren · Haut und Schleimhäute · Sinnesorgane

Seelische Vorgänge 291
Emotionen · Träume · Spirituelle Erfahrungen · Fastenflauten –
Fastenkrisen

Heilfasten zu Hause 295
Voraussetzungen 295
Gesundheit · Beruf · Raum · Zeitpunkt

Heilfasten im Überblick 298
Dauer und Einteilung · Was ist konkret zu tun? · Genußgifte und
Gewohnheitsmedikamente

Konkrete Maßnahmen 301
Regelmäßige Darmentleerung 301
Einlauf · Salinische Darmberieslung · Glaubersalz · Sauerkrautsaft
und Buttermilch

Erweiterte Körperpflege 305
Trockenbürstenmassage · Warm- und Kaltdusche · Körperpflege

Kreislaufstimulationen 307
Richtiges Aufstehen aus dem Liegen · Gymnastik während des
Aufstehens · Gymnastik nach dem Aufstehen · Verhalten bei Müdig-
keit

Ruhe und Bewegung 309
Ruhe · Bewegung

Gymnastik 311
Übungen für eine festere Brustmuskulatur · Übungen für einen
straffen Bauch · Übungen für schlankere Hüften · Übungen für einen
festeren Po · Übungen für schönere Beine

Bewußtes Atmen 314
Rhythmisches Atmen · Reinigungsatmen · Bauchatmen · Enspan-
nungsatmen

Naturheilkundliche Anwendungen 316
Leberwickel oder -packung · Trinken über den Durst · Lauwarmes
Vollbad · Ansteigendes Fußbad

Übungen für Seele und Geist 318
Einfache Entspannungsübungen · Übungen aus dem Yoga · Übun-
gen aus dem Autogenen Training · Schwere Übung · Wärme-Übung ·
Sonnengeflechts-Übung · Geführte Meditation

Kreatives Gestalten 324
Mandala-Ausmalen · Malen mit Pinsel und Farbe · Collagen gestal-
ten · Modellieren · Tagebuch führen

Fasten und spirituelle Kraft 330

Ein weltlicher Weg zur Spiritualität 331
Religiöse Vorbilder · Unser alltäglicher Umgang mit der spirituellen
Ebene · Die Faszination des Glanzes · Die Kraft der Symbole ·
Reinlichkeit als Sehnsucht nach spiritueller Kraft

Die freiwerdenden Kräfte beim Heilfasten 337
Reinigung als zentrales Geschehen · Befreiung durch Reinigung ·
Überlegenheitsgefühle · Fasteneuphorie · Sensibilisierung für die
spirituelle Ebene · In Demut zur spirituellen Kraft

Praktische Unterstützung der spirituellen Dimension 345
Schwerpunkte · Empfänglichkeit für die spirituelle Energie · Demut
und Unterwerfung

Vorwort

>»Wir haben erfahren, daß der Mensch
seinen Intellekt bis zu erstaunlichen Leistungen kultivieren kann –
ohne dadurch der eigenen Seele Herr zu werden.«
>
> HERMANN HESSE

Der Weg unserer hochzivilisierten, hoch technisierten und intellektgläubigen westlichen Gesellschaft hat in eine totale Veräußerlichung der Werte und Lebensgefühle geführt. Durch zahlreiche technische Hilfsmittel ist es gelungen, unser alltägliches Leben komfortabler zu gestalten, und dennoch ist dieses mehr denn je von einem fast unerträglichen, krankmachenden Leistungsdruck bestimmt. All die Maschinen und wissenschaftlichen Errungenschaften konnten das Leid in unserer Welt nicht mindern und die Fragen nach dem Sinn unseres Lebens nicht beantworten. Die Unzufriedenheit mit dieser einseitigen Weltsicht hat in letzter Zeit viele Menschen dazu bewogen, sich nach einer alternativen Betrachtungsweise der Dinge umzusehen. Der Wunsch, wieder ein Gleichgewicht herzustellen zwischen Innen und Außen, wieder in Harmonie mit der Natur und nicht gegen sie zu leben, wurde und wird immer größer. Und wie schon so oft in der abendländischen Geschichte, richtet auch heute der westliche Mensch in seiner Ratlosigkeit den Blick nach Osten, um dort Antworten auf seine existentiellen Fragen zu finden.

Das Interesse an der spirituellen Tradition Asiens nimmt daher in letzter Zeit immer mehr zu. Dies äußert sich auch in der Wiederentdeckung der Meditation. Wir werden geradezu überschwemmt von einer Vielzahl an Meditationstechniken und -schulen, und es bereitet oft Schwierigkeiten sich für eine bestimmte Meditationsart zu entscheiden.

Dieses Buch gibt seinen Lesern eine Orientierungshilfe für das Auffinden der individuell geeigneten Meditationstechnik.

Die Möglichkeiten einer Darstellung der oft recht komplizierten Wege der Meditation – sofern sie über reine Entspannungstechniken hinausgeht – in einem Buch sind begrenzt. Es können daher hauptsächlich Anregungen gegeben werden, denn Meditation als Weg zu innerer Wandlung muß gelebt werden.

I
Die Grundlagen der Meditation

Was ist Meditation?

Meditation ist eine über Jahrtausende hinweg erprobte und immer wieder verbesserte Technik, bei der es zu einer Umschaltung des Bewußtseins kommt. Wer meditiert, verläßt die gewohnte Ebene des Wachbewußtseins und begibt sich in bisher unerforschte Gebiete seiner Persönlichkeit, was bedeutet: Das Bewußtsein wird während der Meditation gleichzeitig erweitert, vertieft und erhöht. Deshalb ist Meditation nicht nur ein anderer Bewußtseinszustand, sondern ein allumfassender. Die Meditation erreicht alle Ebenen unserer Persönlichkeit, auch diejenigen, die wir bisher noch nicht kannten oder nicht kennen wollten. Meditation kreiert nie etwas völlig Neues, Utopisches. Es handelt sich bei ihr auch nicht um pure geistige Gymnastik oder um eine Übung zur Entspannung. Meditation beinhaltet all dies – und geht weit darüber hinaus.

Kein Wunder, daß es für viele Menschen schwierig ist, sich mit der wahren Bedeutung der Meditation zu befassen. Intellekt, Vernunft und rationelle Überlegungen reichen nicht aus, um Meditation zu begreifen. Sie entzieht sich allen theoretischen Konzepten und analytischen Bemühungen. Wer Meditation erfahren will, muß sie praktizieren. Die Bereiche, mit denen man während der Meditation konfrontiert wird, überschreiten die Grenzen des rational Faßbaren. Zwangsläufig wird der Meditierende den scheinbar sicheren Boden seines Weltbildes verlassen und erkennen, daß es Dinge zwischen Himmel und Erde gibt, die er mit seinem Verstand nicht erfassen kann. Jeder Versuch einer Erklärung gerät bestenfalls zu einer Annäherung an den wahren Gehalt der Meditation. Hier einige Beispiele:

Der Physiker und Philosoph Carl Friedrich von Weizsäcker:

»Es ist ein Stillwerden des bewußten Getriebes und es meldet sich, zeigt sich etwas, was auch immer vorher da war. Überhaupt, man wird durch die Meditation kein anderer, sondern der, der man immer gewesen ist.«

Der Psychologe und Gestalttherapeut Hilarion Petzold: «Es ist eine Haltung der hingebungsvollen, steten Konzentration, der reinen Offenheit, der Loslösung von den Fesseln der Vergangenheit, [...] der Befreiung zu neuen Gestaltungen des Bewußtseins und zugleich des Überschreitens aller Einzelgestaltungen.«

Der Sufi-Führer Pir Vilayat Khan: »Das Ziel ist, Gott zu einer Realität zu machen und nicht die Suche nach der Befreiung von den existentiellen Bedingungen.«

Der Meditations-Meister Karlfried Graf Dürckheim: »Meditation meint Verwandlung des überwiegend der Welt zugewandten, aus seiner bloßen Natur und im Bedingten der Welt lebenden Menschen zu dem neuen Menschen, der bewußt in seinem Wesen verankert ist und dieses in seinem Erkennen, Gestalten und Lieben in der Welt in Freiheit zu bekunden vermag.«

Meditative Zustände sind uns allen bekannt, aber unser modernes Leben verdrängt sie. Durch den Leistungsdruck, unser »Durch-das-Leben-Hetzen« werden wir daran gehindert, zu uns selbst zu finden, unsere Mitte zu spüren. Es fehlt uns immer mehr die Fähigkeit zur Hingabe. Streß ist an die Stelle von Beschaulichkeit getreten, bei der sich oft von allein ein Meditationszustand einstellt. Deshalb benötigen wir heute Techniken, die uns helfen können, den Zustand absoluter Ruhe, der Passivität, des Nicht-Tuns, der Hingabe an das »Einfach-so-Sein« wieder zu ermöglichen.

Warum Meditation?

»Der Zweck des Lebens ist Bewußtwerdung«, schreibt Bhagwan Shree Rajneesh. »Bewußtsein ist die uneingeschränkte Wahrnehmung von allem, was geschieht.« Diese uneingeschränkte Wahrnehmung ist uns meist verwehrt, denn unser Wachbewußtsein ist nur in der Lage, einen winzigen Ausschnitt der Realität zu erfassen. Alles, was jenseits dieser Grenzen liegt, ist außerhalb unserer bewußten Reichweite — aber dennoch vorhanden.

Meditation ist ein Weg zum totalen Bewußtsein, zur umfassenden Wahrnehmungsfähigkeit. Mit Hilfe der Meditation gelingt es, ein Sperrgebiet zu betreten, in dem bislang unerschlossene Ressourcen der Persönlichkeit lagern.

Eingegrenzt in unsere Bewußtseinsschranken, sind wir nicht in der Lage, die übergeordnete Einheit aller Dinge und Vorgänge zu erkennen. Der wesentliche Grund dafür ist die Erfahrung der Polarität, die unsere materielle Welt prägt. Die Wirklichkeit existiert zwar als Einheit, ist eine Art allumfassender kybernetischer Regelkreis, der nach einer übergeordneten »göttlichen« Gesetzmäßigkeit funktioniert. Alles ist von allem abhängig, nichts kann allein wirken. Mit unserem eingeschränkten menschlichen Bewußtsein können wir diese Einheit aber nur polar erfassen, und deshalb offenbart sich uns die Welt in scheinbaren Gegensätzen: Mann und Frau, Tag und Nacht, Gesundheit und Krankheit, Leben und Tod, Plus und Minus.

Eine der Grunderfahrungen der Polarität ist der Atem. Mit seiner Hilfe können wir ihr Wesen am besten erkennen. Das Einatmen bedingt das Ausatmen, beides gehört zusammen, und wenn man einen Pol wegnimmt, verschwindet auch der andere. Dieser Wechsel der Pole ergibt einen Rhythmus. Und dieser Rhythmus bedeutet Leben, ist das Grundmodell alles Lebendigen.

Die enge Zusammengehörigkeit der Pole läßt die Einheit, die ihnen zugrunde liegt, gut erkennen. Uns Menschen zeigt sie sich jedoch immer in zwei hintereinander ablaufenden Aspekten der Wirklichkeit. Da jeweils ein Pol notwendig ist, um den anderen zu erfahren, haben beide ihre Existenzberechtigung und ihren Sinn. In einem gesetzmäßig funktionierenden Kosmos kann es nichts Sinnloses geben.

»Die Menschen«, so der Psychotherapeut Thorwald Dethlefsen, »haben es sich zur Gewohnheit gemacht, die Welt einzuteilen in Dinge, die sein dürfen, und in Dinge, die es eigentlich nicht geben sollte.« Indem wir uns weigern, bestimmten Teilen der Wirklichkeit in unserem Bewußtsein eine Existenzberechtigung zu geben, verschließen wir aber lediglich die Augen vor einem Ausschnitt der Realität. Das schlägt voll auf uns zurück, denn jeder Versuch, eine Wahrheit zu unterdrücken, erzeugt Gegendruck, den wir zu spüren bekommen. Dethlefsen warnt in diesem Zusammenhang: »Der größte Teil des menschlichen Leidens besteht aus dem ausgeübten Widerstand gegen die manifestierten Umstände.«

Dieses »Entweder-Oder«, mit dem wir die Welt betrachten, zwingt uns dazu, viele Dinge in uns zu unterdrücken, weil wir deren Wertfreiheit nicht akzeptieren können. Wir setzen den Maßstab des »Gut« und »Böse«, verdrängen dabei einen großen Teil unserer Persönlichkeit in einen Schattenbereich und verhindern damit die volle Entfaltung unseres Wesens. Wir werden krank, weil wir unsere Persönlichkeit gewaltsam reduzieren.

Die Existenz des von Tiefenpsychologen als »Schatten« bezeichneten Bereichs ergibt sich aus der polaren Erfahrung der Wirklichkeit. Da wir aber von unseren menschlichen Leiden nur erlöst werden können, wenn wir wieder in die Einheit finden, kommt der Integration des Schattens in unsere Persönlichkeit eine wesentliche Bedeutung zu. Das klingt nicht nur so, als sei es eine schwierige Aufgabe, sondern es ist auch eine schwierige Aufgabe. Die gute Nachricht aber ist, daß sich gerade in den dunklen Seiten unserer Seele oft ungeahnte Kräfte verborgen halten, die nur auf ihre Befreiung warten und, ans Licht gebracht, unsere Persönlichkeit abrunden und stärken.

Der nach England geflohene tibetanische Religionsführer Tschögyam Trungpa spricht in diesem Zusammenhang von Abfall, der als Dünger für den Entwicklungsprozeß verwendet werden soll: »Fähige Bauern aber sammeln ihren Abfall trotz schlechten Geruches und schmutziger Arbeit, und wenn er gebrauchsfähig ist, verteilen sie ihn über ihren Acker.«

Daher soll auch der Mensch seine Schattenseiten erkennen und bejahen. Er muß sie erforschen und muß akzeptieren, daß dies alles Dinge sind, die zu ihm gehören. Erst dann hat er in diesem Fall die beiden Pole der Wirklichkeit angenommen und lernt sich selbst zum ersten Male umfassender kennen. Mit dieser Selbsterkenntnis erfüllt der Mensch eine der wesentlichen Forderungen, die das Leben an ihn richtet. Thorwald Dethlefsen formuliert das so: »Das höchste Ziel des Menschen – nennen wir es Weisheit oder Erleuchtung – besteht in der Fähigkeit, alles anschauen zu können und zu erkennen, daß es gut ist, wie es ist.«

Meditation unterstützt die Selbsterkenntnis, hilft uns bei der Nutzbarmachung des inneren Schattens. Das ist der Grund dafür, warum bei zunehmend mehr Richtungen der Psychotherapie Meditationstechniken eingesetzt werden. Durch die tiefe innere Ruhe, die bei der Meditation entsteht, verschwinden Ängste und Verkrampfungen. Gedanken und Wünsche, die bisher stark angstbelegt waren, haben durch die von der Meditation geförderte wertfreie Haltung die Chance, aufzutauchen.

Der Prozeß der Selbsterkenntnis ist oft sehr schmerzhaft. Wer diesen Weg geht, gerät dabei gelegentlich mit Dingen in Berührung, die ihn entsetzen. Es brechen anscheinend unüberwindbare Gegensätze auf, und der Schrecken der Polarität wird überaus deutlich. Doch erst wenn wir uns immer wieder mit diesen Phänomenen unserer Seele beschäftigen, können wir sie verstehen und in der Polarität die Kraft der Einheit erkennen. Die Meditationstechniken geben uns die Chance, die Grenzen unseres dualen Weltbildes zu überschreiten, die scheinbaren Gegensätze wieder zusammenfügen, unsere gewohnte Subjekt-Objekt-Unterscheidung aufzulösen und die Gesamtschau herzustellen.

Einheit erreichen wir dann, wenn wir unser begrenztes Oberbewußtsein mit dem Unterbewußten, das unbegrenzt ist und alles enthält, verschmelzen. Dazu muß die Trennschicht zwischen den Bewußtseinsebenen »gereinigt« und durchlässig gemacht werden. Meditation kann das erreichen. Es ist ein Sprung ins Unbewußte, in die Tiefen unserer Persönlichkeit. Deshalb ist Meditation weitaus mehr als eine reine Entspannungsübung, als die sie bei uns im Westen so populär geworden ist. Entspannung und Streßlösung sind angenehme Begleiterscheinungen – mehr nicht.

Diesem komfortablen Zwischenergebnis der Meditation folgt die oft weniger angenehme Suche nach der vollständigen Persönlichkeit. Getrennt von einem großen Teil unserer Seele, machen wir uns als »Bewußtseinskrüppel« mit Hilfe der Meditation auf den schwierigen Weg, unser Wesen in seiner ganzen Fülle zu erkennen. Darauf muß gefaßt sein, wer sich mit Meditation einläßt, denn ganz gleich, aus welchen Gründen wir Meditation begonnen haben – sie gibt uns immer mehr, als wir erwarten.

Die Meditationstechniken

Es gibt eine Vielzahl von Meditationstechniken, und alle haben ein gemeinsames Ziel: sich selbst überflüssig zu machen. Das klingt verwirrender, als es tatsächlich ist.

Ziel aller Meditationstechniken ist ein meditativer Zustand, in dem sich die bislang brachliegenden Bewußtseinsbereiche offenbaren können. Der Zugang zu diesen unerforschten, im Dunkel unserer Seele liegenden Ebenen wird jedoch durch die hektische Alltagsbetriebsamkeit unseres Wachbewußtseins versperrt. Hier wird so aktiv gedacht und analysiert, daß keine Gelegenheit mehr besteht, sich um die für unsere Gesamtpersönlichkeit so wichtigen Inhalte des Unbewußten zu kümmern.

Entscheidende Voraussetzung für das erfolgreiche Erreichen eines meditativen Zustandes ist deshalb, unser Bewußtsein von den alltäglichen Inhalten zu leeren und Platz darin zu schaffen für all das, was aus den unteren Ebenen unserer Seele aufsteigen und sich bemerkbar machen will. Das ist leichter gesagt als getan. Wer jemals versucht hat, nur eine einzige Minute lang ganz still zu sitzen und an nichts, an überhaupt nichts zu denken, der hat festgestellt, daß es unmöglich ist, alle Gedanken, Empfindungen und Phantasien aus dem Bewußtsein zu vertreiben.

Die Meditation weiß um dieses Problem. Im Laufe ihrer langen Geschichte wurden deshalb Techniken entwickelt, mit deren Hilfe das Bewußtsein weitgehend entleert werden kann. Diese Methoden tragen dazu bei, unsere Gedanken auf einen einzigen Gegenstand oder auf eine einzige Tätigkeit zu konzentrieren. Systematisch wird alles andere aus dem Bewußtsein eliminiert, und wir verweilen bei einer einzigen Sache. Das Entscheidende dabei ist nicht, bei welcher Sache wir verweilen; wesentlich ist das Verweilen an sich.

Meditationstechniken bilden jenen aktiven Schritt, den wir benötigen, um unser rationales, begrenztes Denken zu beschwichtigen, damit wir in den Zustand des Nicht-Tuns, der passiven Bewußtheit, des stillen Gewahrseins – was Meditation ist – eintauchen können.

Wer lange genug mit Hilfe dieser Techniken seine Gedanken auf einen Punkt zu fokussieren geübt hat, ist irgendwann auch in der Lage, diesen letzten Gedanken aus seinem Bewußtsein zu tilgen. Dann ist der Zustand der Meditation erreicht – und die Techniken werden überflüssig. Der Vorgang der Technik also ist noch nicht Meditation, weil er noch Aktivität ist, aber er kann uns in die Meditation führen. Je mehr Energie für die Technik verwendet wird, desto weniger werden störende Gedanken auftauchen. Wenn man beispielsweise den Tanz als Meditationstechnik verwendet, wie das die Sufi-Derwische tun, wird irgendwann der Moment kommen, daß man nur noch tanzt, nicht mehr denkt und selbst zum Tanz wird.

»Meditation« schreibt Claudio Naranjo vom *Esalen Institut* im kalifornischen Big Sur, »beschäftigt sich mit dem Entwickeln einer Gegenwart, einem Seinszustand, der in jeder Situation, in der sich der einzelne befinden mag, ausgedrückt oder herausgebildet werden kann.« Und weiter: »Diese Gegenwart verwandelt, was immer sie berührt. Ist ihr Medium die Bewegung, wird sie sich in Tanz verwandeln; ist es Ruhe, wird sie zur lebenden Skulptur; ist es der Gedanke, wird es zu höheren Bereichen der Intuition; ist es die Wahrnehmung, wird sie zur Verschmelzung mit den Wundern des Daseins; ist es das Gefühl, wird es zur Liebe; ist es Gesang, wird es zur geheiligten Äußerung; ist es die Sprache, wird sie zum Gebet und zur Dichtung; sind es die Tätigkeiten des gewöhnlichen Lebens, werden sie zu einem Ritual im Zeichen Gottes oder zu einer Feier des Daseins.«

Die Wirkungen der Meditation

Streß ist eine der häufigsten Belastungen des westlichen Menschen. Seine Symptome sind Nervosität, Gereiztheit, Muskelverkrampfung und Überanstrengung. Den Fachleuten gilt er als Ursache zahlreicher Zivilisationskrankheiten. Streß hat eine fehlende Ausgeglichenheit im Organismus als Reaktion auf Umwelteinflüsse zur Folge. Dabei werden alle erhaltenden

Funktionen des Körpers wie Verdauung, Zellaufbau und Zellreinigung gedrosselt und alle aktivierenden sowie mobilisierenden Funktionen gesteigert. Der Körper bereitet sich auf Kampf oder Flucht vor. Das ist in bestimmten Situationen sinnvoll. Dem Menschen erschließt sich durch Streßreaktionen eine ganze Reihe von speziellen Gegenmaßnahmen, mit denen er auf Umweltreize richtig reagieren kann, um danach wieder zu harmonischen Verhaltensweisen zurückzukehren.

Gefährlich wird Streß nur dann, wenn er zu oft vorkommt und überdies nicht abreagiert werden kann. Sinnlos bereitet sich der Körper in solchen Fällen auf Aktion vor, kann diese aber nicht ausleben, weil Angriff genauso wie Flucht gesellschaftlich als unmögliches Verhalten gelten. Wenn sich z. B. eine Geschäftsbesprechung negativ für mich zuspitzt, nutzt es in den meisten Fällen gar nichts, entweder dem Gesprächspartner die Faust ins Gesicht zu rammen oder den Raum fluchtartig zu verlassen. Im Gegenteil: Wir tun so, als sei nichts passiert und schlucken Wut oder Angst unauffällig hinunter.

Dabei werden zwar die Streßhormone ausgeschüttet, das Herz klopft schneller, und der Blutdruck steigt – aber es gibt kein Ventil dafür. Der Streß dreht sich sozusagen isoliert im Kreis und frißt sich tief in uns hinein. Noch wissen die Experten nicht ganz genau, was dabei vor sich geht. Es gibt aber stichhaltige Hinweise auf mindestens zwei unangenehme Folgen:

▦ Dauerstreß schwächt das Immunsystem. Der Körper ist nicht mehr in der Lage, Krankheitserreger wirksam zu bekämpfen.

▦ Streß belastet die Psyche. Angst und Wut setzen sich tief in uns fest, weil sie keinen Ausweg finden.

Die in uns aufbewahrten alten Stresse sind besonders verhängnisvoll. Wir sind uns zwar dieses Ballastes nicht bewußt, doch bedeutet das keinesfalls, daß sie damit verschwunden sind. Unerkannt vom Wachbewußtsein, rumoren sie im Unterbewußtsein und belasten dadurch unsere gesamte Persönlichkeit.

Die meisten Menschen haben ein Verfahren entwickelt, wie sie mit den in jedem von uns vorhandenen inneren Stressoren fertig werden können: Sie riegeln ihr Bewußtsein gegenüber den darunterliegenden streßbelasteten Schichten ab, Grenzüberschreitungen werden nicht zugelassen. Das Unterbewußte wird wie eine Sondermülldeponie mit gefährlichem Inhalt behandelt. Das mag zwar eine Zeitlang funktionieren, aber irgendwann sind die Kapazitäten unserer Abfallhalde für den Seelenmüll erschöpft. Die Deponie fließt über, die alten Stressoren kehren zerstörerisch ins Bewußtsein zurück und äußern sich dann als Leidensdruck oder psychosomatische Störung.

Indem wir unsere tieferen Seelenschichten vor unserem Bewußtsein abschotten, handeln wir uns noch einen zweiten Nachteil ein: Wir vergeben nämlich die Chance, von den unerschöpflichen positiven Kräften zu profitieren, die ebenfalls jenseits des Bewußtseins lagern. Dadurch werden wir zu einem gefühlsmäßig reduzierten Wesen mit geringem seelischem Tiefgang, das seine schöpferischen Energien und seine produktive Kreativität verloren hat. Als derartiger Gefühlskrüppel ist der Mensch durchaus noch in der Lage zu funktionieren, solange er imstande ist, alles zu verdrängen, was ihn belastet. Zu einer seelisch-geistigen Weiterentwicklung ist er allerdings in solch einer Situation nicht mehr fähig. Zur persönlichen Krise kommt es, wenn die Psychomüllkippe voll ist und die unbearbeiteten seelischen Inhalte ins Bewußtsein schwemmt.

Es gibt verschiedene Methoden, um eine derartige seelische Blockade aufzulösen und einen neuen Zugang zu unserem Innenleben zu finden. Dieses Ziel haben neben vielen anderen Methoden die Psychoanalyse, das autogene Training, das Bio-Feedback-Verfahren und die progressive Relaxation.

Eine der einfachsten und umfassendsten Methoden ist die

Meditation. Neueste naturwissenschaftliche Forschungen und uralte Erfahrungen belegen übereinstimmend die positiven Wirkungen der unterschiedlichen Meditationsarten. Mit ihrer Hilfe gelingt es, Seele wie Körper zu beruhigen und zu entspannen. Das ist kein Schutz vor Streß, der von außen auf uns einwirkt, sondern die Chance, die Barrieren zwischen unseren Bewußtseinsebenen abzubauen. Im Zustand der Tiefenentspannung werden alte Stresse gelöst und wird ein neues Grundvertrauen geschaffen.

Dies alles bewirkt ein spezieller Effekt der Meditation. Durch die vollständige oder teilweise Leerung des Bewußtseins während der Meditationsphase öffnet sich unser Geist für neue Erfahrungen. Im Gegensatz zu Psychoanalysen und Entstressungsprogrammen gehen wir bei der Meditation wertfrei und ziellos in unserer eigenen Psyche auf Entdeckungsreise. Wir wollen nichts erreichen, sondern lassen geschehen und akzeptieren, was geschieht. Unsere Seele weiß diese Freiheit zu schätzen. Ungezwungen richtet sich während der Meditation ein innerer Suchscheinwerfer auf die dunklen Gebiete unserer Psyche. Weil wir nichts erreichen müssen, können wir alles erreichen.

Psychologen haben ein Modell entwickelt, wie die Streßlösung und die Bewußtseinserweiterung während der Meditation ablaufen. Gleichsam wie mit einem Fahrstuhl fährt unser Bewußtsein in tiefere Schichten, die uns bisher verborgen geblieben waren. Dort werden seelische Materialien bearbeitet und aufbewahrt. Negative Gefühle wie Angst, Wut, Haß und Mißtrauen werden entdeckt, akzeptiert und damit neutralisiert; positive Gefühle wie Liebe, Vertrauen und Freude werden gefördert. Dieser ständige Wechsel zwischen immer tiefer wirkender Entspannung und Gefühlsverarbeitung erfolgt unsystematisch und reguliert sich selbsttätig. Normalerweise können wir uns deshalb bei der Meditation nicht überfordern. Anpassungsfähig und flexibel arbeiten wir während der Meditation an einem Kern der menschlichen Existenz. Die Wirkungen dieser Arbeit sind deshalb auf unterschiedlichen Ebenen wahrnehmbar. Körper und Seele werden wohltuend beeinflußt. Wir lernen uns besser kennen und entwickeln daraus die Fähigkeit zu einer positiven Kommunikation mit anderen.

Wer in der Lage ist, sich zu akzeptieren, kann auch andere leichter anerkennen. Wer sich selbst kennt, kann sich leichter und klarer verwirklichen, weil er dann Manipulationsversuchen von außen her weniger leicht ausgeliefert ist. Den Psychologen Lutz Schwäbisch und Martin Siems erscheint das als »die beste Garantie gegen totalitäre und inhumane politische Entwicklungen«. In ihrem Buch »Selbstentfaltung durch Meditation« erklären sie: »Jede Verringerung von Neurotizismus hilft unmenschliche Gesellschaften, Politik und Gesetze zu verhindern.«

Fundierte Untersuchungen über die Wirkungen der Meditation gibt es nur in bezug auf die Transzendentale Meditation (TM), die christliche Meditation, auf Zen und Yoga. Die meisten Wissenschaftler gehen aber davon aus, daß diese Wirkungen meditationstypisch sind, also auch bei allen anderen Meditationsarten auftreten können. Besonders oft werden folgende genannt:

- Nach regelmäßiger meditativer Übung stellt sich ein grundsätzliches Gefühl der Entspannung, Ruhe und Gelassenheit ein. Wer meditiert, fühlt sich nicht mehr so gehetzt und gedrängt. Umweltreize belasten ihn weniger, er zeigt seltener Streßreaktionen. Trotz größerer Ruhe steigert sich die Reaktions- und Konzentrationsfähigkeit.

- Meditation führt zu größerer Selbstakzeptanz, zu mehr Selbstvertrauen und Selbstidentität und zu einer besseren Selbstverwirklichung. Daraus entstehen größere Unabhängigkeit, Selbständigkeit, Risikobereitschaft und Toleranz gegenüber anderen.

- Die allgemeine Stimmung wird durch Meditation offenkundig positiv beeinflußt und stabilisiert. Man fühlt sich ausgeglichen und verfügt über eine heiter-gelassene Zufriedenheit. Es fällt leichter, eigene Affekte zu erkennen und zu kontrollieren.

■ Die körperliche und geistige Leistungsfähigkeit steigt, die Intelligenz nimmt meßbar zu. In Ausnahmefällen wurde sogar eine größere Kreativität festgestellt.

Einzelne Forschungen belegen, daß durch Meditation die Erinnerungs- und Lernfähigkeit gesteigert werden, daß es leichter fällt, arithmetische Probleme zu lösen, daß die motorische Geschicklichkeit zu- und die Angst abnimmt.

Mediziner haben herausgefunden, daß die Meditation im Rahmen ihrer Breitenwirkung in der Lage ist, hohen Blutdruck zu senken und Einschlafstörungen zu beseitigen. Drogenmißbrauch wird durch Meditation gemeinhin drastisch reduziert. In den USA wurde sogar in einer wissenschaftlich kontrollierten Untersuchung an TM-Schülern festgestellt, daß meditative Übungen zu einer Besserung bzw. völligen Eliminierung folgender Symptome führen können: Magengeschwüre, Asthma, Epilepsie, Multiple Sklerose, Allergien, Kopfschmerzen, Akne, Übergewicht, Verspannungen. Nachdem bekannt ist, daß häufiger Streß mit einer Schwächung des Immunsystems einhergeht, ist es kein Wunder, daß Meditation durch seine Entstressungs-Funktion auch dazu beiträgt, die Anfälligkeit für Infektionskrankheiten wie Erkältung oder Grippe zu mindern.

Voraussetzung für solche positiven Erfolge der Meditation ist allerdings, daß man nicht versucht, derartige Erfolge gezielt zu erreichen. Meditation wirkt nur dann entspannend und heilend, wenn sie ungezwungen und nicht zielgerichtet erlebt wird. Körper und Geist wissen besser als unser Tagesbewußtsein, wo Entstressung, Angstlösung und Selbsttherapie ansetzen und wirken müssen. Wer meditiert, muß vertrauen und lernen, sich von den alltäglichen Zwängen zu lösen, die stets ein ganz konkretes Ziel erreichen wollen. Alle Gedanken, Gefühle und Phantasien, die während jeder Meditation auftauchen, werden wertfrei und kommentarlos akzeptiert – und nicht analysiert sowie mit Assoziationsketten versehen. Dies würde den Erfolg der Meditation schmälern oder sogar unmöglich machen.

Besonders schwer fällt es den meisten Anfängern der Meditation, auch unangenehme Symptome als positiv, sinnvoll und zur eigenen Persönlichkeit gehörend anzuerkennen. Zwar soll Meditation Spaß machen und keinesfalls während oder nach der Versenkung quälend wirken. Gelegentlich können jedoch bei der Lösung alter Stresse beunruhigende Erscheinungen auftreten. Dann kommt es zu Schwitzen, Fieber, Muskelzucken oder Zittern. Das sind harmlose Phänomene, die man am besten einfach geschehen läßt, denn sie zeigen an, daß wir körperliche Spannungen abbauen. Nach einiger Zeit verschwinden diese Symptome von allein.

Auch Kopfschmerzen, Müdigkeit und ein Gefühl, als sei man in Watte gepackt, sind positive Zeichen einer Lösung von alten psychischen und physischen Schlacken. Es besteht kein Grund zur Beunruhigung, wenn diese Symptome zu Beginn der Meditation erscheinen. Nervosität, Gereiztheit und Hautjucken offenbaren, daß sich vorher unterdrückte Aggressivität freimacht. Gelegentlich beginnen alte Operationsnarben wieder zu schmerzen. Damit wird signalisiert, daß der im Unterbewußtsein vorhandene Schmerz, den die Operation unter Narkose verursacht hat, bewußt und damit gelöst wird. Die Schmerzerscheinungen dauern nur Stunden oder wenige Tage an.

Weil bei der Meditation auch Angst, Traurigkeit, Einsamkeit, Wut, Ärger und Depressionen gelöst werden, geraten diese vorübergehend wieder ins Bewußtsein. Das ist jedoch kein Grund, zu erschrecken. Wenn wir uns mit diesen Gefühlen auseinandersetzen, können wir sie auflösen; Widerstand dagegen fixiert sie.

Die genannten Symptome treten nur in wenigen Ausnahmefällen auf. Sie sind positiv zu werten, weil sie den Entstressungsvorgang und das Eindringen in tiefere Schichten des

Bewußtseins dokumentieren. Wer nicht in der Lage ist, diesen Inhalt seines Unterbewußtseins zu akzeptieren, vergibt eine Chance zur Selbstfindung und Selbstentwicklung.

In seltenen Fällen ist es allerdings angebracht, eine andere Meditationsart zu wählen. Jede Methode wirkt individuell verschieden. Manche Menschen kommen besser mit einer heftigen, aber schnellen Entstressung zurecht, andere fühlen sich bei einer sanften und behutsamen seelischen Reinigungskur wohler. Es liegt jeweils in der ganz persönlichen Verantwortung, welchen Weg man wählt. Keine der vielen Meditationsarten ist besser als die andere, keine ist schlechter, aber manche passen genauer zur jeweiligen Persönlichkeit.

Meditation, richtig betrieben, ist nie gefährlich. Stets verhält sie sich harmonisch zu den wahren und zentralen Bedürfnissen von Körper und Seele. Riskant wird Meditation lediglich dann, wenn sie für egoistische Ziele eingesetzt wird. Wer Meditation zur Flucht vor den Anforderungen des konkreten Alltags verwenden will, kann erleben, daß er in einem Zustand der Realitätsentfremdung hineinschlittert. Wer Meditation als Machtinstrument mißbraucht, läuft Gefahr, selber Schäden davonzutragen.

Was geschieht beim Meditieren?

In den sechziger Jahren machte der amerikanische Physiologe Robert Keith Wallace eine interessante Entdeckung: Bei der Überprüfung der elektrischen Gehirnaktivität während der Meditation ließ er die Daten vom Computer eines Instituts für Gehirnforschung auswerten. Die Rechneranlage meldete Erstaunliches: Bei der Meditation verliefen die Spannungsschwankungen im Gehirn auf einmalige Art und Weise. Wallace hatte damit einen vierten Bewußtseinszustand entdeckt. Bis dahin waren den Experten nur der Wach-, der Schlaf- und der Traumzustand bekannt gewesen. Diese drei Stadien hatte man zuverlässig mit Hilfe eines Elektroenzephalogramms (EEG) bestimmen können. Jetzt kam ein viertes Stadium hinzu, das kurz nach Beginn der Meditation durch eine Zunahme der Alpha-Wellen-Aktivität in den zentralen und frontalen Gehirnabschnitten gekennzeichnet war. Wallace sprach von einem »transzendentalen Zustand«.

Zum ersten Male kam man damals mit naturwissenschaftlichen Methoden den Veränderungen in Körper und Geist auf die Spur, die während der Meditationsphasen auftreten. Zwar sind die meisten Untersuchungen an Probanten vorgenommen worden, die mindestens drei Monate lang Transzendentale Meditation betrieben hatten, aber einzelne Experimente mit christlicher Meditation, Zen und Yoga bestätigten die Ergebnisse. Es kann deshalb davon ausgegangen werden, daß die gerade beschriebenen Vorgänge in der Physiologie des Menschen unabhängig von der Meditationsart auftreten.

Aus der Schlaf- und Traumforschung wissen wir, daß in diesen beiden Bewußtseinszuständen wichtige Entstressungsvorgänge stattfinden und Belastungen des Tages verarbeitet werden können. Speziell in einer bestimmten Phase des Tiefschlafs, die pro Nacht etwa vier- bis fünfmal 20 Minuten lang auftritt, wird unser Gehirn sehr aktiv. Die Augäpfel bewegen sich plötzlich schnell hin und her, als ob sie ein imaginäres Ping-Pong-Spiel beobachteten. Die Schlafforscher nennen diese Phase REM-Phase. REM steht für *rapid eye movements* (schnelle Augenbewegungen). Aus Versuchen weiß man, daß in diesen Phasen besonders heftig geträumt wird. Weckt man Versuchspersonen immer dann auf, wenn die REM-Phase eintritt und verhindert damit ihr Träumen, werden die Probanten desorientiert, reizbar und gelegentlich krank.

Ähnlich scheinen auch meditative Zustände zu wirken. Sie sind dazu geeignet, tiefersitzende Streßerscheinungen zu lösen und tragen dazu bei, Körper und Geist regelmäßig zu entspannen und zu regenerieren. Während des transzendentalen Zustandes geschieht allerdings wesentlich mehr als in der Traumphase. Die regelmäßigen Alpha-Wellen zeigen, daß unser Bewußtsein während der Meditation hellwach ist. Gleichzeitig sind wir jedoch auf dem meditativen Weg in unser persönliches Zentrum vor Umweltreizen geschützt. Während im Wachzustand jede Störung sofort mit einer Blockade der Alpha-Wellen beantwortet wird, bleiben wir während der Meditation entspannt und gelassen. Umweltreize beeinflussen die elektrischen Gehirnaktivitäten kaum oder gar nicht.

Der konstante Alpha-Rhythmus breitet sich bereits wenige Minuten nach Beginn der Meditation über die zentralen und frontalen Gehirnabschnitte aus und hat dort eine harmonisierende Wirkung. Im Gleichklang der Alpha-Wellen (gewöhnlich 8–9-Hertz-Wellen) geschieht etwas, das von einigen Wissenschaftlern mit Erstaunen betrachtet wird: Die Schwingungen beziehen die gewöhnlich weniger aktive rechte Gehirnhälfte gleichmäßig mit ein. Plötzlich synchronisieren sich die Vorgänge in den beiden Hemisphären. Das ist wichtig, weil die bei uns stets dominierende linke Hemisphäre nach neuesten Erkenntnissen vor allem für das analytisch-logische Denken zuständig ist. Rechts dagegen laufen schöpferisch-abstrakte Prozesse ab, dort scheint die Intuition, der Zugang zu feineren Bewußtseinsbereichen, lokalisiert zu sein.

Nach einer ganzen Reihe von Untersuchungen nimmt Dr. Bernhard Glueck vom amerikanischen *Hartfort Institut for Living* an, daß sich während einer bestimmten Phase der Meditation mehrere Billionen Gehirnzellen aus der rechten Hemisphäre in das aktive Netzwerk zuschalten. Wenn diese Annahme zutreffend ist, kann damit die enorme Expansion der bewußten Wachheit und Verarbeitungsfähigkeit erklärt werden.

Interessant ist dieser Vorgang auch unter einem anderen Gesichtspunkt. Aus Untersuchungen des Neurochirurgen Wilder Penfield von der Universität Montreal wissen wir, daß unser Gehirn unendlich große Speicherkapazitäten besitzt.

Wie bei einem lebenslänglichen Live-Mitschnitt werden dort alle Erfahrungen gesammelt, die wir jemals gemacht haben. Selbst pränatale Eindrücke sind irgendwo in unseren grauen Zellen festgehalten.

Unser Gehirn vergißt also prinzipiell nichts. Es kann lediglich vorkommen, daß wir bestimmte Erinnerungen nicht mehr abrufen können, weil sie in momentan unzugänglichen Regionen unseres Gehirns archiviert sind. Teilweise haben wir diese Informationen absichtlich dort versteckt, weil ihr Erinnerungsinhalt für uns unangenehm oder angstauslösend ist; teilweise sind sie aber auch ohne unser Zutun dort gelandet. Der innerhalb unseres Gehirns Barrieren lösende Effekt der gleichförmigen Alpha-Wellen erklärt deshalb auch, warum wir in der Meditation in der Lage sind, alte Stresse wahrzunehmen und zu lösen.

Während unser Gehirn bei der Meditation nachweislich der EEG-Messungen hellwach ist, treten ansonsten nachhaltige Entspannungsphänomene auf:

- Sauerstoffverbrauch und Stoffwechselrate sinken um bis zu 20 Prozent. Das sind höhere Entspannungswerte, als sie gemeinhin beim Schlaf auftreten.
- Der Hautwiderstand steigt um bis zu 500 Prozent, was bedeutet: Wir sind angst- und streßfrei.
- Die Herzfrequenz sinkt um durchschnittlich fünf Schläge pro Minute. Das Herz wird also weniger beansprucht.

Noch nicht gesichert, aber höchst wahrscheinlich ist die Annahme, daß während der Meditation weniger Adrenalin in die Blutbahn gepumpt wird. Adrenalin gilt als Angsthormon. Je weniger davon in unserem Blut vorhanden ist, desto angstfreier und gelassener sind wir. Übereinstimmend dagegen ergeben alle Tests der Körperreaktionen von Menschen während der Meditation einen hohen Grad der Entspannung bei absoluter Wachheit und eine bemerkenswerte Freiheit von allen Angst-Symptomen.

Parallel zu den physiologischen Forschungen haben Psychologen Modelle entwickelt, mit deren Hilfe sie beschreiben können, was während der Meditation auf der geistig-seelischen Ebene geschieht. Entscheidend ist für die Experten der Entstressungsvorgang, welcher in der meditativen Phase abläuft. In einer Situation der Entspannung und des deutlich erweiterten Bewußtseins gehen wir ziellos auf die Suche nach alten, oft tief in uns verkapselten Stressen. Wir bewegen uns dabei von außen in Richtung Mitte, auf unser innerstes Zentrum zu.

Im Gegensatz zu vielen psychotherapeutischen Verfahren werden bei der Meditation diese alten Konflikte und Probleme nicht vergrößert und oft gewaltsam nach außen gebracht, sondern unser Wahrnehmen wird verfeinert. Wir arbeiten in uns selbst und sind von Meditation zu Meditation immer besser in der Lage, immer feinere Reize zu erkennen. Doch ist das ein sehr behutsamer Prozeß. Auf dem Weg zu unserem Zentrum werden mit Hilfe der Meditation immer nur so viele alte Stresse und Konflikte geortet und bearbeitet, wie wir gerade ertragen können. Dazu kommt ein noch nicht bewiesener, aber häufig berichteter Vorgang: Je tiefer wir in unsere wahre Persönlichkeit eindringen, desto häufiger erreichen wir höchst angenehme Regionen des Wohlbefindens.

Meditation und Psychotherapie

Jeder Mensch kennt die Gefühle Angst, Haß, Trauer, Einsamkeit und Wut. Einen Teil davon können wir spontan verarbeiten.

Einen weiteren Teil dieser unangenehmen Empfindungen lagern wir vorübergehend ein, um uns dann im Traum damit zu befassen. Den Rest aber drängen wir in unser Unterbewußtsein ab und versuchen, ihn dort zu vergessen.

Dies ist eine sehr typische Reaktion. Genauso, wie wir vom heißen Ofen zurückzucken, wenn wir uns die Hand verbrennen, bemühen wir uns auch, seelischen Schmerzen auszuweichen. Das geschieht, indem wir die schmerzauslösende Situation und die entsprechende Empfindung verdrängen. In jedem Menschen läuft ein solcher Verdrängungsprozeß ab. Die Folgen haben wir schon geschildert: In uns entsteht eine Müllhalde unverarbeiteter Konflikte. Die Dualität unserer Umwelt haben wir damit verinnerlicht. Wir erlauben uns lediglich noch den Zugang zu Bewußtseinsbereichen, die uns als angenehm erscheinen und grenzen davon alles ab, was uns unangenehm vorkommt.

Eine derartige Abgrenzung gelingt allerdings nur oberflächlich. Immer wieder brechen sich die unerledigten Inhalte unseres Unterbewußtseins gewaltsam und schmerzhaft Bahn. Meist sind wir uns dieses Vorganges nicht bewußt. Wir erleben »unerklärliche« Spannungen, Depressionen und Aggressionen und setzen unsere ganze Energie dafür ein, diese ungelösten Konflikte wieder in die unzugänglichen Regionen unserer Persönlichkeit zu verbannen. Dort entziehen sie sich jedoch unserer Aufmerksamkeit und wirken gelegentlich sehr unheilvoll. Alle Psychotherapien bemühen sich deshalb darum, diese alten Probleme und Verspannungen bewußt zu machen und damit zu lösen. Das ist auch das Ziel der Meditation.

Deshalb ist es kein Wunder, daß sich, wie schon erwähnt, immer mehr psychotherapeutische Richtungen der Meditation bedienen. Allerdings wurde festgestellt, daß Meditation eine gezielte psychotherapeutische Behandlung nicht ersetzt. Sie kann eine solche Therapie jedoch wirksam unterstützen – und umgekehrt. Andererseits ist nachgewiesen, daß Meditation sozusagen prophylaktisch wirkt: Wer meditiert, kommt seltener in eine Situation, die eine psychotherapeutische Behandlung nötig macht. Noch bevor die alten Konflikte die Persönlichkeit konkret gefährden können, werden sie in der Meditation verarbeitet. Nur ganz vereinzelt, wenn auf falsche

Art oder extrem häufig meditiert wird, können sich beim Meditieren so viele negative Inhalte des Unterbewußtseins bemerkbar machen, daß Psychotherapie eine notwendige Ergänzung der Meditationspraxis ist.

Wie umfassend und tief wirksam richtig verstandene Meditation sein kann, zeigt ein Vergleich zwischen ihren Methoden sowie Zielen und denjenigen verschiedener psychotherapeutischer Richtungen:

Klassische Psychoanalyse

Sigmund Freud entdeckte, daß psychoneurotische Symptome eine Folge verdrängter traumatischer Erlebnisse sind, die dem Bewußtsein nicht mehr zugänglich sind. Freud nahm an, daß diese außerhalb des bewußten Denkens liegenden Störungen vor allem auf Kindheitserlebnisse zurückgeführt werden müssen. Er hielt die orale, die anale und die ödipale Phase für die in diesem Sinn wichtigsten Lebensabschnitte. Carl Gustav Jung erkannte im Unbewußten nicht nur individuelle Inhalte, sondern kollektives Wissen um Archetypen, wie sie in Sagen und Märchen überliefert sind. Alfred Adler legte den Akzent auf die Erfahrung eines Minderwertigkeitsgefühls, das zu neurotischen Entwicklungen führen kann. Otto Rank glaubte, daß alle Probleme beim Vorgang der Geburt entstehen.

Die Therapie verfolgt jedoch in allen Konzeptionen und Denkmodellen dasselbe Ziel: Die verdrängten Gefühle müssen wiedererlebt werden, um sie von ihrem negativen Beigeschmack zu befreien. Freud arbeitete zunächst mit Hypnose, mit der Technik der Traumanalyse und mit der Übertragungsanalyse, in der die verdrängten Konflikte aus der Kindheit vom Patienten auf den Analytiker übertragen werden und damit ans Tageslicht kommen.

Gestalttherapie nach Fritz Perls

Aus der Erfahrung, daß viele Menschen plötzlich von einer unerklärlichen Unruhe befallen und scheinbar grundlos nervös werden, entwickelte Fritz Perls seine Gestalttherapie. Er geht davon aus, daß in solchen Situationen »unerledigte Vorgänge« aus dem Unterbewußtsein vehement ins Bewußtsein drängen und dort ein diffuses Unbehagen auslösen. Wenn man diesen Dingen Gestalt gibt, können sie bearbeitet werden. Erst dann werden wir von dem Druck befreit, der uns daran hindert, unsere gegenwärtige Situation vollständig zu erleben. Die Inhalte unseres Unterbewußtseins hindern uns nach diesem Denkmodell daran, total im »Hier und Jetzt« zu leben. Erst wenn wir uns dieser Störungen gewahr werden, können wir wirklich mit beiden Beinen im Leben stehen – unbehelligt von den in uns wirkenden verdrängten Konflikten. Die Gestalttherapie veranlaßt uns beispielsweise dazu, alle unsere Wahrnehmungen verbal auszudrücken. Plötzlich tritt dann bei fast allen Klienten eine Wende im Bewußtsein auf. Es wird nicht mehr registriert, was gerade geschieht, sondern wahrgenommen, was aus dem Unterbewußtsein nach oben drängt. Dadurch kann der »Störsender« enttarnt werden.

In der Meditation geschieht Vergleichbares. Wir fokussieren unser Bewußtsein auf einen Meditationsgegenstand. Dabei werden wir immer wieder feststellen, daß unsere Konzentration gelegentlich von Gedanken und Gefühlen gestört wird. Das sind unter anderem Symptome unerledigter Konflikte.

In den meisten Fällen entstehen diese Störungen aus der Differenz zwischen der Persönlichkeit, die wir sind, und der Persönlichkeit, die wir sein wollen oder sein sollen. Schon in frühester Kindheit wird uns erklärt, was wir zu tun und zu lassen haben: »Buben weinen nicht«, »Mädchen spielen mit Puppen«. »Das tut man nicht«, »Sei doch nicht so laut«, »Mach nicht alles kaputt« usw. usw. Später setzt sich dieser Druck auf unsere Persönlichkeit fort. In der Schule wird ein bestimmtes

Verhalten gefordert, im Beruf haben wir Erwartungen zu erfüllen, die nicht unbedingt mit unseren Wünschen und Gefühlen übereinstimmen. So entsteht eine gespaltene Identität. In Wirklichkeit, in unserem innersten Wesen, sind wir ganz anders, als unsere Umwelt uns sieht. Erst wenn wir diese Diskrepanz zwischen Sein und Schein erkennen, uns ihrer bewußt werden, haben wir die Chance, unsere beiden Persönlichkeiten zu einer Einheit zusammenzufügen. Das wird durch Meditation gefördert.

Urschreitherapie von Arthur Janov

Janov geht davon aus, daß jede neurotische Fehlentwicklung dazu dient, uns vor seelischen Schmerzen zu bewahren, die wir als unerträglich erlebt haben. Unsere Persönlichkeit hat einen Selbstschutzmechanismus entwickelt, der uns davor bewahren soll, Gefühle des Versagens, der Angst und der Einsamkeit zu spüren. Diese Ängste sind damit aber nicht verschwunden, sondern lediglich verkapselt. Eine latente Furcht plagt und prägt uns, daß die ins Unterbewußtsein abgedrängten Gefühle wieder ins Bewußtsein zurückkehren. Solche Ur-Angst kann uns lähmen. Vorsichtig umschleichen wir unsere psychische »Müllkippe«, voller Panik, ein Leck entdecken zu müssen. Um ganz sicher zu gehen, erlauben sich viele Menschen überhaupt keine Gefühle mehr – es könnte ja sein, daß aus Versehen einer jener von uns als negativ empfundenen Inhalte unseres Seelenlebens dabei ans Tageslicht gerät.

Jeder trägt diesen Ur-Schmerz in sich – nur haben einige Menschen so dicke Schutzwälle dagegen errichtet, daß nichts nach außen dringt. Dafür nehmen sie in Kauf, daß ihre inneren Mauern die Persönlichkeit einzuengen drohen.

In der Urschreitherapie werden alle diese verkapselten Schmerzen und Ängste in voller Intensität wiederempfunden.

Die Meditation dagegen verfolgt dasselbe Ziel auf einem sanften Weg: Statt die inneren Mauern mit Brachialgewalt niederzureißen, lockert sie vorsichtig Stein für Stein des Schutzwalles.

Bioenergetische Analyse

Diese in New York entwickelte Methode bedient sich der Erkenntnis, daß körperliche und seelische Verspannungen gleichermaßen Symptome unbewältigter Prozesse im Unterbewußtsein sind. Teile des Körpers sind dann so verkrampft, daß sie fast gefühllos werden. Sie verdeutlichen damit, daß wir glauben, uns Gefühle nicht leisten zu dürfen. In der bioenergetischen Analyse werden diese Muskelblockaden gewaltsam und oft schmerzhaft gelöst. Der Schmerz ist das Mittel, um wieder Leben und Gefühl in den jeweils verspannten Bereich des Körpers zu bringen. Wer lernt, körperlich Schmerz zu empfinden, ist auf dem Weg, auch seelischen Schmerz erfahren zu können. Und damit ist der erste Schritt zur Wiederentdeckung der eigenen Gefühle getan.

Meditation dagegen verzichtet auf Schmerzen. Sie ist eine Methode, die sich nicht über den Umweg Schmerz auf größeres Wohlbefinden zubewegt. Sie hat aber auch eine Wirkung auf unsere Körpermuskeln. Während die bioenergetische Analyse oder die Tiefenmassage der strukturellen Integration (»Rolfing«) am Körper eingreift und damit auf die Psyche wirkt, nimmt die Meditation von innen heraus Einfluß. Wir lösen nach einiger Zeit meditativer Übung unsere Muskelverspannungen, gehen aufrechter und fühlen uns körperlich wohler.

Ziele der Meditation

Meditation ist ein Weg tief in unser Inneres. Wer sich auf diesen Pfad der Erkenntnis begibt, passiert alle inneren Schranken und beschäftigt sich im Vorübergehen mit alten, verkapselten Konflikten. Gleichsam *en passant* werden diese Konflikte gelöst. Das ist aber nicht das eigentliche Ziel von Meditation, sondern eine, kurzfristig betrachtet, gelegentlich schmerzhafte, auf lange Sicht gesehen jedoch immer wohltuende Begleiterscheinung. Das wahre Ziel der Meditation liegt ein ganzes Stück tiefer in uns und ist in Worten nur unangemessen zu beschreiben. Sie ist ein Weg, der zur Befreiung aus den Fesseln der Polarität führen kann.

Wir leben, abgesondert von der Einheit, in einer Welt der Gegensätze, die uns innerlich zu zerreißen droht. Aber wir ahnen eine kosmische Gesetzmäßigkeit, eine alles umfassende Einheit, und nennen sie »Gott«. Das ist keine Glaubensfrage, sondern lediglich ein Symbol für einen Zustand, den wir nicht in Worte fassen können.

Über die Meditation können wir wieder eine Rückverbindung zu diesem Unbeschreiblichen, zum kosmischen Bewußtsein, zum Urgrund allen Lebens herstellen. »Erst aus dem Wissen um den Ursprung«, schreibt Thorwald Dethlefsen, »kann der Mensch sein Ziel erkennen. Das Ziel ist Vollkommenheit. Vollkommenheit ist Ausdruck der Einheit. Die Einheit nennen wir Gott.«

Wenn wir auf dem meditativen Weg in unser Innerstes die Grenzen zwischen Wachbewußtsein und Unterbewußtsein hinter uns lassen, nähern wir uns einem Gefühl der Entspannung, Geborgenheit, Zufriedenheit, des Glücks, der Wohligkeit. Schließlich verlieren wir sogar das Gefühl der eigenen Identität. Wir sind kein »Ich« mehr, das stets zweckgerichtet agiert und sich gegen alles, was außerhalb des »Ich« ist, abzugrenzen bemüht. Wir verlassen mit einemmal unser gewohntes Bewußtsein und geraten in einen Zustand der allumfassenden, unbegrenzten und immerwährenden Bewußtheit. Einen solchen Zustand bezeichnen wir als »Transzendenz«. Es gibt keinen Zweifel daran, daß diese Bewußtheit erreichbar ist. Viele Menschen aus verschiedenen Kulturen haben im Laufe der Menschheitsgeschichte Transzendenz erreicht. Ihre Beschreibungen sind stets sehr subjektiv, ähneln sich aber auf erstaunliche Art und Weise.

Der amerikanische Psychologe Abraham Maslow hat diesen Zustand als »Gipfelerlebnis« bezeichnet, in dem eine Seins-Motiviertheit im Gegensatz zur alltäglichen Defizit-Motiviertheit auftritt. Letztere führt dazu, jedem Handeln einen Zweck zu geben. Wir essen, um satt zu werden, wir joggen, um fit zu bleiben, wir lieben, um unsere sexuellen Spannungen abzubauen. Wir tun alles, um unsere Bedürfnisse zu befriedigen. Im Zustand der Transzendenz dagegen herrscht das Gefühl, zufrieden zu sein. Alle Bedürfnisse sind erfüllt. Wir handeln nicht mehr, um ein Defizit auszugleichen, sondern um der Handlung willen. Wir bewerten nicht mehr, sondern akzeptieren. Wir sind wir.

Maslow hat auf verschiedene Arten versucht, den Gipfelzustand der Transzendenz zu beschreiben, und bezeichnet die dabei auftretende Art der Bewußtheit als S-Wahrnehmung oder S-Erkenntnis:

»1. Im S-Erkennen wird das Wahrnehmungsobjekt als Ganzes und als Einheit wahrgenommen, unabhängig von dessen Nützlichkeit und Angemessenheit.

2. Im S-Erkennen füllt das Wahrnehmungsobjekt die Aufmerksamkeit so vollständig aus, daß es daneben nichts auf der Welt zu geben scheint.

3. Der Erkenntnisgegenstand wird losgelöst von den eigenen Bedürfnissen wahrgenommen. So ist dann die Natur für sich selbst da und nicht ein menschlicher Spielplatz, für menschliche Zwecke eingerichtet.

4. Während die normale Wahrnehmung nach einiger Zeit

gesättigt wird, wird die S-Wahrnehmung bei wiederholter Wahrnehmung immer faszinierender.

5. Wahrnehmung in den Grenzerfahrungen ist Ich-transzendierend, Selbst-vergessen, Ich-los, sie ist unmotiviert, unpersönlich, wunschlos, selbstlos, bedürfnislos.

6. Die Grenzerfahrung wird als sich selbst bestätigender, sich selbst rechtfertigender Augenblick empfunden, der seinen eigenen inneren Wert in sich trägt. Das bedeutet, daß sie ein Zweck an sich ist.

7. In Grenzerfahrungen besteht eine charakteristische Desorientierung in Zeit und Raum.

8. Alles wird als gut, wünschenswert und sinnvoll wahrgenommen. Das, was ist, wird akzeptiert, wie es ist, wird nicht verglichen und gewertet.

9. Grenzerfahrungen sind eine absolute Erfahrung und verhältnismäßig unabhängig von individuellen wie auch kulturellen Bezugsrahmen.

10. S-Erkennen ist mehr passiv und rezeptiv als aktiv.

11. Die emotionelle Reaktion bei Grenzerfahrungen hat einen besonderen Beigeschmack des Wunders, der Scheu, der Ehrfrucht, der Bescheidenheit und der Auslieferung an die Erfahrung als an etwas Großes.

12. Die ganze Welt wird als Einheit wahrgenommen.

13. Die Wahrnehmung ist ungefiltert durch Kategorien und damit konkreter und einzigartiger.

14. In Grenzerfahrungen werden viele Dichotomien (= Zweiteilungen), Polarisierungen und Konflikte verschmolzen, transzendiert oder aufgelöst. Man ist gleichzeitig egoistisch und selbstlos, dionysisch und apollinisch, individuell und sozial, rational und irrational, mit anderen eins und von anderen distanziert.

15. Der Mensch ist auf dem Gipfel seiner Grenzerfahrung gottähnlich, besonders in der vollständigen, liebenden, nicht verdammenden mitempfindenden und vielleicht erfreuten Akzeptierung der Welt und des Menschen.

16. Die Wahrnehmung ist idiographisch (= einmalig) und nicht klassifizierend.

17. In der Grenzerfahrung geschieht ein vollständiger, wenn auch nur augenblicklicher Verlust von Angst, Furchtsamkeit, Hemmung, Abwehr und Kontrolle – eine Preisgabe des Verzichts, des Zögerns und der Zurückhaltung.

18. Es scheint eine Art dynamischer Parallelismus oder Isomorphismus (= Gleichklang) zwischen dem Innen und Außen zu bestehen. Wenn man das wesentliche Sein der Welt wahrnimmt, kommt man gleichzeitig seinem eigenen Sein näher.

19. Es entsteht eine Fusion von Ich, Es, Über-Ich und Ich-Ideal, des Bewußten, Unbewußten und Vorbewußten, der Primär- und Sekundärprozesse, eine Synthese des Lustprinzips mit dem Realitätsprinzip, eine gesunde Regression ohne Angst im Dienst der größeren Reife, eine echte Integration der Person auf allen Ebenen.«

Dieses erweiterte Bewußtsein, die Transzendenz oder kosmisch-mystische Erfahrung, hat auch der Amerikaner Walter Pahnke auf der Grundlage psychedelischer Forschung beschrieben. Er hat dafür neun Kategorien verwendet:

Kategorie I – Einheit: Es entstehen zwei Formen der Einheit. Eine interne Einheit, in der die gewöhnlichen Sinneseindrücke verlorengehen, die persönliche Identität sich auflöst, aber dennoch das Bewußtsein des Einsseins oder der Einheit erfahren wird. Pahnke: »Man ist nicht bewußtlos, sondern vielmehr einer undifferenzierten Einheit sehr wohl gewahr.« Über die Sinnesorgane wird eine externe Einheit wahrgenommen. Zwar weiß man, daß man von der Umwelt getrennt ist, gleichzeitig ist aber die Trennung zwischen innen und außen nicht mehr relevant. Alles ist eins. Pahnke: »In der vollkommensten Erfahrung fühle man eine kosmische Dimension, so daß die Versuchsperson sich in einem tiefen Sinne als Teil des Seins empfindet.«

Kategorie 2 – Transzendenz von Zeit und Raum: Das gewöhnliche Gefühl für Zeit und Raum geht im Zustand der Transzendenz verloren. Pahnke: »Erlebnisse des Verlustes von Zeit und Raum können auch beschrieben werden als Erlebnisse von ›Ewigkeit‹ und ›Unendlichkeit‹.«

Kategorie 3 – Tiefempfundene positive Stimmung: Im Zustand des kosmisch-mystischen Bewußtseins machen sich Empfindungen von Freude, Begnadung, Friede und Liebe breit. Pahnke schreibt dazu: »Solche Gefühle können sowohl auf der Höhe des Erlebens auftreten als auch während des ›ekstatischen Nachglühens‹, wenn der Höhepunkt überschritten ist, seine Wirkungen und die Erinnerungen daran aber noch sehr lebendig und intensiv sind.«

Kategorie 4 – Gefühl der Heiligkeit: Es entsteht ein Gefühl der Heiligkeit. Pahnke: »Der Grundcharakter der Heiligkeit ist eine nicht-rationale, intensive, schweigende, pochende Antwort des Staunens, des Sich-Wunderns in der Gegenwart inspirierender Realitäten.«

Kategorie 5 – Objektivität und Realität: In der Transzendenz wird eine letztgültige Realität erfahren, die wirklich ist. Sie unterscheidet sich von der gewöhnlichen Realität, vom alltäglichen Bewußtsein. Obwohl sie nicht auf der Ebene des Verstandes bewiesen ist, wird sie als autoritativ angesehen und gilt als objektive Wahrheit. Pahnke: »Den Inhalt dieses Wissens kann man in zwei Haupttypen einteilen. Einsicht in Sein und Wesen im allgemeinen. Und Einsicht in das eigene begrenzte Selbst.«

Kategorie 6 – Paradoxie: Die Erfahrungen des Zustandes sind einander widersprechend. Gleichzeitig erlebt man eine leere und eine vollständige, volle Einheit, die Auflösung der Individualität und ein individuelles Erleben der Einheit. Pahnke: »Das Ich existiert und existiert doch nicht.«

Kategorie 7 – Angebliche Unaussprechlichkeit: Mystische Erfahrungen können nicht ausreichend oder überhaupt nicht beschrieben werden. Pahnke: »Der Grund dafür ist vielleicht die Verlorenheit der Sprache angesichts der paradoxen Natur der wesentlichen Phänomene.«

Kategorie 8 – Flüchtigkeit: Mystische Erfahrungen sind vergänglicher als gewöhnliche Erfahrungen. Die Erlebnisse aus der Transzendenz verschwinden bald und machen dem Gewöhnlichen wieder Platz. Pahnke: »Der Charakter des Flüchtigen zeigt an, daß der mystische Bewußtseinszustand nicht dauernd aufrecht erhalten werden kann.«

Kategorie 9 – Anhaltende positive Veränderungen in Einstellung und Verhalten: Trotz ihrer Flüchtigkeit haben transzendentale Zustände positive Folgen. Aus ihren Wirkungen entsteht ein tiefgreifender Wandel der Einstellungen, der sich auch in den Phasen zwischen den meditativen Übungen bemerkbar macht.

Die Einstellung sich selbst gegenüber ändert sich. Pahnke: »Der grundlegende innere Wandel im persönlichen Selbst besteht in einer stärkeren Integration der Persönlichkeit. Man kann unerwünschten Charaktereigenschaften ins Auge sehen, so daß sie bewältigt und schließlich reduziert oder eliminiert werden können.«

Die Einstellung und das Verhalten anderer gegenüber verändert sich. Das führt nach Pahnke »zu größerer Sensibilität, mehr Toleranz, mehr wirklicher Liebe, mehr Echtheit der Person, dadurch, daß der Mensch sich anderen und sich selbst gegenüber mehr öffnet«.

Die Einstellung dem Leben gegenüber verändert sich. Pahnke: »Es kommt zu Verbesserungen des Lebensgefühls in bezug auf Weltanschauung, Ethik, berufliches Engagement, Notwendigkeit des Dienstes für andere und zu einer neuen Wertschätzung des Lebens für andere und der ganzen Schöpfung.«

Die Einstellung mystischen Erlebnissen gegenüber wandelt sich. Pahnke: »Positive Einstellung gegenüber der mystischen Erfahrung selbst bedeutet, daß diese als wertvoll angesehen wird und daß die Ergebnisse als nützlich erachtet werden.«

Diese Erleuchtungserlebnisse stehen allerdings ganz am Ende einer langen meditativen Praxis. Sie werden individuell sehr unterschiedlich erlebt und noch unterschiedlicher beschrieben.

Der deutsche Physiker und Philosoph Carl Friedrich von Weizsäcker begnügte sich damit, seine Erfahrung mit einem einzigen Satz zu beschreiben: »Das Wissen war da, und in einer halben Stunde war alles geschehen.« Weizsäcker hatte das Erlebnis in Indien, am Grab des Maharshi im indischen Tiruvanamalli. Er erläuterte seine Sprachlosigkeit in einem Interview mit dem Journalisten Udo Reiter so: »Spricht man darüber, dann wird sich doch herausstellen, daß alle diese Vokabeln irreführend sind, wahrscheinlich irreführender, als wenn man darüber schlicht schweigt.«

Gelegentlich brechen allerdings einige »Erleuchtete« das Schweigen und versuchen in Worte zu fassen, was nicht in Worte gefaßt werden kann, weil das Erlebnis der Transzendenz so singulär ist. Der indische Yogi und Meditationslehrer Pandit Gopi Krishna hatte nach 17 Jahren täglicher Meditation sein kosmisch-mystisches Schlüsselerlebnis. Hier sein Bericht:

»Eines Morgens, Weihnachten 1937, saß ich mit gekreuzten Beinen im Zimmer eines kleinen Hauses in der Umgebung von Jammu, der Winterhauptstadt des Staates Jammu und Kashmir in Nordindien. Ich meditierte, das Gesicht zum Fenster nach Osten gewendet. Die ersten grauen Strahlen der langsam sich erhellenden Morgenröte fielen in das Zimmer. Durch lange Übung war ich daran gewöhnt, stundenlang in der gleichen Stellung zu sitzen ohne die geringste Unbequemlichkeit, und ich saß da, atmete langsam und rhythmisch, richtete meine Aufmerksamkeit auf den oberen Teil meines Kopfes und versenkte mich in eine imaginäre Lotosblüte, die dort in hellem Licht erstrahlte.

Ich saß unbewegt und aufrecht. Ohne Unterbrechung strömten meine Gedanken zu dem leuchtenden Lotos hin in der festen Absicht, meine Aufmerksamkeit dort zu halten, vom Abschweifen zu bewahren und sie immer wieder zurückzubringen, wenn sie sich in einer anderen Richtung bewegte. Die Intensität der Konzentration unterbrach meinen Atem, langsam wurde er so still, daß er kaum mehr wahrnehmbar war. Mein ganzes Wesen war so sehr in den Lotos eingetaucht, daß ich für mehrere Minuten hintereinander die Berührung mit meinem Körper und meiner Umgebung verlor. Während einer solchen Unterbrechung – für einen Augenblick – war es mir, als ob ich mitten in der Luft ohne irgendein Körpergefühl schwebte. Das einzige, dessen ich gegenwärtig wurde, war ein Lotus in hellem Glanz, der Strahlen von Licht aussandte... Die Empfindung wuchs an Intensität, und ich fühlte, wie ich zu schwanken begann. Mit großer Mühe konzentrierte ich mich wieder auf den Lotos. Plötzlich fühlte ich einen Strom flüssigen Lichts, tosend wie ein Wasserfall, durch meine Wirbelsäule in mein Gehirn eindringen.

Ganz unvorbereitet auf ein solches Geschehen, war ich völlig überrascht. Ich blieb in derselben Stellung sitzen und richtete meine Gedanken auf den Punkt der Konzentration. Immer strahlender wurde das Leuchten, immer lauter das Tosen. Ich hatte das Gefühl eines Erdbebens, dann spürte ich, wie ich aus meinem Körper schlüpfte, in eine Aura von Licht gehüllt. Es ist unmöglich, dieses Erlebnis genauer zu beschreiben... Ich war nicht mehr ich selbst, oder genauer: nicht mehr, wie ich mich selber kannte, ein kleiner Punkt der Wahrnehmung, in einen Körper eingeschlossen. Es war vielmehr ein unermeßlich großer Bewußtseinskreis vorhanden, in dem der Körper nur einen Punkt bildete, in Licht gebadet und in einem Zustand der Verzückung und Glückseligkeit, der unmöglich zu beschreiben ist.

Nach einer Weile – wie lange es gedauert hat, wüßte ich nicht zu sagen – begann der Kreis wieder enger zu werden. Ich fühlte, wie ich mich zusammenzog und immer kleiner wurde, bis ich der Grenzen meines Bewußtseins erst dumpf, dann klarer bewußt wurde. Als ich in meine alte Beschaffenheit zurückschlüpfte, nahm ich plötzlich wieder den Lärm auf der Straße wahr, fühlte ich wieder meine Arme, meine Beine und meinen Kopf, und wurde wieder mein enges Selbst in Kontakt mit Körper und Umgebung. Als ich meine Augen öffnete, und um mich blickte, fühlte ich mich ein wenig schwindelig und verwirrt, als ob ich aus einem seltsamen Land zurückkehrte, das mir ganz fremd gewesen war.«

Ein letztes Zitat soll den Versuch der Beschreibung beschließen. Es stammt von Claudio Naranjo, Psychologe am kalifornischen *Esalen Institut*: »Die Erkenntnis der Einheit, welche die ganze Tiefe des Meditationszustandes ausmacht und die durch die Mystiker aller Länder beschrieben wurde, beinhaltet mehr als das Verschmelzen von Ich und Du. Es ist das Erkennen der Einheit in allen Dingen und Wesen. Monotheistisch formuliert ist alles Ausdruck des einen Gottes, pantheistisch ausgedrückt ist es die Erfahrung, daß alles Gott ist.«

II
Die Praxis der Meditation

In diesem Abschnitt beginnen wir nach all der (notwendigen) Theorie mit der Meditationspraxis. Zunächst geht es um die allgemeinen Voraussetzungen. Wir beschäftigen uns mit dem Ort und der Umgebung, die am besten dazu geeignet sind, Sie in einen meditativen Zustand zu versetzen, schildern die grundsätzliche Bedeutung einer bewußten Form der Atmung, der Haltung und der inneren Einstellung und erklären, wie Sie sich vorbereiten, entspannen sollten, wie Sie mit der Meditation beginnen und schließlich die Versenkung erreichen.

Die Umgebung

Es ist nicht notwendig, die gewohnte Umgebung zu verlassen, sich in ein Kloster oder in die Einsamkeit der Berge zurückzuziehen, um den Weg der Meditation zu gehen. Oft wird so etwas nur als Fluchtvorwand gebraucht. Früher oder später muß man aber wieder zurück in die Welt, um dort seine Aufgaben zu erfüllen. Wie empfehlen Ihnen deshalb, von vornherein hier zu bleiben. Meditation ist kein Fluchthelfer in eine bessere Welt, sondern die Beschäftigung mit sich selbst. In die Meditation nehmen Sie sich immer mit.

Der tibetanische Religionsführer Tschögyam Trungpa sagt: »Wenn man imstande ist, die romantische und emotionale Einstellung zu überwinden, dann entdeckt man die Wahrheit selbst am Spültisch.« Trotz dieser Aussage ist die Küche gemeinhin nicht der optimale Ort, mit Meditation zu beginnen. Um die geeignete Umgebung zu finden, sollten Sie sich Zeit nehmen. Versuchen Sie, Ihre Wohnung, Ihre ganz normale tägliche Wohnsituation bewußt wahrzunehmen. Wählen Sie eine ruhige Tageszeit und entspannen Sie sich. Vielleicht legen Sie Ihre Lieblingsschallplatte auf oder hören eine Kassette, die Sie besonders gern mögen. Gehen Sie durch Ihre Wohnung und formulieren Sie, ohne eine Pause zu machen, was Sie in jedem Moment bei diesem Streifzug durch Ihre eigenen vier Wände empfinden und wahrnehmen. Sagen Sie leise vor sich hin: »Jetzt empfinde ich ... Jetzt nehme ich wahr ... Jetzt spüre ich ...« Kommentieren Sie Ihre Empfindungen und Wahrnehmungen nicht, sondern stellen Sie lediglich wertfrei fest, was momentan in Ihnen geschieht.

Auf diese Art und Weise werden Sie nach einiger Zeit Plätze in Ihrer Wohnung finden, die Ihnen weniger sympathisch sind. Sie werden aber auch Stellen entdecken, die Sie besonders gern mögen. Ihr Lieblingsplatz sollte zum Ort Ihrer meditativen Übungen werden. In diesem Eck haben Sie das ganz starke Gefühl: Das ist *mein* Platz. Hier fühle ich mich wohl.

Diese Stelle sollten Sie künftig, wenn möglich, nur für Ihre Meditation benutzen – und für sonst nichts.

Wenn Sie diesem Verfahren folgen, werden Sie automatisch einen Bereich in Ihrer Wohnung auswählen, der ruhig ist und in dem Sie ungestört sind. Sorgen Sie dafür, daß Sie diesen Raum während der Meditation verdunkeln können. In den ersten Wochen meditativer Übungen erleichtert es Ihnen den Weg in die Versenkung, wenn Sie von Außenreizen nicht gestört werden. Später spielt die visuelle wie akustische Umgebung nicht mehr eine so große Rolle. Dann können Sie auch am besagten Spültisch oder sogar in der U-Bahn auf dem Weg zu Ihrer Arbeitsstelle meditieren.

Hilfreich ist es auch, wenn Sie sich an Ihrem Meditationsort eine ganz besondere Atmosphäre schaffen und ein eigenes Meditationsritual entwickeln. Vielleicht tragen Sie zur Meditation immer eine besondere Kleidung, die Sie nicht einengen sollte. Manche Menschen legen an ihrem Meditationsort einen bestimmten Teppich aus, der nur zur Meditation verwendet wird. Wenn Sie Räucherstäbchen mögen, sollten Sie sich nicht scheuen, ein solches zu entzünden.

Meditieren Sie immer zur gleichen Zeit. Sie haben im ersten Teil dieses Buches schon gelesen, wie wichtig ein bestimmter Rhythmus für das Leben ist. Versuchen Sie, durch den Termin Ihrer täglichen Meditation einen derartigen Rhythmus herzustellen.

Die Haltung

Meditation harmonisiert Körper und Seele. Sie baut psychische und körperliche Spannungen ab und erschließt neue Bewußtseinsebenen. Im Unterschied zur Schulmedizin und zu vielen psychotherapeutischen Methoden hat Meditation einen ganzheitlichen Ansatz. Voraussetzung und Ziel ist ein einheitliches Bewußtsein.

Vor allem westliche Menschen haben oft Schwierigkeiten, sich von ihrem polarisierten Denken und Verhalten zu lösen. Wir sind vom Intellekt geprägt und kopflastig. Körper und Gefühl sind verspannt. Diese Verspannungen summieren sich zu einem persönlichkeitseinschränkenden Komplex, der es schwierig macht, ins Zentrum des eigenen Wesens vorzustoßen.

Weil die Meditationstheorie davon ausgeht, daß sich physische und psychische Funktionen ununterbrochen beeinflussen, begnügt sie sich nicht damit, lediglich seelische Prozesse in Gang zu setzen. Ein wesentlicher Bestandteil aller Meditations-Methoden beschäftigt sich auch mit dem Körper. Ziel dieser Körperarbeit ist eine Entkrampfung und die Suche nach dem persönlichen Schwerpunkt. Die Experten sprechen davon, ein neues Körperbewußtsein zu fördern. Dieses neue Körperbewußtsein hat wichtige Funktionen im Vorfeld meditativer Übungen. Wir stellen Ihnen im folgenden einige Methoden vor, mit deren Hilfe Sie Ihren Körper neu kennenlernen, sich des Körpers bewußt werden, Ihren natürlichen Schwerpunkt finden und auf dieser Grundlage körperliche Verspannungen lösen können. Probieren Sie einige dieser Übungen an dem von Ihnen gewählten Meditationsort aus. Konzentrieren Sie sich dabei ausschließlich auf die gewählte Übung. Vergangenheit und Zukunft haben keine Bedeutung mehr für Sie. Sie befinden sich in der Gegenwart – und nirgends sonst. Arbeiten Sie so lange an den einzelnen Übungen, bis Sie das Gefühl haben, Ihren Körper zu kennen.

1. Übung: Einheit

Unbewußt empfinden viele Menschen ihren Körper nicht als Einheit. Er hört gleichsam am Nabel auf und beginnt erst wieder am Knie. Die Zone dazwischen, der Unterleib mit den Sexualorganen, ist uns unheimlich und wird nicht akzeptiert.

Ziel der ersten Körperübung ist es, diese Teilung in einem mentalen Trainingsprogramm aufzuheben. Wir setzen uns dabei entspannt auf einen Stuhl oder in einen Sessel. Dann richten wir unsere Aufmerksamkeit auf den Kopf. Wir schlüpfen mit unserer Konzentration gleichsam unter die Schädeldecke. In Gedanken sind wir unser Kopf. Dabei summen wir unhörbar den höchsten Vokal, das »i«. Wir gleiten nun mit unserer Aufmerksamkeit den Körper hinunter. Dabei gehen wir sehr konzentriert und langsam vor. Wenn wir den Hals, also den Übergang vom Kopf zum Körper, erreichen, summen wir das »e«. Sobald wir unsere Aufmerksamkeit in der Brust konzentrieren, denken wir ein offenes »a«. Wir gleiten tiefer und richten unsere Aufmerksamkeit auf den Magen mit dem korrespondierenden Vokal »o«. Schließlich erreichen wir unsere Geschlechtsorgane und denken ein tiefes »u«. Anschließend kehren wir in Gedanken zurück in den Kopf und beginnen die langsame und konzentrierte Erkundungsreise durch unseren Körper erneut. Wiederholen Sie diese Übung mehrmals.

2. Übung: Schwerpunkt

In der japanischen Sprache wird der körperliche Schwerpunkt des Menschen mit dem Wort »Hara« bezeichnet. Hara bedeutet aber auch im übertragenen Sinn das Zentrum der Persönlichkeit.

Die zweite Übung ist eine Hara-Übung. Durch sie soll uns der eigene Schwerpunkt bewußt werden. Wir stellen uns dazu breitbeinig, kräftig und gerade hin. Die Arme lassen wir lose hängen. Unser Blick ist ins Unendliche gerichtet. Wir lenken unser Bewußtsein zuerst in die Füße, also dorthin, wo wir mit der Erde in Kontakt sind und werden aufmerksam auf das, was wir mit den Füßen fühlen. Wir spüren unser Gewicht, die Belastung auf Fersen und Ballen, und fühlen, daß unser ganzer Körper auf den Füßen ruht.

Anschließend horchen wir auf unseren Atem und fühlen seinen Rhythmus: das Einatmen, das Ausatmen, das Kommen und Gehen. Wir geben uns diesem Rhythmus hin und werden zu diesem Rhythmus. Dann nutzen wir den Beginn der Ausatem-Phase, um uns in den Schultern zu entspannen. Beim Ausatmen lösen wir die Muskelkontraktionen und lassen unsere Schultern locker hängen. Wir drücken sie nicht bewußt nieder, sondern lassen los – ebenso, wie wir ganz entspannt die verbrauchte Atemluft aus unseren Lungen lassen. Am Ende der Ausatem-Phase verwenden wir die lösende Energie des Atemrhythmus, um uns auch im Becken zu entspannen. Wir lösen alle Muskelkontraktionen und lassen uns innerlich im Becken nieder. Dabei werden wir feststellen, daß dieses Loslassen nicht so einfach ist, wie es klingt. Viele Menschen sind im Becken-Bauch-Bereich und im Gesäß chronisch verspannt. Offenkundig fürchten wir uns vor der Entspannung, was häufig ein Zeichen der Angst und der Verdrängung ist.

Im zweiten Übungsschritt versuchen wir nun, beim Ausatmen die Lockerungsphasen von Schultern und Becken harmonisch ineinanderfließen zu lassen. Wir atmen ein und spüren die neue Energie, die uns eine positive Spannung gibt. Wir atmen aus und lösen dabei diese Spannung, bis wir zu einer tiefen Gelassenheit in der Lage sind. Schließlich fühlen wir uns breit verwurzelt in der Erde, gleichsam als Pyramide, die sicher und fest steht und sich nach oben verjüngt. Wiederholen Sie diese Hara-Übung an mehreren Tagen hintereinander, bis Sie das Gefühl haben, sich innerlich an den Schultern und im Becken-Raum völlig entspannt lösen zu können.

3. Übung: Lotos-Sitz

Bei fast allen Meditationsübungen sitzen wir. Wir suchen unseren Körperschwerpunkt und richten Wirbelsäule und Kopf in einer geraden Linie über diesem Schwerpunkt auf. Am geeignetsten für diese korrekte und meditationsfördernde Haltung ist für westliche Menschen der sogenannte »gemilderte Lotos-Sitz«. Wir setzen uns auf einen Stuhl, ohne uns anzulehnen. Dabei sitzen wir so weit vorn, daß die Knie etwas tiefer sind als der Sitz. Wir öffnen die Knie locker nach außen. Die Beine kreuzen wir nahe den Knöcheln, so daß die Außenränder der Füße den Boden berühren.

Die Hände legen wir wie zwei Schalen im Schoß übereinander, die linke in die rechte. Die Handgelenke ruhen auf den Oberschenkeln, die Handkanten berühren den Unterleib. Die Daumen sind aufgerichtet, ihre Spitzen aufeinandergelegt. Jetzt recken und strecken wir den Oberkörper hoch auf. Dann lassen wir ihn leicht in Richtung der Schwerkraftlinien in die Hüften sinken. Das ist ein ganz entspannter Vorgang, bei dem kein gekrümmtes Rückgrat entstehen darf.

Den Oberkörper lassen wir anschließend leicht in alle Richtungen pendeln und kreisen, bis wir spüren: Jetzt sitzt der Schwerpunkt genau über dem Stützpunkt. Wir sind im Gleichgewicht, der Oberkörper balanciert mühelos. Wir öffnen die Augen nur halb und blicken auf einen etwa 150 Zentimeter entfernten Punkt auf dem Boden.

Diese Übung sollten Sie mehrere Tage lang jeweils morgens und abends fünf Minuten lang trainieren. Versuchen Sie, sich dabei völlig zu entspannen sowie ganz locker und bewegungslos im Lotos-Sitz zu bleiben. Beenden Sie diese Übung – wie später auch jede Meditation – nie abrupt. Atmen Sie am Ende der fünf Minuten einmal tief ein und aus. Bewegen Sie Kopf und Hals, dann die Schultern, während alles andere ruhig bleibt. Öffnen Sie jetzt Ihre verkreuzten Füße und lösen Sie die ineinandergelegten Hände. Dann öffnen Sie die

Augen, stehen auf und kehren wieder in Ihren Alltag zurück. Versuchen Sie nun aber, die im Lotos-Sitz erfahrene Ruhe auch auf Ihr normales Leben zu übertragen. Seien Sie gelöst, entspannt und gelassen.

Alternativen zum Lotos-Sitz

Wenn Sie sich im oben geschilderten gemilderten Lotos-Sitz nicht besonders wohlfühlen, gibt es verschiedene Alternativen zu ihm. Eine Meditationshaltung soll nie gezwungen sein, sonst kann sie ihre Wirkung nicht erzielen. Im folgenden stellen wir Ihnen einige weitere Sitzpositionen vor.

Der ägyptische Sitz: Sie sitzen ähnlich wie beim gemilderten Lotos-Sitz auf einem Stuhl. Die Füße stehen aber nebeneinander fest auf dem Boden, die Knie bleiben zusammen, Ihre Hände legen Sie mit der Handfläche auf die Oberschenkel. Wie beim Lotos-Sitz richten Sie Rückgrat und Kopf über dem Körperschwerpunkt auf. Die Nasenspitze befindet sich senkrecht über dem Bauchnabel.

Wenn Sie gern im **Schneidersitz** meditieren wollen – es spricht nichts dagegen. Voraussetzung ist allerdings, daß Sie eine so stabile Haltung finden, daß Sie nicht nach hinten überkippen. Auch beim Schneidersitz muß der Oberkörper entspannt aufgerichtet sein und ganz im Körperschwerpunkt ruhen.

Einige Leute beherrschen den **echten Lotos-Sitz**. Dabei sitzt man auf einem flachen Kissen. Der rechte Fuß der verschränkten Beine liegt auf dem linken Oberschenkel, der linke Fuß auf dem rechten Oberschenkel. Die Hände sind wie beim gemilderten Lotos-Sitz im Schoß ineinandergelegt, der Oberkörper aufgerichtet. Die halbgeschlossenen Augen richten sich auf einen Punkt auf dem Boden, der etwa einen Meter entfernt ist. Nach den Erfahrungen der Experten ist der echte Lotos-Sitz für meditative Übungen sehr gut geeignet. Er muß aber korrekt ausgeführt werden, wobei besonders auf die aufrechte Haltung des Oberkörpers geachtet werden soll. Andernfalls besteht die Gefahr, daß die Meditation nicht funktioniert.

Eine besonders entspannte Sitzhaltung ist der **Fersensitz**. Dabei kniet man auf einer Decke und läßt sich nach hinten hinunter, bis man auf den eigenen Fersen sitzt. Die Außenseiten der Fußknöchel sollen dabei flach auf dem Boden liegen, die großen Zehen sich berühren. Der Oberkörper muß aufgerichtet sein.

Grundsätzlich ist es ungünstig, wenn Sie beim Meditieren *liegen*. Die vorher geschilderten Sitzhaltungen sind eine erprobte Kombination, um im Körper ein Gleichgewicht aus Entspannung und positiver Spannung zu erreichen. Wenn wir dagegen liegen, besteht die Gefahr, während der Meditationsphase einzudösen. In einigen wenigen Meditationen und bei Imaginationen wird aber dennoch aus bestimmten Gründen das Liegen empfohlen. Wir weisen dann gesondert darauf hin.

4. Übung: Verlagern des Schwerpunkts

Setzen Sie sich dazu in der von Ihnen als am geeignetsten empfundenen Position nieder und sammeln Sie Ihre Aufmerksamkeit im Kopf – genau an der Stelle, mit der Sie denken: im Gehirn. Versuchen Sie, Ihr Gehirn zu fühlen, die beiden Hälften, die Nervenverbindungen. Machen Sie sich das ganz bewußt, bevor Sie Ihre Aufmerksamkeit langsam wie einen rinnenden Tropfen dicken Öls durch den Hals bis zur Brust hinuntergleiten lassen. Verharren Sie dort mit Ihrer Konzentration. Nehmen Sie Ihre Brust wahr. Fühlen Sie, wie sich die Lungenflügel im Rhythmus des Atmens füllen und leeren. Langsam sinkt Ihre Aufmerksamkeit, der Schwerkraft folgend, tiefer, bis in die Mitte des Körpers. Sie passiert den Nabel und stoppt erst im Unterleib, knapp oberhalb der Stelle, an der

Sie im Lotos-Sitz Ihre Hände ineinandergelegt haben. Hier ist Ihr Schwerpunkt. Hier fühlen Sie sich entspannt, wie das Pendel einer Uhr, das endlich im tiefsten Punkt seiner Bahn Ruhe gefunden hat. Bleiben Sie mit Ihrer Aufmerksamkeit in Ihrem Schwerpunkt, bis Sie ihn wirklich empfinden können.

Die Atmung

Der Atem ist die Grundlage allen Lebens. In der biblischen Schöpfungsgeschichte hauchte Gott dem von ihm geschaffenen Menschen das Leben ein. Erst dadurch wurde Adam zu einem Seelenwesen. Der Atem symbolisiert, wie bereits erwähnt, auch am eindrucksvollsten die Polarität. Wir atmen ein und aus, aber keiner dieser beiden Vorgänge ist isoliert möglich. Einatmen bedingt Ausatmen, dem Ausatmen folgt das Einatmen. Der Atemvorgang beinhaltet den Grundrhythmus des Lebens. Ohne diesen Rhythmus wäre Leben nicht möglich. Es ist kein Zufall, daß das griechische Wort Psyche sowohl Hauch als auch Seele bedeutet. Psychologen haben einen engen Zusammenhang zwischen dem Atmen und unserem seelischen Zustand erkannt. Das Einatmen steht in diesem Denkmodell für das In-Besitz-Nehmen, für den Aufbau von Spannung, und das Ausatmen bedeutet loslassen, sich öffnen, entspannen.

Unter diesem Gesichtspunkt betrachtet, ist es kein Wunder, daß die meisten Menschen in den zivilisierten Gesellschaften gierig einatmen, aber unzureichend ausatmen. Unfähig, sich loszulassen, bauen sie immer neue Spannungen in sich auf. Die Folge ist dann häufig Atemnot. Weil sie die Lungen beim mangelhaften Ausatmen nicht vollständig leeren können, ist es auch nicht möglich, das volle Lungenvolumen für das Einatmen auszunutzen.

Hier setzen die Vorübungen der Meditation ein. Es ist wichtig, richtig zu atmen. Dadurch entsteht automatisch das richtige Verhältnis aus Spannungsauf- und Spannungsabbau. Mit einer Reihe von Übungen können Sie diesen Prozeß fördern und eine optimale Atemtechnik entwickeln, die nicht nur der Meditation dienlich ist, sondern auch Ihr Wohlbefinden im Alltag vergrößert.

1. Übung: Beobachten

Begeben Sie sich in die von Ihnen gewählte Meditationshaltung. Achten Sie noch einmal darauf, daß Ihr Oberkörper aufgerichtet ist, und beobachten Sie entspannt Ihren Atem, ohne zu werten, was Sie dabei entdecken. Folgen Sie Ihrem Atemrhythmus. Spüren Sie das Einatmen und das Ausatmen. Nehmen Sie beide Vorgänge und die kleine Pause nach dem Ausatmen bewußt wahr. Holen Sie damit die unterbewußten Steuerungsmechanismen des Atemvorgangs in Ihr Bewußtsein. Sie werden feststellen, daß Sie plötzlich nicht mehr losgelöst von Ihrer Persönlichkeit Sauerstoff aufnehmen und die verbrauchte Luft abgeben. Sie merken, daß Sie Atem sind, spüren, wie Sie sich öffnen, Energie sowie Spannung aufnehmen und im Ausatmen eine Entspannung erreichen, die Sie fähig macht, beim nächsten Luftholen neue Kräfte zu schöpfen.

2. Übung: Bewußtwerden

In dieser Atemübung gehen Sie einen Schritt über die Beobachtung hinaus. Sie werden sich schnell des Atmens bewußt, indem Sie damit einige Experimente anstellen. Wir haben uns alle angewöhnt, das Einatmen zu betonen, das Ausatmen zu unterdrücken und die kleine Ruhepause vor dem erneuten Einatmen bis zur Unkenntlichkeit zu verkürzen. Ausatmen hat aber viel mit körperlicher und seelischer Entspannung zu tun. Sie sollten sich deshalb zunächst diese Phase bewußt machen.

Setzen Sie sich dazu in Ihrer Meditationshaltung hin. Entspannen Sie sich und beginnen Sie dann eine kontrollierte Atemübung. Atmen Sie etwa eine Sekunde lang tief ein. Indem Sie dabei innerlich die Zahl »einundzwanzig« langsam sprechen, haben Sie eine Meßeinheit für die Sekunde. Atmen Sie dann betont aus. Auch diese Phase der Übung sollte etwa eine Sekunde dauern. Zählen Sie dabei »zweiundzwanzig«. Verharren Sie nun, ohne sofort wieder einzuatmen, in diesem Zustand. Zählen Sie dabei innerlich von »dreiundzwanzig« bis »dreißig«. Sie werden vielleicht spüren, wie lang Ihnen diese acht Sekunden vorkommen. Womöglich ergreift Sie auch ein beginnendes Gefühl der Panik: »Ich habe zu wenig Luft.« Versuchen Sie, dem Zwang zum vorschnellen Einatmen bei dieser Übung zu widerstehen. Atmen Sie erst dann wieder ein, wenn Sie in aller Ruhe bis »dreißig« gezählt haben.

Trainieren Sie dieses kontrollierte (Aus-)Atmen so lange, bis Sie es wirklich beherrschen, und versuchen Sie dabei, in der Entspannungsphase zwischen den beiden Atemzügen vollkommen gelassen und ganz auf die Leere in Ihrer Lunge konzentriert zu verharren.

3. Übung: Zwerchfellatmen

Kinder atmen unbewußt richtig. Erst in der Pubertät verändert sich die Atemtechnik des Menschen. Er steuert seine Atmung dann nicht mehr mit dem Zwerchfell, sondern mit der Brustmuskulatur. Die natürliche Atemweise ist dies jedoch nicht. Natürlich und im Sinne der Meditation einem größeren körperlichen wie seelischen Wohlbefinden dienlich, ist die Zwerchfellatmung, die man mit einigem Üben wieder lernen kann.

Stehen Sie auf und legen Sie die linke Hand auf die Magengrube unmittelbar oberhalb des Nabels. Tropfen Sie sich ein Parfüm oder ein Eau de Toilette auf die rechte Hand, halten Sie diese vor Ihre Nase und schnuppern Sie in kurzen Zügen daran. Meist werden Sie bei dieser Übung automatisch wieder Ihr Zwerchfell einsetzen. Sie merken das daran, daß Ihre linke Hand auf dem Bauch in kleinen Stößen bewegt wird. Üben Sie das so lange, bis Sie auch bei normalen Atemzügen nicht mehr Brust oder Bauch blähen, sondern mit dem Zwerchfell atmen.

Eine gute Übung können Sie auch morgens kurz nach dem Aufwachen durchführen. Wenn Sie auf dem Rücken schlafen, atmen Sie über Nacht meist ohnehin mit dem Zwerchfell. Bleiben Sie so liegen und legen Sie vorsichtig eine Hand auf den Magen. Dort können Sie fühlen, ob Sie richtig atmen. Wenn sich diese Körperstelle bei jedem Atemzug sanft bewegt, benutzen Sie das Zwerchfell. Machen Sie sich diesen Vorgang bewußt. Durch einige Wiederholungen kann er dann gestärkt, verfestigt und zur Gewohnheit werden.

Die innere Einstellung

Meditation ist ein Prozeß, der während der meditativen Übungen seinen Höhepunkt findet. Wichtigste Grundvoraussetzung dazu ist jedoch, daß Sie mit der Meditation keinen Zweck verfolgen. Wenn Sie meditieren, um ruhiger zu werden, besser schlafen zu können, weniger grippeanfällig zu sein, so ist das fast schon die Garantie dafür, daß das Gegenteil eintritt. Sie werden weder Entspannung noch irgendwelche anderen positiven Wirkungen der Meditation spüren, weil Sie Ihr Alltagsbewußtsein auf die Meditation übertragen. Diese kann nur dann wirken, wenn Sie sich – zunächst wenigstens vorübergehend – von den Zwängen des Alltags lösen können, der die ganze Welt in Pole zerlegt und keine Gesamtschau ermöglicht.

Meditation bedingt also eine innere Einstellung, die verschieden ist von unserem Alltagsbewußtsein. Machen Sie sich diese Voraussetzung klar, bevor Sie mit der Meditation beginnen. Lösen Sie sich von der Vorstellung, daß alles einen konkreten Zweck haben muß, daß jedes Handeln zielgerichtet ist und nur dazu da, ein Defizit auszugleichen. Nehmen Sie einfach an, was Ihnen während der Meditation über Sie selbst und über Ihren Standort in der Welt offenbart wird. Seien Sie offen für neue Erfahrungen. Nur dann können Sie sich weiterentwickeln.

Beim Meditieren befinden Sie sich auf dem Weg zu Ihrem innersten Wesen. Im Vorbeigehen – das haben wir im ersten Teil dieses Buches geschildert – begegnen Sie alten Stressen und verkapselten Problemen, die tief in Ihnen verborgen sind. Sie werden sich dieser Inhalte Ihres Unterbewußtseins bewußt und starten einen Entstressungsvorgang, der Sie befreit. Das hat Folgen für Ihren Alltag zwischen den einzelnen meditativen Übungen. Normalerweise erfolgt das Aufspüren der verkapselten Konflikte, ihre Bewußtwerdung und die Lösung während der Meditation so behutsam, daß Sie keine gravierenden Schwierigkeiten haben, diese abgespaltenen Teile Ihrer Persönlichkeit zu integrieren. Gelegentlich entstehen aber Situationen außerhalb der meditativen Übungen, in denen Sie sich damit befassen müssen, die abgespaltenen Persönlichkeitsteile im Alltag wieder mit Ihrer wahren Person zu vereinigen. Dann können sehr starke Gefühle der Aggression, wie beispielsweise Haß, entstehen. Sie müssen lernen, mit diesen Gefühlen umzugehen. Das bedeutet: Sie dürfen diese Gefühle nicht wieder tief in sich vergraben, sondern müssen ihnen eine Chance geben, aus Ihnen herauszugelangen. Dafür gibt es einige Übungen.

1. Übung: Körperliches Abreagieren

Wut ist ein sehr tief sitzendes Gefühl. Mit Hilfe der Meditation wird es jedoch weiter nach oben befördert und kann dann befreit werden. Wir empfehlen Ihnen dafür vier Methoden. Ihrer Phantasie im Ausdenken individuell noch besser geeigneter Anti-Wut-Programme sind aber kaum Grenzen gesetzt – höchstens durch zu dünne und lärmdurchlässige Neubauwände sowie gesellschaftliche und gesetzliche Regeln.

Rennen und Atmen: Ziehen Sie einen Trainingsanzug an und rennen Sie los, raus in die Natur. Laufen Sie, so schnell Sie können, und atmen Sie möglichst tief ein und aus. Rufen Sie bei jedem Ausatmen laut »Ha« oder »He«. Sie werden sich wundern, wie befreiend diese Kombination aus Atemübung und Jogging ist.

Knurren und Bellen: Rennen Sie herum, am besten im Freien, aber notfalls auch in der Wohnung, und hecheln Sie wie ein Hund. Lassen Sie die Zunge dabei heraushängen, bellen und knurren Sie. Das öffnet die Atemwege, fördert die richtige Zwerchfellatmung und löst die gestauten Gefühle.

Kissenschlacht: Eines der besten Mittel, um Wut zu lösen, ist ein Kissen. Lassen Sie all Ihre Wut an diesem Kissen aus. Beißen Sie es, treten Sie es, knallen Sie es an die Wand. Wenn Sie es »umbringen« wollen, nehmen Sie ein Messer und »ermorden« das Kissen. Dies kommt Ihnen vielleicht lächerlich vor, aber die ganze Wut an sich ist lächerlich. Und das wird Ihnen möglicherweise bewußt, wenn Sie das Messer in der Hand haben.

Reden: Reden Sie mit jemandem über Ihre Gefühle, der Ihnen zuhören kann, ohne zu werten. Das muß nicht Ihr Partner sein; oft ist ein guter Freund der bessere Gesprächspartner. Sprechen Sie alles aus, was Sie empfinden, und Sie werden merken, wie befreiend die Verbalisierung Ihrer Gefühle sein kann.

Wichtiger Hinweis: In seltenen Fällen versagt die Selbstregulierungs-Automatik während der Meditation. Dann werden zu viele oder zu große Konflikte aus dem Unterbewußtsein in Ihr Bewußtsein befördert. Gelegentlich sind Meditierende dann nicht mehr in der Lage, diese Häufung alter Stresse und negativ empfundener Bestandteile der Persönlichkeit zu integrieren. In solchen Fällen sollten Sie die Meditationsdauer verkürzen und einen Gesprächspartner suchen. Womöglich ist es dann nützlich für Sie, mit einem Psychotherapeuten Kontakt aufzunehmen. Oft hilft auch ein Gespräch mit Ihrem Seelsorger.

Wir haben damit Begleiterscheinungen der Meditation geschildert, die sehr selten auftreten. Wenn sie sich aber zeigen, werden sie meistens als negativ empfunden. Sie gehören zu der Seite unserer Persönlichkeit, von der wir am liebsten gar nichts wissen möchten. Deshalb haben wir sie so lange verdrängt. Die Meditation erwartet von Ihnen (entwickelt aber auch in Ihnen) eine Änderung Ihrer Einstellung. Sie müssen lernen, daß zu Ihrer Person nicht nur diejenigen Seiten gehören, die von Ihnen und Ihrer Umgebung für positiv gehalten werden. Auch als negativ diskriminierte Empfindungen und Verhaltensweisen haben eine Funktion im Gesamtbild Ihrer Persönlichkeit. Wenn Sie das innerlich anzuerkennen bereit sind, werden Sie diese Phänomene in Ihrer Persönlichkeit integrieren können.

Meditation öffnet Ihr Bewußtsein auch im Alltag. Sie werden feststellen, daß Sie bewußter und damit sicherer im ganz normalen Leben stehen werden. Das ist gleichzeitig Voraussetzung und Folge meditativer Übung. Meditation verlangt von Ihnen geradezu, die Erfahrungen, die Sie während der Versenkung machen, im Alltag zu verarbeiten. Sie müssen lernen, sich selbst mit all Ihren guten und schlechten Seiten, also als vollständige Persönlichkeit, zu akzeptieren. Wenn Sie das schaffen, werden Sie zufriedener, ruhiger, glücklicher und toleranter werden. Anderenfalls haben Sie Meditation falsch verstanden: nämlich als Flucht. Dazu aber taugt Meditation nicht. Sie will Ihnen die Möglichkeit geben, ganz im »Hier und Jetzt« zu sein. Das »Hier und Jetzt« aber ist Ihr Alltag. Es gibt folgende Übung, mit der Sie empfinden können, was es bedeutet, im »Hier und Jetzt« zu sein.

2. Übung: Bewußtheit

Wenn Sie morgens aufwachen, sagen Sie sich: »Ich nehme alles bewußt wahr. Ich tue alles ganz bewußt. Ich bin hier, und ich bin jetzt hier.« Versuchen Sie dann, nichts mehr automatisch zu tun. Wenn Sie mit dem linken Bein zuerst aus dem Bett steigen, machen Sie sich diesen Vorgang bewußt. Stellen Sie den Fuß bewußt auf den Boden. Fühlen Sie den Boden, die Berührung und die Bewegung Ihres Körpers. Gehen Sie ganz bewußt ins Badezimmer. Waschen Sie sich ganz bewußt. Nehmen Sie die Zahnbürste bewußt in die Hand und fühlen Sie jede Bewegung mit, wenn Sie sich die Zähne putzen. Sie werden feststellen, wie viele Dinge und Handlungen Sie bisher automatisch, unbewußt getan haben. Bewußtheit ist ein ganz persönliches De-Automatisierungs-Programm für Sie.

Die Vorbereitung

Meditation ist ein körperlich-seelisches Regelsystem, das zu einer Bewußtseinserweiterung und zur Stabilisierung der eigenen Persönlichkeit führt. Sie setzt mit ihrer positiven Wirkung auf der Grundlage der bereits vorhandenen Fähigkeit zur Entspannung, des bestehenden Bewußtseins und der Persönlichkeit ein. Je besser Sie auf die Meditation vorbereitet sind, desto schneller werden Sie auf den Weg zu Ihrem innersten Zentrum gelangen – und desto weniger Zeit verstreicht, bis Sie die Wirkungen der meditativen Übungen erkennen können:

Identitätsfindung, Gelassenheit, Wohlbefinden, Toleranz und umfassendes Bewußtsein.

Sie sollten sich deshalb vor jeder Meditation psychisch und physisch auf die Übung vorbereiten. Während wir bislang über grundsätzliche Vorbereitungen in den Wochen vor Meditationsbeginn gesprochen haben, geht es jetzt um die Einstimmung in den Minuten, bevor Sie meditieren. Treffen Sie folgende Vorbereitungen:

- Sorgen Sie dafür, daß Sie nicht gestört werden. Stellen Sie das Telefon in einen anderen Raum oder nehmen Sie den Hörer ab. Schalten Sie die Wohnungsklingel aus oder klemmen Sie ein Stückchen Pappe zwischen Glocke und Klöppel. Schließen Sie die Tür zu dem Zimmer, in dem Sie meditieren wollen. Wenn noch andere Personen im Haus sind, bitten Sie darum, nicht gestört zu werden. Möglicherweise empfiehlt es sich, ein Schild an die Tür zu hängen: »Bitte nicht stören.«
- Meditieren Sie allein, es sei denn, Sie beteiligen sich an einer Meditationsgruppe. Haustiere haben bei der Meditation nichts zu suchen.
- Stimmen Sie sich innerlich ein. Verbannen Sie dazu Vergangenheit und Zukunft aus Ihren Gedanken. Vergessen Sie alle Sorgen und Verpflichtungen. Machen Sie sich frei von allem, was jenseits Ihrer Zimmertür geschieht. Stellen Sie sich vor, daß dicke Polster Sie nicht nur von Umweltgeräuschen, sondern auch von allen anderen Einflüssen isolieren. Sie sind nur im »Hier und Jetzt«. Alles andere ist bedeutungslos.
- Nehmen Sie sich Zeit. Sie dürfen bei der Meditation nicht unter Termindruck stehen. Sie müssen während der Meditation das Gefühl aufbauen können, die Zeit stehe still. Dies unterscheidet Ihr Gefühl von Ihren Alltagsempfindungen, die Ihnen so oft den Eindruck geben, von den Zeigern der Uhr durchs Leben gehetzt zu werden.
- Seien Sie entschlossen. Wenn Sie meditieren, meditieren

69

Sie ganz und tun sonst nichts. Ein unverbindliches Probieren gibt es nicht.

- Werden Sie ruhig. Ruhig sein bedeutet, die Bewegung zu stoppen sowie Muskeln und Atem zu entspannen.

Unmittelbar vor der Meditation können Sie eine der folgenden Übungen durchführen, die Ihnen bei der Beruhigung und Entspannung des Körpers helfen.

Eutonische Grundübung

Bei dieser Übung verbalisieren Sie laut all Ihre körperlichen Empfindungen. Dadurch gelingt es Ihnen, Ihr Körperbewußtsein zu verinnerlichen. Sprechen Sie aber dabei nicht ununterbrochen. Lassen Sie sich zwischen den einzelnen Sätzen genug Zeit, um Ihren Empfindungen nachzuspüren. Sagen Sie beispielsweise, wenn Sie sich auf Ihren Oberschenkel konzentrieren: »Ich fühle, wie sich Haut und Boden berühren... Ich empfinde ein Gefühl der Kälte... Jetzt spüre ich, wie das Blut durch die Adern pulst... Mein Oberschenkel wird jetzt wärmer, das ist ein schönes Gefühl...« usw.

Legen Sie sich auf eine harte Unterlage, zum Beispiel auf eine Decke am Boden. Sie liegen auf dem Rücken, Beine und Füße nebeneinander, die Arme ausgestreckt neben dem Körper. Sie können die Augen schließen, wenn Sie möchten. Entspannen Sie sich zunächst, hören Sie auf Ihren Atem und werden Sie ruhig. Richten Sie dann Ihre Aufmerksamkeit auf die Haut. Beginnen Sie im Bauch-Becken-Bereich und beim Gesäß. Konzentrieren Sie sich auf Ihre Empfindungen, jeweils oben und unten. Gehen Sie anschließend mit Ihrer Aufmerksamkeit weiter, zum Beispiel in folgender Reihenfolge: linker Oberschenkel – linkes Knie – linker Unterschenkel – linkes Fußgelenk – linker Fuß – alle Zehen – rechter Oberschenkel – rechtes Knie – rechter Unterschenkel – rechtes Fußgelenk –

rechter Fuß – alle Zehen – wieder Bauch/Becken/Gesäß –
Brust und Rücken – linke Schulter – linker Oberarm – linker
Ellbogen – linker Unterarm – linkes Handgelenk – linke Hand
– alle Finger – rechte Schulter – rechter Oberarm – rechter
Ellbogen – rechter Unterarm – rechtes Handgelenk – rechte
Hand – alle Finger – Hals und Nacken – Hinterkopf – Scheitel –
Gesicht.

Fühlen Sie nun in dieser Reihenfolge noch einmal durch
Ihren Körper. Diesesmal richten Sie Ihre Aufmerksamkeit
jedoch auf die Innenräume. Wenn Sie sich also auf den Oberarm konzentrieren, lenken Sie Ihre Aufmerksamkeit auf das,
was unter der Haut ist. Dieses Verfahren fällt leichter, wenn
Sie Ihre Aufmerksamkeit spiralförmig an der Innenwand (wie
an der Innenwand eines Rohres) entlanglenken. Bei dieser
Übung stellt sich oft ein Gefühl der Helle ein. Ihr Innenraum ist
dann leicht und hohl.

Der dritte Schritt wird »nondirektives Ertasten« genannt.
Dabei lauschen Sie einfach in Ihren Körper hinein und formulieren laut, was Sie gerade wahrnehmen. Sie gehen dabei nicht
zielgerichtet vor, sondern warten einfach ab, welcher Körperteil sich meldet. Dann sprechen Sie es aus und richten Ihre
Aufmerksamkeit so lange auf diesen Körperteil, bis sich ein
anderer meldet. Mit Hilfe dieser Übung lernen Sie Ihren Körper intensiv kennen und werden sich seiner bewußt. Später,
nach einiger Erfahrung, können Sie diese Übung auch im
Meditationssitz durchführen.

Kin-hin-Übung

Diese Übung wurde in japanischen Zen-Klöstern entwickelt.
Es handelt sich um ein langsames, passives Gehen im Atemrhythmus, das Ihre Konzentrationsfähigkeit und Körperbe-
herrschung schult.

Stellen Sie sich zunächst etwa zwei bis drei Minuten lang

leicht breitbeinig hin. Entspannen Sie sich und konzentrieren Sie Ihre Aufmerksamkeit, wie schon beschrieben, auf die Hara-Region im Unterleib. Dort liegt Ihr Schwerpunkt. Schließen Sie Ihre linke Hand um den Daumen zur Faust und legen Sie die Faust mit leichtem Druck – Knöchel nach oben – auf das Brustbein. Die rechte Hand liegt mit leichtem Druck des Handballens auf den Fingern der linken Hand. Die Unterarme stehen etwa waagerecht, die Schultern sind entspannt. Konzentrieren Sie sich jetzt auf Ihre Atmung. Betonen Sie das Ausatmen. Atmen Sie drei Sekunden lang aus und eine Sekunde lang ein. Warten Sie, bis Ihr Atem ruhig und rhythmisch wird. Dann setzen Sie die Ferse Ihres linken Fußes mit Beginn der Ausatem-Phase etwa zehn Zentimeter vor und verlagern langsam das Gewicht vom Absatz zum Fußballen. Gleichzeitig rollen Sie den rechten Fuß von der Ferse nach vorn in Richtung Ballen. Am Ende der ersten Ausatem-Phase stehen Sie also auf dem linken Fuß und berühren nur noch mit dem Ballen des rechten Fußes den Boden. Jetzt atmen Sie ein, ziehen dabei den rechten Fuß hoch und setzen ihn mit Beginn der neuen Ausatem-Phase mit der Ferse etwa zehn Zentimeter weiter vorn wieder auf. Diesen Vorgang wiederholen Sie abwechselnd in Ihrem Atemrhythmus.

Anfangs ist es eventuell schwer, das Gleichgewicht zu halten. Sie erkennen daran, wie wenig Sie sich Ihrer Körperfunktionen bewußt sind. Später fällt es Ihnen nicht mehr schwer, in einer ununterbrochenen, gleichförmigen Bewegung Ihre Kinhin-Übung zu absolvieren, ohne zu schwanken.

Wenn Sie auf diese Art einige Minuten lang passiv gegangen sind, bleiben Sie wieder stehen und entspannen sich zwei Minuten lang, während Sie sich auf Ihre Hara-Region konzentrieren. Dann gehen Sie zu Ihrem Meditationsplatz, setzen sich nieder und beginnen mit der Meditation.

Körperzentrierte Aufwärmübung

Bei dieser Übung entspannen Sie Ihren Körper, indem Sie ihn bewußt streicheln und kneten. Setzen Sie sich dazu hin, stellen Sie beide Füße nebeneinander und ziehen Sie die Knie etwas an. Frauen beginnen nun, die Zehen des linken Fußes zu massieren, mit knetenden Handbewegungen den Unterschenkel hinaufzufahren, das Knie sowie den Oberschenkel zu massieren und dann von der Hüfte mit beiden Händen über den Körper zum Herzen zu streichen. Männer beginnen dieselbe Übung an den Zehen des rechten Fußes. Dieser unterschiedliche Startpunkt der körperzentrierten Aufwärmübung hat mit den beiden Hirnhälften zu tun. Die aktive männliche Hemisphäre ist links und steuert die rechte Körperhälfte. Bei Frauen ist es umgekehrt: Als feminine Hemisphäre gilt die rechte Hirnhälfte; sie steuert die linke Körperhälfte.

Massieren Sie anschließend das andere Bein nach derselben Methode und streichen Sie vom Hüftgelenk her kräftig über den Körper in Richtung Herz.

Frauen wenden sich nun dem linken, Männer dem rechten Arm zu. Massieren Sie sich in streichenden und kreisenden Bewegungen von den Fingerspitzen bis zur Schulter und streichen Sie über die Brust bis zum Herzen. Dann führen Sie mit massierenden Bewegungen die rechte Hand vom linken Schulterblatt über die linke Rückenseite bis zur Taille und über die linke Körpervorderseite in Richtung Herz. Dasselbe wiederholen Sie mit der linken Hand auf Ihrer rechten Körperseite. Männer gehen umgekehrt vor. Zuletzt streichen Sie kräftig mit den gespreizten Fingern beider Hände über Ihren Kopf sowie über Gesicht und Hals bis zum Herzen.

Viele Menschen empfinden bei dieser Übung ein wohltuendes Wärmegefühl, das den Körper merklich entspannt.

Muskuläres Tiefentraining

Diese Übung wurde von dem Tutzinger Arzt und Diplom-Psychologen Professor Uwe Stocksmeier entwickelt. Sie basiert auf den Erfahrungen mit isometrischen Übungen und der *»progressive relaxation«* des amerikanischen Verhaltenstherapeuten Jacobsen. Durch energische Muskelanspannung bis zur Schmerzgrenze und anschließende Entspannung gelingt eine körperliche Desensibilisierung, die positive Auswirkungen auf Ihre Psyche hat.

Setzen Sie sich locker, aber gerade auf einen Stuhl, winkeln Sie die Arme rechtwinklig an und ballen Sie die Fäuste vor der Brust. Schließen Sie die Augen, atmen Sie tief durch und konzentrieren Sie Ihre Aufmerksamkeit auf Arme und Hände. Spannen Sie dann die Fäuste so stark wie möglich an, danach die Unterarme und zum Schluß die Oberarme. Versuchen Sie die Spannung so lange aufrecht zu halten, bis der Arm zittert. Erst dann lassen Sie los und die Arme locker fallen. Atmen Sie dabei gleichmäßig weiter. Schließlich spannen Sie Hände und Arme noch einmal kurz an, um dem Körper das Ende des Trainings zu signalisieren.

Bleiben Sie sitzen und heben Sie jetzt die Fersen der nebeneinanderstehenden Füße leicht an. Atmen Sie gleichmäßig und spannen Sie dann die Fußmuskeln, die Muskulatur der Unterschenkel und der Oberschenkel bis zur Schmerzgrenze an. Der übrige Körper bleibt ganz locker. Vergessen Sie nicht, gleichmäßig weiterzuatmen. Lassen Sie dann los. Während der Entspannungsphase schließen Sie die Augen.

Prüfen Sie nun, wo Ihre Brustmuskeln sitzen. Schließen Sie dazu die Augen, winkeln Sie die Unterarme an und atmen Sie tief durch. Dann pressen Sie die Achseln so fest zusammen, als müßten Sie mit ihnen ein Blatt Papier festhalten. Stoppen Sie die Spannung erst, wenn Sie die Schmerzgrenze erreichen. Dann lassen Sie los, pendeln Arme und Schultern leicht nach hinten aus und atmen entspannt.

Sie setzen sich wieder mit angewinkelten Armen auf Ihren Stuhl, atmen einen Moment lang tief durch und ziehen dann die Schultern bis zu den Ohren. Der Kopf bleibt zunächst gerade. Vergessen Sie nicht zu atmen. Anschließend drücken Sie – mit hochgezogenen Schultern – Ihren Kopf nach hinten in den Nacken, bis ein wirklich unangenehmes Gefühl entsteht. Lassen Sie erst dann Ihren Kopf und die Arme entspannt nach vorn fallen. Atmen Sie. Bewegen Sie nun den Kopf langsam hin und her, das Kinn bleibt aber auf der Brust. Entspannen Sie sich langsam und gründlich.

Bei der letzten Übung des muskulären Tiefentrainings setzen Sie wieder mit angewinkelten Armen auf dem Stuhl. Atmen Sie normal und konzentrieren Sie sich auf Ihren Rücken. Drücken Sie nun Ihre Schultern so weit nach hinten, als wollten Sie einen Bleistift zwischen den Schulterblättern festklemmen. Beugen Sie den Kopf dabei leicht nach vorn und atmen Sie während der ganzen Übung ruhig und regelmäßig. Erhalten Sie die Muskelspannung so lange aufrecht, bis Sie die Schmerzgrenze erreichen. Lassen Sie dann Kopf und Arme nach vorn fallen. Entspannen Sie sich und genießen Sie die Entspannung. Vielleicht kreuzen Sie auch die Arme vor der Brust und umfassen locker den Rücken. Das fördert die Dehnung der Armmuskeln.

Das muskuläre Tiefentraining ist dann erfolgreich, wenn Sie nach Anspannung und Entspannung ein intensives Wärmegefühl in den beteiligten Muskeln wahrnehmen, wie Sie es von einer ausgiebigen Massage her kennen. Falls Sie nach dieser Übung Kopfschmerzen haben, ist das ein Zeichen dafür, daß Sie während der Muskelanspannung vergessen haben zu atmen.

Lebenskraftübung

Diese Übung beteiligt die Chakren. Das sind nach einem indischen Denkmodell sieben psychisch-physische Energiefelder in der Umgebung der Wirbelsäule:

- Das Wurzel-Chakra liegt an der Basis des Rückgrats.
- Das Sexual-Chakra liegt über der Milz.
- Das Nabel-Chakra befindet sich am Nabel.
- Das Herz-Chakra liegt über dem Herzen.
- Das Hals-Chakra befindet sich an der Vorderseite des Halses.
- Das Stirn-Chakra oder »Dritte Auge« liegt zwischen den Augenbrauen.
- Das Scheitel-Chakra liegt am Scheitel des Kopfs.

Bei der Lebenskraftübung stehen Sie aufrecht, die Arme hängen seitlich am Körper. Entspannen Sie sich und richten Sie Ihre Aufmerksamkeit auf das Hara, Ihren Schwerpunkt im Unterleib. Wenn Sie ganz entspannt sind, schließen Sie die Augen und konzentrieren sich auf das »Dritte Auge«, das über Ihrer Nasenwurzel zwischen den Augenbrauen liegt. Stellen Sie sich beim Einatmen vor, daß eine kosmische Energie sanft über Ihr Scheitel-Chakra in Sie einströmt. Diese Lebenskraft fließt langsam und warm nach unten. Sie passiert Ihren Kopf, teilt sich im Halsbereich und füllt in zwei Strömen Ihren ganzen Körper. Schließlich erreicht die Lebenskraft am Ende der Einatem-Phase den rechten Fuß. Spannen Sie dort die Muskeln an und lassen Sie los, während Sie ausatmen. Es entsteht ein Gefühl, als atme Ihr Fuß.

In der nächsten Atem-Phase fließt die Kraft in Ihren linken Fuß. Sie spannen die Muskulatur und lösen sie wieder beim Ausatmen.

So fühlen Sie die kosmische Energie nacheinander im ganzen Körper: in den Waden, im Knie, im Oberschenkel, im Gesäß, in der unteren Bauchmuskulatur, im Brustkorb, in der

Hand, im Unterarm, im Ellbogen, im Oberarm, in den Schultern, im Nacken, in der Halsmuskulatur und im Gesicht.

Lassen Sie die Energie einströmen, spannen Sie die Muskeln an, fühlen Sie die Energie und lösen Sie sich beim Ausatmen. Ihre Konzentration bleibt dabei immer im »Dritten Auge«.

Pranayama-Übung

Die Pranayama-Übung kann unmittelbar vor Beginn der Meditation praktiziert werden. Setzen Sie sich dazu in Meditationsstellung (beispielsweise im gemilderten Lotos-Sitz) auf einen Stuhl und entspannen Sie sich kurz. Legen Sie den Zeigefinger der rechten Hand auf Ihre Nase; die Fingerspitze berührt das »Dritte Auge« zwischen den Augenbrauen, der Daumen liegt locker auf dem rechten Nasenflügel, der gekrümmte Mittelfinger auf dem linken. Verschließen Sie nun mit dem Daumen das rechte Nasenloch und atmen Sie kräftig durch das linke Nasenloch aus. Machen Sie eine kurze Atempause und atmen Sie dann durch das linke Nasenloch tief ein. Anschließend geben Sie das rechte Nasenloch frei und blockieren mit dem Mittelfinger das linke. Atmen Sie durch das rechte Nasenloch aus und wieder ein. Dann wechseln Sie wieder zum linken Nasenloch usw.

Atmen Sie in Ihrem eigenen Rhythmus auf diese Weise etwa zehnmal tief ein und aus. Schließen Sie dabei auf keinen Fall die Augen, denn bei dieser Übung können große Energieströme frei werden, die Sie unter Umständen schwindlig machen.

Wenn die Nase frei ist, sind Sie ganz wach und ganz bewußt. Sie können mit der Meditation beginnen.

Wählen Sie unter den in diesem Kapitel beschriebenen Übungen diejenige aus, die Ihnen am sympathischsten erscheint. Verlassen Sie sich dabei auf Ihr Gefühl. Einige Übungen sprechen mehr die Ratio an, das westliche naturwissenschaftliche Denken, andere entstammen fernöstlichen Denkgewohnheiten. Doch alle Methoden erfüllen denselben Zweck: Sie bereiten Sie physisch und psychisch auf die eigentliche Meditation vor, beruhigen und entspannen Sie, bringen Ihre Energieströme zum Fließen und öffnen Sie für meditative Erfahrungen.

Machen Sie sich jetzt noch einmal einige wichtige Dinge im Zusammenhang mit der Meditation klar. Denken Sie daran, daß

- Meditation frei von Absichten ist. Sie wollen nichts erreichen, sondern sich ganz einfach erfahren. Sie planen mit der Meditation nichts, sondern lassen geschehen und erkennen in dem, was geschieht, das wahre Wesen;
- die Fähigkeit zum Schweigen eine Voraussetzung für Meditation ist. Damit ist nicht ängstliches, feiges Verstummen oder ein unwissendes Stocken der Sprache gemeint. Meditatives Schweigen ist wach, lebendig, raumschaffend, fruchtbar und lebensspendend. Es ist ein Schweigen der Innerlichkeit, das Ihren Mund schließt, aber die Augen für neue Erfahrungen öffnet. Die erste Stufe dieses Schweigens ist: nicht sprechen. Die zweite Stufe bedeutet: auf Außenreize nicht antworten, nicht reagieren. Die dritte Stufe ist die innerliche Ruhe. Ihre Sinne, Ihre Neugier, Ihre Vernunft, Ihr Mitteilungsdrang verstummen. Die vierte Stufe meditativen Schweigens ist eine Stille, die in die eigene Tiefe horcht und erforscht, was dort verborgen ist. Schweigen und Meditation bilden einen sich selbst verstärkenden Regelkreis. Schweigen fördert die Meditation. Meditation fördert die Fähigkeit zur Stille;
- Wach-Sein und Bereit-Sein zur Meditation gehören. Wach-Sein heißt zunächst, nicht zu schlafen. Es bedeutet aber auch eine Abkehr von Fatalismus und Resignation sowie eine Hinwendung zur Bereitschaft, sich ernsthaft zu öffnen, sich anrühren zu lassen, zu empfinden und sich hinzugeben an neue Erfahrungen und an die eigene Persönlichkeit. Ihr Wach-Sein macht Sie bereit, alles zu entdecken und alles anzunehmen.

Wann Sie am besten meditieren: Meditationslehrer empfehlen, zweimal täglich etwa 20 Minuten lang zu meditieren. Vorher sollten Sie einige Zeit weder rauchen noch trinken oder andere Drogen konsumieren. Ungünstig sind auch üppige Mahlzeiten vor der Meditation. Die beste Meditationszeit ist morgens (nach dem Waschen, aber vor dem Frühstück) und am frühen Abend vor dem Essen. Falls Sie diese 40 Minuten (mit Vorbereitung vielleicht eine Stunde) täglich nicht entbehren können, meditieren Sie nur einmal. Wichtig ist aber, daß Sie regelmäßig meditieren. Es reicht nicht aus, alle paar Tage in der Meditationsecke zu verschwinden. Meditation ist ein Entwicklungsprozeß, der abbricht, wenn er nicht ständig fortgeführt wird.

Ihre innere Uhr: 20 Minuten beträgt die durchschnittliche Meditationszeit, doch Sie müssen selbst entscheiden, ob Ihnen das zuviel ist. Nach spätestens 20 bis 25 Minuten sollten Sie Ihre Meditation beenden. Stellen Sie sich aber auf keinen Fall einen Wecker entsprechend ein. Es wäre unheilvoll, wenn Sie plötzlich ein schrilles Geräusch aus der Konzentration und/oder Versenkung aufschrecken würde. Das Ende der Meditation muß sanft und behutsam erfolgen. Sie erweitern dabei Ihre Aufmerksamkeit vom Meditationspunkt wieder auf Ihren Körper, auf Ihre Umgebung. Langsam kehren Sie aus der Versenkung in den Alltag zurück. Sie atmen mehrfach tief und bewußt ein und aus, lockern durch leichte Bewegungen Ihre Muskeln und öffnen die Augen. Erst dann stehen Sie auf.

Die beste Methode, um das Ende der Meditationszeit zu erkennen, ist Ihre innere Uhr. Schauen Sie vor Meditationsbeginn auf eine Uhr und prägen Sie sich die Zeit ein: »Jetzt ist es 18 Uhr, und ich werde um 18.20 Uhr aus der Meditation auftauchen.« Dabei stellen Sie sich die Zeigerstellung um 18.20 Uhr vor. Nach wenigen Tagen der Übung werden Sie feststellen, daß Sie sich auf Ihre innere Uhr verlassen können. Nur am Anfang tauchen Sie vielleicht einige Minuten zu früh oder zu spät auf, doch das ist nicht weiter schlimm.

Eine andere Methode ist, mit Hilfe eines Tonbandes zu arbeiten. Sie können sich mit ruhiger, gelassener und tiefer Stimme einen Meditationstext auf ein Tonband oder auf eine Kassette sprechen. Am Ende der Meditation sprechen Sie auf das Band eine Formel wie: »Ich komme jetzt langsam aus der Meditation zurück. Ich atme dreimal kräftig aus und öffne gleich frisch und gestärkt meine Augen. Ich bin wieder bereit für die Welt.« Dieses Tonband lassen Sie während Ihrer meditativen Übung ablaufen.

Der Einstieg

Mit zunehmender Übung wird Meditation immer leichter für Sie, und Sie können dann auf Vorbereitungen und Einstiegshilfen weitgehend verzichten. Sehr schnell werden Sie nach einigen Monaten in der Lage sein, die Versenkung zu erreichen. Vorerst bieten Ihnen aber einige Einstiegsmodelle eine gewisse Unterstützung. Viele der im Hauptteil dieses Buchs genannten Meditationen arbeiten mit ganz bestimmten Einstiegsübungen. Daran sollten Sie sich halten. Wenn jedoch kein Einstieg angegeben ist, Sie aber das Gefühl haben, eine Hilfe zu brauchen, kann Ihnen eines der beiden folgenden Programme helfen. Sie basieren auf den Erfahrungen, die Klemens Tilman in seinem Buch »Die Führung zur Meditation« beschreibt.

Am besten ist es, wenn Sie sich einen der folgenden Texte auf ein Tonband oder auf eine Kassette sprechen. Am besten gelingt Ihnen das, wenn Sie dabei in einer meditativen Stimmung sind. Eine der im Kapitel »Die Vorbereitung« genannten Übungen kann Ihnen dazu verhelfen. Sprechen Sie ganz gelassen und ruhig. Dieses Tonband spielen Sie dann bei Meditationsbeginn ab.

Text 1: »Ich bin ruhig und gelöst. In meinem Inneren ist es still. Der Atem geht ungehindert und frei. Ich habe Zeit. Nichts stört mich. Was vorhin war, ist wie durch eine dicke Tür abgeschlossen. Es erreicht mich nicht. Was nachher kommt, ist ebenso weit entfernt von mir. Es interessiert mich jetzt nicht. Nichts von außen kann mich beunruhigen. Ich bin von allem beurlaubt. So kann ich ganz gegenwärtig sein in diesem Raum und in dieser verabredeten Zeit der Ruhe und Freiheit. Die Türen sind geschlossen. Niemand wird hereinkommen und mich stören. Die Zeit läuft nicht, sie steht still. Sie ist wie eine große weite Luftglocke über mir und gibt mir Ruhe und einen weiten Raum zu innerem Leben. Mein Atem geht ruhig und gelöst. Nichts in mir ist verkrampft. Ich bin ganz entspannt und frei. Mit jedem Atemzug werde ich gelöster und freier. So bin ich ganz anwesend, ganz wach, ganz ich selbst. Ich verlange danach, einer tiefen Wirklichkeit zu begegnen, die mich erfüllen und sättigen kann.«

Text 2: Ich bin bereit für die Meditation. Deshalb bin ich hier, für sonst nichts. Sie ist mir wichtig. Für sie will ich ganz frei, da sein. Alles andere tritt jetzt zurück. Und mag es noch so wichtig sein, ich kann ihm nachher besser dienen, wenn ich es jetzt liegen lasse. Von allen Sorgen bin ich bis zum Ende der Meditation befreit. Kein Problem stört mich, kein Wunsch, keine Sorge, kein Ärger. All das verschwindet jetzt, nichts mehr davon ist in diesem Raum. Ich bin ganz da für das eine Wichtige.

Ich bin ruhig und gelöst. Alle Hast, alle Eile klingen ab. Nichts Nervöses, nichts Erregtes ist in mir. Der Atem geht ruhig aus und ein, aus und ein, frei, unverkrampft, gelöst. Mit jedem Ausatmen löse ich mich tiefer. Welche Wohltat, nichts zu tun, außer zu atmen. Der Atem geht von selbst, ich tue nichts dabei. Ich lasse alles los, was mich in Spannung hält, alles, was ich mit dem Willen festhalten möchte. Loslassen, loslassen, bis ich ganz ich selber bin.

Mich schützt dieser Raum. Die Türe ist geschlossen. Niemand kommt herein. Nichts kann dazwischenkommen, nichts stören. Hier kann ich mein Inneres frei und ungestört entfalten.

Ich habe Zeit. Nichts drängt. Die Zeit steht still. Wie eine große lichte Glocke ist sie über mir und um mich. Ein Raum von Luft und Freiheit. Was vorhin war, lasse ich zurück. Ich schließe es aus, wie mit einer dick gepolsterten Tür. Nichts dringt hindurch. Auch das, was nachher kommt, ist durch eine dicke Tür ausgeschlossen. Ich merke nichts davon. So ist um mich ein weiter, freier, ungestörter Raum. In ihm kann ich ganz gegenwärtig sein.

Immer tiefer sickert die Entspannung in mich ein. Ich achte auf mein Gesicht. Alles ist losgelassen und entspannt. Die Stirn ist glatt, frei von Sorgenfalten. Die Augenbrauen runzeln sich nicht, der Unterkiefer ist locker. Arme und Hände sind ganz entspannt. Die Hände ruhen in meinem Schoß. Ich spüre ihr Gewicht. In den Armen kann ich fast spüren, wie die Muskeln lose herabhängen. Auch die Beine sind ganz losgelassen, auch die Füße. Alles gibt seiner natürlichen Schwerkraft nach. Überall strömt ruhig das Blut durch die Adern. Der ganze Körper ist wohlig durchblutet. Ich bin entspannt, gelöst, frei. Auch innerlich bin ich ganz entspannt. Keine Angst, keine Abwehr, keine Selbstdarstellung, keine Maske. Nichts ist überdeckt. Ich darf ganz frei und gelöst ich selber sein. Mein wahres Wesen kommt mehr und mehr durch.

Ich bin gesammelt. Nichts von mir ist draußen. Alle Gedanken sind hereingeholt, sind in diesem Raum, sind bei mir. Mein ganzes Wesen ist hier gegenwärtig. Nicht nur der Leib, nein, ich selbst, mein Werden, meine Geschichte, meine Erfahrungen, meine Entscheidungen, meine Sehnsüchte, meine Tiefe, alle meine Möglichkeiten. Das ganze reiche Ich ist jetzt hier, frei und gelöst und bereit zur Meditation. Ich bin ganz gegenwärtig.

Ich wende meinen Blick einer tiefen, reinen Wirklichkeit zu. Für sie bin ich offen mit meinem ganzen Wesen. Ich will ihr in meiner Tiefe begegnen. Nichts wehrt sich gegen sie in mir. Sie ist vor mir. Ich lasse sie an mich heran, in mich hinein, bis in mein Tiefstes, bis sie ganz in mich hineingesunken, ganz in mir ist und ich mit ihr eins bin.«

Praktische Übungen

Aiki-do

Aiki-do ist eine gewaltfreie japanische Technik der Selbstverteidigung und ein Meditationssystem, das den Geist von der körperlichen Seite her zu erweitern sucht. Die Grundprinzipien des Aiki-do entsprechen denen der chinesischen Kunst des Schattenboxens, Tai Chi. Der Ansatzpunkt ist beim Aiki-do jedoch geringfügig anders. Dort heißt es, daß man mit dem Leben belohnt wird, wenn man sich in Todesgefahr begibt.

Wer Aiki-do praktiziert, begibt sich im Ernstfall in hautnahen Kontakt mit dem Angreifer. Er überläßt ihm die Offensive, den ersten Schlag – und begibt sich dadurch in Gefahr. Defensiv und wendig reagiert er dann aber auf die gegen ihn eingesetzte zerstörerische Energie. Er gibt sie ohne eigenen Krafteinsatz in einer kreisförmigen Bewegung an den Angreifer zurück. Der Aggressor schlägt sich sozusagen selbst. Wie ein Bumerang kehrt die Gewalt an ihren Ausgangsort zurück. Der Angreifer muß aufgeben.

Aiki-do bedeutet, sich mit der kosmischen Kraft zu vereinigen. Das geschieht über den Weg, seinen Geist mit dem Universum in Einklang zu bringen. Das ist leichter gesagt als getan. Deshalb stellt Aiki-do eine ganze Reihe von Techniken bereit, die dazu beitragen, das Ziel zu erreichen.

Der erste Schritt ist die Erfahrung der Einheit von Körper

und Geist. Dies geschieht durch tägliche Übungen und kann viele Jahre dauern.

Der zweite Schritt ist eine Versenkungstechnik, die mithilft, das Bewußtsein über die Ebene der alltäglichen Dinge zu erheben. In dieser Meditationsform sucht der Schüler in einer besonderen Haltung die Stelle des Herzens.

Im Meditationssitz neigt er das Kinn auf die Brust und blickt auf seinen Körper. Mit dem inneren Auge forscht er geistig nach der Stelle des Herzens. Symeon, der sogenannte »neue Theologe«, ein Mystiker der Ostkirche, der um die Jahrtausendwende lebte, erläuterte: »Anfangs wirst du auf Finsternis stoßen. Doch wenn du weiter übst, wirst du, o Wunder, eine grenzenlose Seligkeit finden. Denn sobald der Geist ins Herz eintritt, sieht er, was er niemals zuvor gesehen hat. Er sieht sich selbst, vollkommen lichtvoll und von Einsicht erfüllt. Und von nun an hat ein aufkommender Gedanke nicht die Zeit, Form anzunehmen, da er ihn sofort verfolgt und in nichts auflöst.«

Der körperlichen Auslieferung an die Gefahr und ihrer Überwindung entspricht das geistige Ausgeliefertsein an das Nichts, die universale Leere, die – jenseits der Polaritätsgesetze – alles enthält. So erfährt der Aiki-do-Schüler das kosmische Bewußtsein.

Augenmeditation

»Wär' nicht das Auge sonnengleich, die Sonne könnt' es nicht erblicken«, faßte schon Goethe die Analogie von Sonne und Auge in Worte.

Nehmen Sie daher einmal die Augen als Ausgangspunkt einer Meditation: Suchen Sie sich für diese Meditationstechnik einen Partner. Setzen Sie sich beide an Ihren Meditationsplatz, entzünden Sie ein Räucherstäbchen, und machen Sie sich ruhige sanfte Meditationsmusik. Mit einer Atemübung lassen Sie sich in einen meditativen Zustand fließen. Dann setzen Sie

sich gegenüber und beginnen sich gegenseitig ins Auge zu
schauen. (Bei Frauen wäre das linke Auge das »Sonnenauge«,
bei Männern das rechte). Starren Sie unentwegt zwanzig Minuten lang, wenn möglich ohne dem Drang nach Blinzeln
nachzugeben, ins Auge Ihres Meditationspartners. Sie werden mit der Zeit auf ein ähnliches Phänomen wie bei der
Spiegelmeditation stoßen: Das Gesicht Ihres Partners wird
sich verändern, es kann zu einer furchtbaren Fratze werden,
oder Sie werden ihn als Greis oder als Kind sehen, oder Sie
entdecken Gesichtszüge, die Ihnen aus früheren Leben bekannt erscheinen. Sie werden natürlich auch Ihren eigenen
Schatten in seinen Augen sehen können, ist Ihr Partner doch
gleichsam Projektionsfläche, eine Leinwand für Ihr eigenes
Inneres.

Nach zwanzig Minuten beenden Sie diese Meditation, indem
Sie beide kräftig ein- und ausatmen, die Augen kurz schließen
und entspannen. Bewegen Sie Ihren Körper, und tauchen Sie
wieder auf im Hier und Jetzt.

Ahnenmeditation

Die Beziehung, die wir zu unseren Eltern, unserer Familie,
unseren Ahnen, aber auch zu unserem Volk haben, ist für
unser Wachstum von großer Bedeutung. Da wir nicht zufällig
bei unseren Eltern geboren wurden (unsere Seele hat sich für
ihre Entwicklung den für sie optimalen Nährboden in unseren
Eltern gewählt), zeigt uns unsere Familie die wesentlichsten
Ansatzpunkte für unser seelisches Wachstum.

Es ist daher aufschlußreich und kann zu wichtigen Erkenntnissen führen, wenn wir die eigene Familie in unsere Meditation einschließen.

Beginnen Sie mit Ihrer Mutter, mit der Sie am engsten
verbunden waren, und nehmen Sie sie mit in Ihre Meditation.
Lassen Sie sie in Gedanken vor Ihnen erscheinen, betrachten

Sie sie ganz genau, rufen Sie sich möglichst viele Erinnerungen, die Sie mit ihr verbinden, ins Gedächtnis; Situationen, die Sie mit ihr erlebt haben... Versuchen Sie dann Ihre Mutter nicht als Ihre Mutter, sondern einfach als Menschen zu sehen. Schauen Sie sich ihr Leben an, achten Sie dabei besonders auf ihre unerfüllten Lebensträume, denn diese sind der Ansatzpunkt für die Lernaufgaben und Probleme, die Sie ebenfalls in Ihrem Leben zu bewältigen haben werden. Sie sollten versuchen, die Utopien Ihrer Mutter, die eigentlich die Ihren sind – da Sie ja, wie gesagt, Ihre Mutter nicht zufällig bekommen haben –, Realität werden zu lassen. Suchen Sie deshalb das Ende jenes roten Fadens, der Ihre Entwicklung mit der Ihrer Mutter verbindet, den Sie in Ihrem Leben wieder aufnehmen müssen. Beleuchten Sie dabei alle Lebensbereiche: Beruf, Ehe, Arbeit, Sexualität... Meditieren Sie darüber so oft und so lange, bis Sie wenigstens in die Nähe eines Aha-Erlebnisses kommen.

Auf die gleiche Weise verfahren Sie mit allen übrigen Familienmitgliedern oder Verwandten, die Ihnen gefühlsmäßig für Ihr Leben bedeutsam erscheinen.

Meditieren Sie auch über das Volk, aus dem Sie kommen. Die Mentalität, die in dem Land herrscht, aus dem Sie kommen, kann über Sie ebenfalls sehr aufschlußreich sein.

All das zu betrachten und dann auch in Beziehung zu sich zu setzen erfordert natürlich ein beträchtliches Maß an Ehrlichkeit sich selbst gegenüber und die Bereitschaft, Verantwortung für das eigene Leben auf ganzer Linie zu übernehmen, beides Eigenschaften, vor denen wir uns im wesentlichen gerne drücken, was dann eben dazu führt, daß wir unsere Utopien, Schwächen, Ängste und Wünsche, unsere Schatten, »leben lassen«, sie auf unsere Partner oder Kinder projizieren.

Wiederholen Sie deshalb diese Meditationen immer wieder einmal, Sie werden dabei immer wieder auf Bereiche stoßen, die Sie nie beachtet haben, die aber wichtig für Sie sind.

Meditieren Sie so oft, bis Sie mit Ihren Eltern, Ihrer Familie, Ihrem Volk wirklich ausgesöhnt sind, bis Sie ein Gefühl der Dankbarkeit für ihre Schwächen empfinden, weil eben diese Schwächen Ansatzpunkt und Wegweiser für Ihr eigenes Leben sind.

Atem-Meditationen

Unser Atem hat eine einzigartige Zwischenstellung zwischen Körper und Seele – er verbindet beide miteinander. Diese Mittlerstellung rückte den Atem zu allen Zeiten in den Mittelpunkt des menschlichen Interesses und machte ihn auch zum wichtigen Fahrzeug auf dem spirituellen Weg. Der Zusammenhang zwischen Atem und Leben muß den Menschen von Anfang an bewußt gewesen sein, beginnt doch in den meisten Schöpfungsgeschichten das Leben mit dem Atem: Etwa wenn Gott dem aus roter Erde geformten Körper des Adam sein Leben einhaucht oder wenn im hinduistischen Mythos die ganze Schöpfung als Brahmas Aus- und Einatmen beschrieben wird. Schon der frühen Menschheit muß die Notwendigkeit des Atems zum Leben einsichtig gewesen sein, sicherlich deutlicher jedenfalls als die Beziehung etwa zum Herzschlag.

Der Atem ist aber nicht nur von Anfang an Symbol des Lebens, sondern auch der grundlegendste Ausdruck der Polarität. Zwischen den beiden Extremen der Atemwelle, dem Ein und dem Aus, der Fülle und der Leere spielt sich das polare Leben ab. Jene Momente, wo der Atemfluß stillsteht, liegen damit außerhalb der Polarität, und tatsächlich haben wir im Tod mit dem Ende des Atems auch das Ende der polaren Welt, und ein Erlebnis der Einheit geschieht, wie inzwischen vielfach belegt (etwa von dem amerikanischen Arzt Moody oder der Schweizer Sterbeforscherin Elisabeth Kübler-Ross). Stillstand des Atems muß aber nicht in jedem Fall das Ende des Lebens bedeuten, wohl aber das Ende der Polarität. So ist bekannt, daß manche Yogis den Atem willentlich anhalten können, wenn sie sich in tiefe Trance versetzen. Sie nehmen dann allerdings nicht mehr teil am Leben der Polarität, sind nicht mehr auf derselben Ebene mit uns. Beschreibungen aus jenen Bereichen, in die solche entwickelten Menschen in Zeiten des Atemstillstands gelangen, ähneln in gewisser Weise jenen der reanimierten Patienten, die mit Hilfe moderner Medizin gerade noch einmal zurück ins Leben geholt wurden. All diese Berichte zeichnen sich durch das Fehlen der Gegensatzspannung der polaren Welt aus und beschreiben Einheitserfahrungen in den verschiedensten Versionen. Die Einheit aber ist ja das Ziel aller *Medi*-tation, und kurze Begegnungen mit ihr sind nicht selten der Grund, warum Menschen auf den Weg der Meditationen gelangen. Wer einmal von der Einheit gekostet hat, erkennt in ihr den tieferen, den eigentlichen Grund des Lebens und widmet gern seine Zeit der weiteren Suche nach ihm.

Interessant sind in diesem Zusammenhang auch medizinische Untersuchungen an Meditierenden, die einen eindeutigen zeitlichen Zusammenhang ergaben zwischen Perioden des Atemstillstands und Erlebnissen der Transzendenz.

Es verwundert daher nicht, daß der Atem in vielen Meditationstechniken erhebliche, wenn nicht gar zentrale Beachtung erfährt. So dreht sich in einer der beiden Hauptschulen des Zen alles um die Beobachtung des eigenen Atemflusses. Allmählich beruhigt sich dabei der Atem immer mehr. Um so sanfter und weniger er aber wird, desto mehr löst sich der Meditierende von der polaren Alltagswelt und kommt damit der Einheit näher.

Auf einem ähnlichen Prinzip beruht die Dhikr-Meditation der Sufis. Eine ihrer Formen beruht auf einem rhythmischen Kreistanz einer Gruppe von Meditierenden, bei dem spezielle Mantren gesungen werden. Auch hier spielt der Atem eine zentrale, wenn nicht gar die entscheidende Rolle, wird er doch durch die monotone Bewegung der Gruppe in eine bestimmte Form gebracht.

Es ist spannend zu beobachten, wie sich der Atem der Teilnehmer durch gemeinsames Bewegen und Singen in kürzester Zeit synchronisiert. In ähnlich nachhaltiger Weise beeinflußt auch der Wirbeltanz der Derwische die Atmung und kann so ebenfalls zur Erfahrung der Einheit führen. Bei allen tanzenden Bewegung bleibt die Mitte des Meditierenden doch in vollkommener Ruhe; erfährt man diese Ruhe in der Mitte, ist man auch der Einheit nahe.

Die beiden letztgenannten Meditationsformen aus der Tradition der islamischen Sufis sollen hier nicht näher ausgeführt werden; um sie in der Praxis auszuüben, bedarf es sowieso erfahrener Anleitung.

Atem-Rebirthing

Der Zusammenhang zwischen Atem und Leben war den Menschen von Anfang an bewußt, so beginnen die meisten Schöpfungsmythen das Leben mit dem Atem: Etwa wenn Gott dem aus roter Erde geformten Körper des Adam sein Leben einhaucht, oder wenn im hinduistischen Mythos die ganze Schöpfung als Brahmas Ein- und Ausatmen beschrieben wird.

Von Anfang an ist also der Atem Symbol des Lebens und auch der grundlegendste Ausdruck der Polarität. Zwischen den beiden Extremen der Atemwelle, dem Ein und dem Aus, der Fülle und der Leere, spielt sich das polare Leben ab. Jene Momente, wo der Atemfluß stillsteht, liegen damit außerhalb der Polarität, und so haben wir auch im Tod mit dem Ende des Atems auch das Ende der polaren Welt, und ein Erlebnis der Einheit geschieht, wie inzwischen vielfach belegt, etwa von dem amerikanischen Arzt Moody oder der Schweizer Sterbeforscherin Kübler-Ross.

Stillstand des Atems muß aber nicht in jedem Fall das Ende des Lebens bedeuten, wohl aber das Ende der Polarität. So ist bekannt, daß manche Yogis den Atem willentlich anhalten können, wenn sie sich in tiefe Trance versetzen. Sie nehmen dann allerdings nicht mehr teil am Leben der Polarität, sind nicht mehr auf derselben Ebene mit uns.

Medizinische Untersuchungen an Meditierenden ergaben auch einen eindeutigen zeitlichen Zusammenhang zwischen Perioden des Atemstillstands und Erlebnissen der Transzendenz.

Es verwundert daher nicht, daß der Atem in vielen Meditationstechniken erhebliche, wenn nicht eine zentrale Beachtung erfährt.

Eine der wohl tiefgreifendsten Atemmeditationen ist die erst in den letzten zehn Jahren unter dem Namen »Rebirthing« populär gewordene Hyperventilationstechnik. An sich ist auch diese Technik uralt – schon in ältesten indischen Schriften finden sich entsprechende Beschreibungen, aber auch in den Aufzeichnungen Israel Regardies über die Golden-Dawn-Rituale zu Beginn dieses Jahrhunderts findet sich eine genaue Beschreibung dieser Meditation. Es empfiehlt sich durchaus nicht, diese Technik von Anfang an allein, d. h. ohne kompetente Führung, durchzuführen.

Die Gründe, warum wir sie trotzdem hier aufführen, sind folgende:

1. Bei allen möglichen anderen Atemmeditationen kann – z. B. wenn Angst oder erhebliche Anspannung hinzukommen – Hyperventilation unbeabsichtigt passieren. In solchen Fällen ist es hilfreich zu wissen, daß es das als eigene Atemtechnik gibt und daß subjektiv bedrohlich erscheinende Begleitumstände wie Verkrampfung oder Engegefühle durchaus zum Ablauf der Hyperventilationstechnik gehören und gerade mit Hilfe des Weiteratmens durchschritten werden können.

2. Hyperventilationen kommen im täglichen Leben gar nicht so selten vor und werden dann meist medizinisch mit Spritzen usw. wegbehandelt. In solchen Fällen läge eine große Chance darin, ganz bewußt und freiwillig diese Meditations-

technik zu nutzen, um sich von den entsprechenden Ängsten zu lösen.

3. Diese Technik ist wie kaum eine andere geeignet, schnell und sehr tiefgreifend Zugang zu den eigenen inneren Energien zu bekommen und kann als Vorstufe für viele andere ruhigere Meditationsformen geeignet sein und so den Weg zur eigenen Mitte bereiten helfen.

Im Verlaufe des Rebirthing kommt es zu einer regelrechten Energieüberschwemmung des Organismus durch intensives Atmen. Dadurch können alte, vielleicht schon seit langem verschüttete Kanäle wieder geöffnet und zum Teil wundervolle Energieerlebnisse empfunden werden. Zumindest die ersten Schritte in diesem Bereich sollte man aber unbedingt an der Seite eines erfahrenen Atemtherapeuten gehen.

Aurameditation

Als Aura bezeichnet man das Energiefeld, das den Körper eines Menschen umgibt. Größe und Ausdehnung, Farbgebung und Intensität hängen vom seelisch-spirituellen Entwicklungsstand eines Menschen ab und stehen in einem direkten Zusammenhang mit der Erweckung der Chakren.

Suchen Sie sich einen Partner, anfangs vielleicht einen guten Freund, für diese Meditation. Setzen Sie sich mit ihm an einen Platz, wo sich hinter Ihrem Partner ein weißer Hintergrund befindet. Richten Sie außerdem eine helle Lichtquelle auf ihn. Dann setzen sie sich ca. einen Meter voneinander entfernt in Ihre Meditationshaltung. Schließen sie beide erst einmal für einige Minuten die Augen, werden ruhig, machen einige tiefe Atemzüge und geben sich Zeit, im Moment und am Platz dieser Meditation wirklich anzukommen, lassen los von allem täglichen Geschehen. Ihre Gedanken kommen und gehen, wie auch der ständige Fluß des Atems kommt und geht. Richten Sie Ihre Aufmerksamkeit auf Ihre Mitte, aus der alles kommt und in die alles wieder zurückläuft, und spüren Sie, daß hier auch der Ort ist, wo Ihre innere Stimme wohnt, der Punkt auch, wo Sie mit allem verbunden sind und wo Ihr wahres Wesen lebt. Wenn Sie dessen richtig gewahr wurden, öffnen Sie langsam die Augen und nehmen Kontakt mit dem Blick Ihres Partners auf, beginnen zu »schauen«, mit weichem Blick, so daß Sie zwar den Augenkontakt nicht verlieren, trotzdem aber auch einen erweiterten Sichtkreis sehen. Stimmen Sie sich dabei ganz auf diesen Menschen, der Ihnen gegenüber sitzt, ein und betrachten den unmittelbaren Raum, der ihn umgibt. Atmen Sie dabei ruhig und sanft, halten Sie nicht vor Spannung den Atem an. Achten Sie auf Farbgebung und Helligkeit, spüren Sie einfach mit den Augen die Qualität seiner Ausstrahlung.

Beenden Sie die Meditation, indem Sie einige Male bewußt tief atmen, Ihre Arme und Beine bewegen und Ihr Bewußtsein wieder ganz aufs Hier und Jetzt richten.

Wenn Sie durch die oben beschriebene Weise einige Routine im Aurasehen erlangt haben, wird auch keine besondere Beleuchtungsart mehr nötig sein, um das Energiefeld eines Menschen wahrzunehmen.

Ausdehn-Atem

Setzen Sie sich bequem an Ihren Meditationsplatz und geben Sie sich Zeit, dort auch wirklich anzukommen. Sie spüren die Unterlage, die Sie trägt, Sie in Kontakt mit dem Unten, der Erde, bringt, spüren, wie sich durch die Kraft der Erde Ihr Rücken, Ihre Wirbelsäule gerade aufrichten und in den Himmel ragen, wie Sie so das Unten mit dem Oben die Erde mit dem Himmel verbinden.

Und wie Sie so dasitzen und immer ruhiger werden, immer mehr loslassen, alles immer gleichgültiger wird, richten Sie Ihre Aufmerksamkeit auf Ihren Atem und beobachten eine

Weile, wie er kommt und geht, sanft und gleichmäßig, ohne daß Sie etwas dazu tun müssen, Sie lassen einfach geschehen, was geschehen will, lassen Gedanken kommen, aber auch wieder gehen, wie der Atem kommt und geht.

Nach einer Weile, wenn Sie wirklich ganz ruhig und entspannt sind, beginnen Sie aktiv durch die Nase einzuatmen, ziehen den Atem hoch bis zur Fontanelle und noch darüber hinaus und stellen sich dabei vor, wie sich alles in Ihrem Körper ausdehnt, jede Zelle größer und weiter wird.

Atmen Sie durch den Mund passiv aus, das heißt, lassen Sie den Ausatem einfach geschehen, ihn einfach von selbst hinausfließen. Die Ausdehnung Ihres Körpers wird aber durch das Ausatmen nicht geringer. Mit dem Ausatmen geben Sie aber alles ab, was sie von der Verwirklichung Ihrer Ziele abhält. Während Sie dann wieder durch die Nase bis über die Fontanelle hinaus einatmen, lassen Sie weiter jede Zelle Ihres Körpers größer werden, und mit dem folgenden Ausatmen geben Sie wieder alles ab, was Sie an Ihrem Expansionswunsch hindert. Atmen Sie so lange auf diese Weise, bis Sie allen Raum ausfüllen, den Sie gerne ausfüllen wollen. Beenden Sie die Meditation, indem Sie Ihrem Atem wieder in seinen eigenen Rhythmus entlassen, langsam Ihren Körper bewegen und ganz zum Schluß die Augen öffnen.

Ballonmeditation

Legen oder setzen Sie sich bequem an Ihren Meditationsplatz, schließen Sie Ihre Augen, lassen los von allem Alltagsgeschehen und kommen wirklich hier an diesem Ort an, der für die nächste Zeit Ausgangspunkt Ihrer Innenreise sein wird. Spüren Sie Ihren Körper in Kontakt mit der Unterlage, die Sie trägt und der Sie sich ganz anvertrauen, so daß Sie nichts machen oder halten müssen, sondern einfach loslassen können, geschehen lassen, was geschehen will. Ruhe und Stille breiten sich in Ihnen aus, und während Ihr Körper immer schwerer wird und tiefer sinkt, wird gleichzeitig Ihr Atem immer weiter und freier. Genießen Sie diesen Zustand der Entspannung, lassen Sie sich ganz in ihn fallen. Nach einer Weile lenken Sie Ihr Bewußtsein auf Ihren Atem. Stellen Sie sich vor, während Sie durch die Nase einatmen, wie mit diesem Atemzug weißes Licht in Sie einströmt. Wenn Sie dann mit dem Mund ausatmen, geben Sie gleichzeitig alle verbrauchte und verunreinigte Energie nach außen ab. Atmen Sie auf diese Art und Weise so lange, bis Sie ganz erfüllt sind von weißem Licht und reiner Energie. Und dann stellen Sie sich vor, wie mit jedem weiteren Atemzug diese weiße Lichtenergie aus Ihrer Fontanelle, am Scheitel des Kopfes, ausströmt und wie der Wasserstrahl eines Springbrunnens an Ihnen herunterfließt, und mit jedem Einatemzug holen Sie sich das weiße Licht an Ihren Fußsohlen wieder in sich herein. Atmen Sie so lange auf diese Weise, bis Sie das Gefühl haben, sicher und geborgen in einer Kugel aus weißem Licht zu sein, die Sie beschützt und die Sie wie ein Ballon überall hintragen kann. Lassen Sie Ihren Lichtballon nun fliegen, hoch hinauf, weit hinaus in den Weltraum. Machen Sie eine Entdeckungsreise in den Kosmos, besuchen Sie ferne Galaxien, Planeten und Sterne. Wenn Sie wollen, können Sie auch auf fremden Sternen landen, denn in Ihrer Kugel kann Ihnen nichts geschehen. Sie können sich auch auf die Suche nach Ihrem inneren Führer, Ihrem Höheren Selbst, Ihrem Schutzengel machen, der, wer weiß, irgendwo im Kosmos darauf wartet, von Ihnen gefunden zu werden. Lassen Sie also Ihrem Ballon und Ihrer Phantasie freien Lauf.

Wenn Sie dann diese Meditation beenden wollen, tun Sie das auf die übliche Art und Weise: Atmen Sie ein paarmal kräftig durch, bewegen Sie Ihren Körper und öffnen dann erst wieder die Augen.

Bhakti-Yoga

Bhakti-Yoga ist neben Karma-Yoga, Jnana-Yoga und Raja-Yoga einer der vier Hauptpfade der alten indischen Yoga-Tradition. Es ist der Weg der allumfassenden Liebe. Indem wir lernen, die irdische, personenbezogene Liebe zu überwinden und ihr zu entsagen, lieben wir Gott. Fähig, Gott zu lieben, ist es uns möglich, allem Irdischen, jedem Menschen mit Liebe zu begegnen.

Der Bhakti-Weg besteht aus zwei großen Schritten. Der erste Schritt besteht aus der Entsagung, der zweite Schritt führt in das kosmische Bewußtsein. Es ist kein beschwerlicher Weg. Die Übergänge sind fließend. So wie wir zunächst einen Menschen lieben, wie wir diese Liebe schwinden spüren und eine neue Liebe fühlen, so lösen wir uns allmählich von der materiellen Liebe zugunsten der allumfassenden Liebe zu Gott.

In der vorbereitenden Phase (Gauni) bedürfen wir konkreter Hilfe, die uns in der Mythologie und in der Symbolik jeder Religion gegeben wird. Die Regeln dafür lauten: Sei wahrhaftig, aufrichtig und mildtätig ohne Eigennutz. Verletze andere weder durch Gedanken, Worte oder Taten. Sei frei von Neid und vermeide eitle Gedanken. Trage erlittene Kränkungen niemandem nach. In dieser Gauni-Phase überwinden wir die gewohnte objektverhaftete Liebe. Wir erweitern und überwinden sie. Wir lieben nicht mehr einen Menschen, sondern viele und schließlich alle. Wir lieben nicht unser Dorf, sondern unser Land, die ganze Welt. Letztendlich wachsen wir so in die zweite Phase des Bhakti-Weges hinein. Sie heißt Para und bedeutet die Liebe zu Gott, die alles umfaßt, nichts dafür zurückerhalten will und damit das egoistische kleine Ich überwindet.

Grundlage des Bhakti-Yoga ist die Erkenntnis, daß die menschlichen Gefühle, Leidenschaften und Gemütsbewegungen an sich nichts Schlechtes sind. Sie müssen nur entwickelt werden. Dafür stellt Bhakti-Yoga ein vierstufiges Programm bereit:

1. Ehrfurcht vor den Symbolen Gottes.
2. Freude im Blick auf das Göttliche.
3. Sehnsucht nach dem fernen (geistig) Geliebten.
4. Widmung des ganzen Lebens dem göttlichen Ideal der Liebe.

Swami Vivekananda, der ein Buch über »Karma-Yoga und Bhakti-Yoga« geschrieben hat, stellt diesen Hintergrund des Bhakti-Yoga als ein »Dreieck der Liebe« dar. Die drei Spitzen sind gekennzeichnet durch drei Formeln:

1. Wahre Liebe erwartet keine Gegenleistung. Ein Bhakta liebt Gott, weil Gott liebenswert ist.
2. Liebe kennt keine Furcht. Angst entsteht aus dem selbstsüchtigen Gedanken, man sei vom Rest der Welt abgesondert.
3. Liebe kennt keine Rivalen. Wer selbstlos liebt, liebt außer Konkurrenz. Die allumfassende Liebe umfaßt nicht nur das göttliche Prinzip, sondern alles, was ihm unterworfen ist.

Was wir gewöhnlich als Liebe bezeichnen, ist unsere Selbstliebe, die wir auf Personen und Dinge projizieren. Diese Egozentrik müssen wir im Bhakti-Yoga erkennen und überwinden. Nur dann verbinden sich Liebe, Liebender und Geliebter zur kosmischen Einheit.

Chakrenmeditation

In jedem Menschen leuchtet die Kraft des Ewigen Lichtes. Und in diesem unsterblichen Lichtleib, der uns immer mit dem Göttlichen verbindet, drehen sich die Energieräder oder Chakren. Diese Energiewirbel sind wie Gefäße, in die wir die kosmische Energie, das göttliche Licht einströmen lassen können. Die Chakren sind gleichsam unsere Kommunikationsmittel mit den Kräften des Alls. Indem wir die Chakren erwecken, sie zu ihrer vollen Kraft und Größe entfalten, sie in ein Gleichgewicht bringen, verbinden wir uns stärker mit der göttlichen Lichtquelle in uns.

Der Atem ist eine der wirksamsten Möglichkeiten, um unsere Lichtkörper wahrnehmen zu lassen. Sie können daher mit entsprechenden Atemübungen mit Ihren Chakren arbeiten: Legen oder setzen Sie sich bequem hin, schließen die Augen und lassen los von allem Alltagsgeschehen, kommen an, hier an diesem Platz, spüren den Kontakt mit der Unterlage, dem Boden, der Sie trägt. Sie geben all Ihr Gewicht ab und auch alle Sorgen und Probleme, schicken sie tief hinunter in den heißen Mittelpunkt der Erde, lassen sie dort verbrennen und verwandeln. Sie lassen damit immer mehr los, lassen einfach geschehen, was geschehen will und mag, und sinken so auch immer tiefer in einen Zustand der Ruhe und Entspannung. Alle Nervosität ist längst von Ihnen abgefallen, Sie sind nur mehr hier, in diesem Augenblick, ruhig und gelassen. Und in diesem Zustand der Ruhe richtet sich wie von selbst Ihre Aufmerksamkeit auf den Atem, den Sie beobachten, wie er kommt und geht, ganz ohne Ihr Dazutun – es atmet Sie! – Und allmählich beginnen Sie dann in Ihrem Bewußtsein den Atemstrom in Ihre Chakren zu schicken. Sie fangen dabei mit dem ersten Chakra an, das an der Basis des Rückgrats liegt, schicken dort so lange Atemenergie hin, bis genug der leichten hellen Kraft dorthin geflossen ist. Dann gehen Sie weiter zum zweiten Chakra, das über der Milz liegt, dann zum dritten in der Höhe des Nabels, und weiter zum vierten, dem Platz des Herzens, danach zum fünften Chakra im Hals, weiter zum sechsten, dem Stirnchakra oder Dritten Auge, das zwischen den Augenbrauen an der Nasenwurzel liegt, und zum Schluß atmen Sie in das siebte Chakra, das sich am Scheitel des Kopfes, an der Fontanelle befindet. Verfahren Sie bei all den anderen Chakren genauso wie beim ersten.

Sie können diese Chakrenatemübung auch mit Farben und Tönen intensivieren.

Dazu schicken Sie in das

1. Chakra die Farbe Rot und summen dabei die Silbe *Aaa*
2. Chakra die Farbe Orange und summen dabei die Silbe *Sol*
3. Chakra die Farbe Gelb und summen die Silbe *Sum*
4. Chakra die Farbe Grün und summen die Silbe *Eee*
5. Chakra die Farbe Blau und summen die Silbe *Uuu*
6. Chakra die Farbe Violett und summen die Silbe *Sun*
7. Chakra die Farbe Weiß und summen die Silbe *Om.**

Dynamische Meditation

Diese Meditationstechnik ist eine der Basis-Formen, die Bhagwan Shree Rajneesh entwickelt hat. Sie ist auch unter der Bezeichnung »chaotische Meditation« bekannt und wird von Bhagwan-Anhängern gern als »Wahnsinn mit Methode« bezeichnet.

Sie sollten früh am Morgen dynamisch meditieren, am besten nach dem Waschen und vor dem Frühstück. Wählen Sie eine Ihnen geeignet erscheinende Musik. Tragen Sie möglichst wenig Kleidung, die Sie nicht einengen darf. Beginnen Sie in der Hara-Stellung und richten Sie Ihre Aufmerksamkeit auf Ihren Schwerpunkt. Schließen Sie die Augen oder tragen Sie in diesem Fall sogar eine Augenbinde.

Die dynamische Meditation besteht aus fünf Phasen, die Bhagwan in seinem »Orangenen Buch« so beschreibt:

»Erste Phase, zehn Minuten: Atme chaotisch durch die Nase; konzentriere dich auf das Ausatmen. Für die Einatmung sorgt der Körper von selbst. Atme so schnell und heftig, wie du nur kannst – und dann noch ein bißchen heftiger, so lange, bis du buchstäblich selbst das Atmen bist. Nutze deine natürli-

---

* Weitere Anregungen, um mit den Chakren zu arbeiten, finden Sie in Lu Lörlers Buch: »Die Hüter des alten Wissens. Schamanisches Heilen im Medizinrad«, München 1986.

chen Körperbewegungen dazu, deine Energie aufzubauen. Fühle, wie sie zunimmt, aber erlaube ihr nicht, sich schon in der ersten Phase auszutoben.

Zweite Phase, zehn Minuten: Explodiere! Lasse alles raus, was ausbrechen will. Werde total verrückt, schreie, kreische, heule, hüpfe, schüttle dich, tanze, singe, lache, tobe herum. Halte nichts zurück, halte deinen ganzen Körper in Bewegung. Ein bißchen Schauspielerei kann dir anfangs helfen, hineinzukommen. Erlaube deinem Kopf auf keinen Fall, in das Geschehen einzugreifen. Sei total.

Dritte Phase, zehn Minuten: Springe mit erhobenen Armen auf und ab und rufe dabei das Mantra HUH! HUH! HUH! HUH! so tief aus dem Bauch heraus, wie es nur geht. Jedesmal, wenn du auf deinen Füßen landest, und zwar mit ganzer Sohle, lasse diesen Ton tief in dein Sexzentrum hineinhämmern. Gib alles, was du hast, erschöpfe dich total.

Vierte Phase, 15 Minuten: Stop! Friere auf der Stelle ein, haargenau in der Position, in der du dich gerade befindest. Mach keinerlei Körperkorrekturen. Ein Husten, die kleinste Bewegung oder sonst etwas, und schon fließt die Energie ab, und alle Mühe war umsonst. Beobachte alles, was dir geschieht.

Fünfte Phase, 15 Minuten: Sei ausgelassen, gehe mit der Musik, tanze, drücke deinen Dank an die Schöpfung aus und nimm dein Glücksgefühl mit in den Tag.«

Erntedankmeditation

Jeder Tag kann zu einem Erntedankfest werden.

Setzen oder legen Sie sich am Ende des Tages auf Ihren Meditationsplatz. Lassen Sie sich Zeit, am Ort Ihrer Meditation anzukommen. Spüren Sie die Unterlage, die Sie trägt, und Ihren Körper, der Ihnen wieder einen Tag lang gedient hat. Lenken Sie Ihr Bewußtsein in Ihre Füße und danken Sie ihnen, daß sie Sie getragen haben, Sie durch sie in Kontakt mit der Erde waren, für das *Steh*vermögen, und daß Sie durch diesen Kontakt mit der Erde, der Materie, die Möglichkeit haben zu ver-*stehen*.

Dann wandert Ihr Bewußtsein in die Waden und Oberschenkel. Sie danken auch diesen Teilen Ihres Körpers, durch die Sie die Fähigkeit besitzen, sich in der Welt zu bewegen und fortzuschreiten.

Und Sie wandern weiter mit Ihrem Bewußtsein in Ihren Unterleib, danken ihm, daß Sie mit seiner Hilfe alles Alte und Verbrauchte ausscheiden können, und für all die sexuellen Freuden, die Sie durch ihn erleben können.

Dann richten Sie Ihr Bewußtsein auf Bauch und Brustkorb, den Sitz Ihrer Organe, die unermüdlich für Sie arbeiten. Schicken Sie Ihren Dank auch dorthin. Und ebenso in Ihre Arme und Hände, die Sie zu einem *hand*lungsfähigen Wesen machen. Machen Sie sich auch Ihren Hals bewußt und danken ihm dafür, daß er so vieles schluckt und daß er Ihren Kopf trägt und bewegt und damit Ihren Horizont erweitert.

Danken Sie auch Ihrem Rücken, der Sie aufrecht stehen läßt, Symbol dafür ist, daß Sie zwar aus der Erde kommen, aber in den Himmel hochwachsen können, und der so viele Bürden trägt.

Abschließend lenken Sie Ihr Bewußtsein in Kopf und Gehirn, die Schaltzentrale und den Sitz des Denkens, und schicken Sie auch da Ihren Dank hin.

Nachdem Sie nun Ihren Körper mit Bewußtsein erfüllt haben, richten Sie Ihre Aufmerksamkeit auf den vorangegangenen Tag. Lassen Sie ihn wie auf einem inneren Bildschirm an Ihnen vorbeiziehen und achten Sie darauf, was Sie alles in Form von Taten, Gedanken und Gefühlen gesät und dafür geerntet haben.

Versuchen Sie alles, auch die »negativen« Erfahrungen, als Geschenk des Lebens anzunehmen, und machen Sie sich bewußt, daß Sie alles, was Sie an Erlebnissen und Erfahrungen geerntet haben, irgendwann, in irgendeiner Form auch gesät haben.

Und wie zur Zeit die Felder abgeerntet werden, wieder Brachland geschaffen wird, daß wieder neue Samen aufgehen und wachsen können, lassen Sie das auch in Ihrem Inneren geschehen. Erlassen Sie alle Schulden, materieller oder seelischer Art (»... vergib uns unsere Schuld, wie auch wir vergeben unseren Schuldigern...«), die andere Ihrer Meinung nach bei Ihnen haben, und machen Sie sich damit bereit, wieder Neues zu empfangen.

Danken Sie dem Leben für *alle* Erfahrungen, die Ihre Lehrmeister sind, und verweilen Sie noch in diesem Bewußtsein der Demut und des Dankes, bevor Sie diese Meditation beenden.

Erdritual

Dieses alte indianische Ritual ist vor allem ein Heilungsritual, wobei Heilung hier im weitesten Sinne zu verstehen ist, als das Heil-sein, In-Einklang-sein mit sich und der Welt. Heil sein bedeutet bei den Indianern immer, seinen Platz in der Welt zu finden, seinen Traum wachzutanzen und sich damit harmonisch in den großen Schöpfungsplan einzufügen.

Das Erdritual ist gut dazu geeignet, wieder in wirklichen Kontakt mit unserer »Großen Mutter«, der Erde, zu kommen.

Für die Ausführung des Erd-Heilungs-Rituals braucht man allerdings immer jemanden, der schon länger mit schamanischen Ritualen vertraut ist.*

Zur Durchführung dieser Zeremonie wählt der Leiter des Rituals einen ungestörten Platz in der wilden Natur mit einem nahegelegenen Gewässer. Der Ort wird geweiht und geräuchert, die Kräfte der vier Himmelsrichtungen, die den India-

* Nähere Informationen und Kontaktadressen erhalten Sie in Lu Lörlers Buch »Die Hüter des alten Wissens.«

nern heilig sind, werden gerufen und um Mithilfe gebeten. Dann wird ein Erdloch ausgehoben, das einen halben Meter tief ist und Körperlänge hat. Die Grube wird mit Farnwedeln oder frischen Blättern ausgelegt und ebenfalls geräuchert. Der Initiand wird daraufhin nackt in die Erde gebettet, bis nur noch sein Kopf herausragt.

Während der folgenden Stunden, die man wie in einem Grab in der Erde liegt, durchlebt man viele Ängste; altes Leid und schmerzliche Situationen tauchen wieder auf, man begegnet den eigenen Grenzen, bis ein Wandlungsprozeß eintritt und man sich der Erde total hingibt, sich quasi auflöst, bis das Gefühl entsteht, daß der Körper in seine Bestandteile zerfällt und Zelle für Zelle mit dem Leib der Mutter Erde verschmilzt. »Mensch, du bist aus Erde, und zu Erde wirst du wieder werden«: Dieser Satz wird in diesem Ritual zu einem eindrucksvollen Erlebnis, das dann die Erfahrung der Wiedergeburt, der Erneuerung ermöglicht.

Wenn sich diese Erfahrung als glückliches Strahlen im Gesicht des Initianden zeigt, wird er behutsam aus seinem Erdgrab befreit und zu der nahen Wasserstelle geführt und gereinigt. Damit ist das Ritual beendet.

Die einfachere **Erdenergieübung** können Sie alleine folgendermaßen ausführen:

Legen Sie sich draußen auf eine Wiese, und beginnen Sie mit folgender Atemübung: Atmen Sie tief ein und zählen im Sekundenrhythmus bis zwölf, dann halten Sie zwölf Sekunden den Atem an, atmen auf zwölf Sekunden wieder aus und halten den Atem zwölf Sekunden an. Versuchen Sie dabei, dem Bedürfnis, nach Luft zu schnappen, nicht nachzugeben, und wiederholen Sie diese Atmung siebenmal. Konzentrieren Sie sich ganz auf die Erde, auf den Boden, auf dem Sie liegen. Spüren Sie so lange die Berührungspunkte Ihres Körpers mit der Erde, bis Sie das Gefühl haben, mit ihr zu verschmelzen. Geben Sie sich der Erde ganz hin, vertrauen Sie sich ihr ganz

an. Schicken Sie mit jedem Ausatmen Ihre kranke und verbrauchte Energie tief in die Erde hinein und lassen Sie sie vom
Feuer, dem Herz der Erde, läutern. Bei jedem Einatmen nehmen Sie dann die gesunde und reine Kraft der Erde mit
Dankbarkeit in sich auf.

Enlightment intensive

Diese von dem Amerikaner Jeff Love zuerst beschriebene
Meditationsform wird vor allem in Gruppen bzw. zu zweit
durchgeführt, eignet sich aber auch als Meditation für den
Einzelnen. Die Idee entstammt der Zen-Tradition und hier vor
allem der Rinzai-Richtung, die mit Koans arbeitet. Ein Koan ist
eine logisch unlösbare Aufgabe, die der Zen-Meister dem
Schüler stellt, wie z. B.: »Höre das Klatschen der einen Hand.«
Der Schüler meditiert so lange über diesem »Problem«, bis er
durch die Ebene des Intellekts hindurchbricht zu jener trans-
zendenten Wirklichkeit, wo sich das Problem im wahrsten Sinne des Wortes in »Nichts« auflöst. Dem ist das Vorgehen beim
Enlightment intensive nahe verwandt. Hier wird mit der immer gleichen und immer wiederkehrenden Frage gearbeitet:
»Wer bin ich?« Lange Zeit wird der Intellekt Antworten auf
diese Frage produzieren, das Ziel aber ist, daß er es irgendwann aufgibt und man durch all die rationalen Antworten hindurch auf jene Ebene stößt, auf der wir wissen, wer wir sind.

Im Gegensatz zum klassischen Enlightment intensive, das in
Seminarform über einige Tage, meist vier, durchgeführt wird,
kann man sich sehr wohl auch selbst in Form einer täglichen
Meditation mit dieser Frage konfrontieren. Man beginnt also,
indem man sich selbst fragt: »Wer bin ich?« Dann läßt man
alle möglichen Antworten aus sich aufsteigen. Sobald man den
»Faden« verloren hat oder zu anderen Gedanken abschweift,
kommt man zurück zur Frage: »Wer bin ich?« usw.

Die Zeit ist bei dieser Meditationsform ein wichtiger Faktor, denn sie gewinnt mit jeder Wiederholung der Frage an Kraft. Gerade wenn der Intellekt ermüdet, wird es erst recht wichtig. So kann man diese Meditation natürlich täglich zweimal eine halbe Stunde durchführen, wird aber mit täglich zwei Stunden noch tiefere Erfahrungen machen. Die Haltung sollte sich an der des Za-Zen, der Meditation im Sitzen, orientieren. Je gerader und aufrechter der Sitz, desto besser. Natürlich ist diese Technik auch im Liegen durchführbar, allerdings fördert diese Haltung das Träumen, auf das es hier gerade nicht ankommt. Es geht keinesfalls darum, in Wunschträumen sich auszumalen, wer man alles sein könnte, sondern um harte intellektuelle Anstrengung, eben die konkrete Beantwortung der Frage: »Wer bin ich?«

Der beste Einstieg in diese Technik gelingt sicherlich über die Teilnahme an einem Enlightment-intensive-Seminar, das sich einige Tage ununterbrochen und ausschließlich dieser Meditationstechnik widmet.

Einfühlen

Wählen Sie einen Gegenstand, einen Stein, eine Muschel – oder ein Lebewesen, einen Baum, eine Pflanze, ein Tier oder auch einen Menschen. Es sollte Sie nur irgendein Gefühl mit dem von Ihnen Gewählten verbinden, wobei es keine Rolle spielt, ob dieses Gefühl ein positives oder negatives ist. Wenn möglich, nehmen Sie das gewählte Meditationsobjekt mit an Ihren Meditationsplatz, oder wenn Sie beispielsweise einen Baum dazu bestimmt haben, können Sie an seinen Stamm gelehnt meditieren. Ansonsten imaginieren Sie Gegenstand oder Person.

Begeben Sie sich also in Ihre Meditationshaltung, und tauchen Sie ein in tiefe Ruhe. Langsam beginnen Sie dann das von Ihnen auserkorene Meditationsobjekt oder den Menschen auf Ihre innere Leinwand zu projizieren. Lassen Sie das innere

Bild möglichst konkret und plastisch werden. Öffnen Sie sich für das Wesen oder Objekt, und bitten Sie, daß es sich auch für Sie öffnet. Schlüpfen Sie in dieses andere Wesen oder Objekt, und versuchen Sie die Wirklichkeit aus ihren Augen, mit ihren Sinnen zu erfahren, wie sich ihr Leben lebt. Begleiten Sie Ihr Meditationsobjekt ein Stück seines Lebensweges, und versuchen Sie sein Wesen zu verstehen, indem Sie spüren, daß Sie ein Teil von ihm und es ein Teil von Ihnen ist.

Sehr hilfreich ist diese Meditationstechnik, wenn Sie glauben, von einem anderen Menschen Unrecht erfahren zu haben, oder wenn Sie wütend oder haßerfüllt auf einen Menschen reagieren. Dann nehmen Sie diesen Menschen mit in Ihre Meditation, und versuchen Sie die Welt aus seinen Augen zu sehen, zu fühlen, wie er fühlt, zu denken, wie er denkt. Sie werden schnell bemerken, wie Haß, Wut und Ablehnung verschwinden, weil Sie verstehen, weil Sie den anderen als Teil in sich selbst kennengelernt haben.

Diese Meditation eignet sich auch gut, um sie mehrmals täglich zu üben.

Immer, wenn Sie einen Gegenstand oder einer Person begegnen, wo Sie etwas berührt, versuchen Sie sich meditativ einzufühlen und ihr Wesen zu erfassen, es zu sich in Beziehung zu setzen. Es kann eine schöne Möglichkeit sein, die eigene Wirklichkeitserfahrung zu erweitern.

Energietanz

Gehen Sie bei schönem Wetter und angenehmer Temperatur hinaus. Suchen Sie sich dazu ein Stück noch halbwegs unberührte Natur, wo Sie ungestört sein können. Sie sollten an diesem Tag fasten und keine Drogen (Alkohol, Nikotin, etc.) zu sich nehmen, zum einen, um diesen Tag aus dem Alltag herauszuheben und zum anderen, weil Sie für alle Einflüsse und Empfindungen sensibler sind. Sie können Ihren Verzicht auch als Tribut an die Natur betrachten, die Ihnen helfen wird, Ihren Platz zu finden. Wenn Sie dann morgens bei Sonnenaufgang losgehen, vergessen Sie Ihre Räucherschale, die Kräuter Salbei, Lavendel und Thuja und die Feder zum Fächeln nicht. Außerdem brauchen Sie einen persönlichen Gegenstand, den Sie an Ihrem Platz als Zeichen Ihrer Verbundenheit zurücklassen werden.

Lassen Sie nun erst einmal die Pracht der Natur auf sich wirken. Wenn Sie sich dann gesammelt haben, ruhig geworden sind und sich für die Kräfte der Natur geöffnet haben, beginnen Sie mit der alten indianischen Übung zur Kraftplatzsuche, dem Energietanz:

Legen Sie sich ganz entspannt auf die Erde. Spüren Sie wieder genau, wie Sie auf der Erde liegen, alle Körperstellen, mit denen Sie den Boden berühren. Dann beginnen Sie, ausgehend von den Füßen, Körperteil für Körperteil zu beatmen; Sie füllen alles an und in Ihnen mit lichter Lebensenergie. Lassen Sie sich dabei Zeit und vergessen Sie von den Zehen bis zu den Haarspitzen nichts. Je mehr Lebens- und Atemenergie Sie aufnehmen, um so sensibler werden Sie für alle Wahrnehmungen und Empfindungen. Geben Sie sich ganz der tragenden und bergenden Kraft von Mutter Erde hin, verbinden Sie sich mit Ihrer Kraft. Bevor Sie dann aufstehen, atmen Sie noch ein paarmal kräftig ein und aus. Wenn Sie stehen, gehen Sie mit leicht gespreizter Beinstellung etwas in die Knie und stellen sich vor, Sie hängen an einem unsichtbaren Faden, der Ihren Kopf mit dem Himmel und Ihr Steißbein mit der Erde verbindet. Auch Ihre Arme hängen an unsichtbaren Fäden und schweben parallel zum Erdboden. Sie umarmen mit ihnen eine unsichtbare Kugel – stellen Sie sich vor, Sie halten die ganze Erde umarmt.

Wenn Sie nun so dastehen, lassen Sie sich von der Energie um Sie herum führen und halten Sie die Augen dabei halb geschlossen. Achten Sie wieder auf alles, was Ihnen auf dem Weg zu Ihrem Kraftplatz begegnet.

Wenn Sie ihn gefunden haben, räuchern Sie den Platz, wie anfangs beschrieben, mit den drei Kräutern. Verbringen Sie den restlichen Tag an Ihrem Platz, freunden Sie sich richtig mit ihm an, meditieren Sie hier.

Bevor Sie dann wieder gehen, vergraben Sie den persönlichen Gegenstand, den Sie mitgebracht haben, als Zeichen der Verbundenheit mit diesem Ort. Kommen Sie sooft wie möglich wieder.*

Fasten als Weg in die Mitte

Wesen und Tiefe des Fastens werden deutlich erkennbar, wenn man das Fasten in Analogie zum alchimistischen Prozeß setzt. Die Alchimie versucht den natürlichen Entwicklungsweg zu beschleunigen, sie wendet sich der Materie zu, um sie zu höchster Vollkommenheit zu bringen. Ihr Vorgehen besteht, abstrakt betrachtet, aus drei Schritten:

Als erstes wird die jeweilige Materie in ihre drei Bestandteile Körper, Seele und Geist zerlegt. Die einzelnen Bestandteile werden dann vollkommen gereinigt, um schließlich im dritten Schritt im richtigen Verhältnis wieder zusammengefügt zu werden. Das Ergebnis ist durchgeistigte Materie.

Ein ähnlicher Prozeß läuft beim Fasten ab. Die Phase der Zerlegung entspricht den ersten ein bis drei Hungertagen. In der Phase der Reinigung nimmt uns die dem Körper innewohnende Intelligenz das meiste ab: Es werden alte Schlacken abgebaut, was durch die Darmreinigung (Einläufe) auch von außen noch unterstützt wird. Da Körper und Seele ja zusammenhängen, findet parallel auch ein seelischer Reinigungsprozeß statt.

Den auf das Fasten folgenden Aufbautagen entspricht die

---

* Näheres über das Auffinden des Kraftplatzes, den Bau des Medizinrades und andere schamanische Rituale finden Sie in Lu Lörlers Buch: »Die Hüter des alten Wissens«.

dritte Phase des alchimistischen Prozesses. In ihnen werden die Weichen für ein gesünderes (= heileres) Leben gestellt.

Diese Dimension des Fastens, bei dem das Reduzieren des Körpergewichtes eine unwesentliche Begleiterscheinung ist, war zu aller Zeit und in allen Religionen Bestandteil religiöser Exerzitien. Fasten war und ist ein wichtiger Begleiter auf dem Weg der Bewußtseinsentwicklung. Durch die ständig fortschreitende Profanierung finden wir in den großen Religionen nur noch Reste dieses Reinigungsritus im karfreitäglichen Fasten der Christen, im Osterfasten der Griechisch-Orthodoxen, im Jom-Kippur-Fasten der Juden und im Ramadan der Moslems.

Alle großen Religionsstifter wie Jesus, Moses, Mohammed und Buddha hatten intensive Fastenerfahrungen und gewannen in dieser Periode, in der sie sich auf das *Wesent*liche beschränkten, wichtige Erkenntnisse. Von Mohammed stammen die Worte: »Beten führt auf halbem Weg zu Gott, Fasten bringt uns an die Tür des Himmels.« Und Buddha soll gesagt haben: »Wenn all mein Fleisch hinwegschwindet, wird die Seele immer heller, des Geistes Wachheit immer fester.« Aus diesem Grunde wird auch vielfach das Fasten als Begleitmaßnahme bei Meditationskursen und bewußtseinserweiternden Psychotherapien eingesetzt.

Eine gute Zeit, um zu fasten, wäre zu Frühlings- oder Herbstbeginn, zur Zeit der Tag- und Nachtgleiche. Wenn Sie zu dieser Zeit länger fasten wollen, sollten Sie sich auf jeden Fall vorher darüber informieren, worauf Sie bei diesem Reinigungsritual achten müssen.*

Sie können Ihre Meditationen aber auch mit einem wöchentlichen Fastentag unterstützen. Lassen Sie dann diesen Tag zum Ritual werden, das Sie reinigt und erneuert. Beginnen Sie morgens, indem Sie sich *bewußt* waschen. Duschen

---

* Ein guter Wegbegleiter in Ihrer Fastenzeit ist das Buch von Rüdiger Dahlke »Bewußt fasten. Ein Wegweiser zu neuen Erfahrungen«, München 1985.

Sie, und stellen Sie sich vor, wie das Wasser alle seelischen und körperlichen Unreinheiten wegspült. Wenn Sie sich auf diese Weise gewaschen haben, meditieren Sie. Machen Sie auch aus dem anschließenden Teetrinken eine Tee-Zeremonie. Versuchen Sie bei allen Tätigkeiten des Tages bewußt dabeizusein, und lassen Sie so den ganzen Tag zu einer Meditation werden. Das Geheimnis dabei ist, daß Sie wirklich bei allem, was Sie tun, dabei sind. Dies meint auch die folgende Geschichte über einen erleuchteten Zen-Meister, der von einem Schüler gefragt wurde, worin das Geheimnis seiner Erleuchtung bestünde. Seine Antwort war einfach: »Wenn ich liege, liege ich, und wenn ich sitze, sitze ich, wenn ich stehe, stehe ich und wenn ich gehe, gehe ich.« – »Das kann es nicht sein«, entgegnete der Schüler, »denn das tue ich ja auch.« – »Ganz und gar nicht«, antwortete der Meister: »Wenn du liegst, sitzt du fast, wenn du sitzt, stehst du schon, und wenn du stehst, gehst du schon in Gedanken.«

Flammenmeditation

Ein schönes Meditationsobjekt kann eine Flamme sein:

Setzen Sie sich bequem und aufrecht an Ihren Meditationsplatz. Ungefähr einen halben Meter entfernt von Ihnen stellen Sie eine brennende Kerze (wenn Sie einen offenen Kamin besitzen, können Sie die Meditation auch dort durchführen). Beginnen Sie mit einer vorbereitenden Atemübung. Wenn Sie innerlich ruhig geworden sind, fangen Sie an, in die Kerzenflamme zu starren. Betrachten Sie erst einmal das Wesen der Flamme, beobachten Sie ihre Farbe, das Nach-oben-Streben, ihr Licht, ihre Wärme; die Flamme braucht Materie, das Weibliche, und Sauerstoff, das Männliche, um zu brennen, ähnlich wie wir Männliches und Weibliches in uns integrieren müssen, um erleuchtet zu sein.

Setzen Sie das Wesen der Flamme in Beziehung zu Ihrem

eigenen Wesen – wo streben Sie nach oben, was brennt in Ihnen, geben Sie Ihrem inneren Feuer genug Materie, das heißt konkrete Verwirklichungsmöglichkeiten...? Verlieren Sie aber bei allen Gedanken und Bildern die Flamme nicht aus den Augen. Starren Sie sie weiter an, bis Sie das Gefühl haben, ganz in sie eingedrungen zu sein. Lassen Sie das Licht der Flamme zu Ihrem inneren Licht werden, das alle dunklen Seiten in Ihnen erhellt. Lassen Sie die reinigende Kraft des Feuers in Ihr Herz, in Ihre Seele eindringen.

Wenn Sie nun lange genug in die Flamme gestarrt haben, schließen Sie die Augen. Sie werden die Flamme weiter mit Ihrem inneren Auge sehen können. Gehen Sie nun mit dieser inneren Flamme auf eine Reise durch Ihren Körper. Beginnen Sie bei den Füßen und wandern langsam hoch durch den ganzen Körper, leuchten alle Innenräume aus, lassen alle Schlacken und Unreinheiten von der Flamme verbrennen. Wenn Sie dann auch in Ihrem Kopf und den verwinkelten Gängen Ihres Gehirns waren, wandern Sie abschließend in Ihr Herz, erleuchten auch dieses und entzünden in ihm symbolisch die Flamme der Liebe. Spüren Sie, wie sich dieses Gefühl ausbreitet, Wärme verströmt und alles in das wundervolle Licht der Liebe taucht. Dieses Gefühl nehmen Sie nach Beendigung der Meditation mit in Ihr Alltagsbewußtsein.

Feuerritual

Am schönsten ist es, wenn man dieses Ritual draußen in der Natur mit einer Gruppe von Freunden ausführt. Am besten sollte das Ritual von jemandem geleitet werden, der mit schamanischen Ritualen vertraut ist.*

Das Ritual beginnt mit einer äußeren (Holzsammeln, Bereit-

* Nähere Informationen und Kontaktadresse bezüglich schamanischer Rituale finden Sie in dem Buch von Lu Lörler »Die Hüter des alten Wissens«.

stellen von Olivenöl und Duftnoten) und einer inneren Vorbereitung (jeder Teilnehmer meditiert und erforscht dabei sein Gewissen, das heißt, er befragt seine innere Stimme nach einem Wesenswunsch, den er erfüllt haben möchte und nach einer persönlichen Schwäche, die er bereit ist, wegzugeben. Man sucht sich dann in der Natur einen brennbaren Gegenstand, der Wunsch und Schwäche symbolisiert und in den man sein Anliegen einritzt). Die eigentliche Zeremonie beginnt dann abends nach Sonnenuntergang. Der Leiter des Rituals schafft einen heiligen Raum an dem Platz, an dem das Feuer entzündet wird. Der Ort muß durch Räuchern geweiht, gereinigt und mit Kraft aufgeladen werden. Damit auch das Feuer ein heiliges (→ heilendes) wird, ruft der Ritualleiter die Kraft des Feuers und die Feuergeister, die Salamander und Faune, und bittet sie, das Feuer freundlich zu stimmen. Alle Teilnehmer, die sich im Kreis um das Feuer aufgestellt haben, sind mit ihren Augen und Sinnen nun ganz auf das Feuer konzentriert. In den Flammen tauchen oft Zeichen und Bilder auf, durch die sich ein Feuerwesen zeigt. Wenn der Leiter des Rituals seine Hände ins Feuer legen kann, ohne daß er sich verbrennt, ist das Feuer endgültig für die Zeremonie bereit. Nun kniet einer nach dem anderen vor dem Feuer, erzählt ihm seinen Wunsch und seine Schwäche und bittet das Feuer um Erfüllung und Verwandlung und legt anschließend das dafür stehende Symbol in die Flammen. An der Reaktion des Feuers beim Verbrennen des Symbols sieht man dessen »Antwort« auf das Anliegen, das man vorgebracht hat. Danach greift man dreimal mit den Händen in die Flammen, schöpft beim ersten Mal Kraft für das erste Chakra, beim zweiten Mal Kraft für das Herzchakra und beim dritten Mal für das geistige Auge. Dabei dankt man dem Feuer.

Wenn jeder im Kreis am Feuer war, wird das Ritual mit einer Dankesgabe an die Feuerwesen (Duftöle, süßer Likör) beendet.

Farbatmen

Eine typische Form wäre hier das Farbatmen. Es beginnt am angenehmsten im Anschluß an eine Entspannungsübung wie etwa Autogenes Training, Progressive Entspannung nach Jacobsen oder auch nach einer durchgeführten Entspannungsmeditation. Anfangs ist es sicher im Liegen am leichtesten, kann später aber auch gut im Sitzen durchgeführt werden. Man schließt die Augen, legt die Arme entspannt seitlich vom Körper und beginnt sanft und bewußt durch die Nase zu atmen. Dabei stellen Sie sich vor, mit der Atemluft eine Farbe einzuatmen; prinzipiell ist das natürlich mit jeder möglich. Wählen Sie zum Beispiel Gelb. Während Sie also Gelb einatmen, ja, mit der Luft hereinsaugen, stellen Sie sich vor, wie dieses Gelb Sie ausfüllt: Zuerst dringt es nur in die Lunge, dann aber geht es weiter bis in den Bauch, die Beine und den Kopf natürlich, auch in die Arme, und Sie werden so immer voller von Gelb. Sicherlich gibt es bestimmte Orte in Ihrem Körper, die ein dringenderes Bedürfnis nach Gelb haben als andere, es geradezu aufsaugen. Sie lassen es geschehen, atmen so lange Gelb ein, bis jeder Bereich in Ihnen damit gesättigt ist.

Dann wiederholen Sie das Ganze mit einer anderen Farbe, und zwar am besten mit der, die Ihnen als erste spontan in den Sinn kommt. Auch diese Farbe atmen Sie so lange ein, bis alles in Ihnen mit diesem Farbton abgesättigt ist. Anschließend benutzen Sie die nächste Farbe, und Sie können weiter atmen, bis Sie schließlich den ganzen Regenbogen eingeatmet haben.

Diese Meditation ist nicht nur sehr entspannend, sie kann auch heilend wirken, denn tatsächlich beinhaltet sie auch noch eine besondere Art der Therapie mit Schwingungen. Die moderne Physik demonstriert uns heute, daß alles, auch wir selbst, aus Schwingungen besteht. Nun ist farbiges Licht aber auch Schwingung, und so stellt jede Farbe eine andere Frequenz und damit Schwingungsebene dar. Bei der Farbatmung haben wir also die Möglichkeit, gerade die Schwingungen hereinzuholen, die uns fehlen, uns somit vollständiger – heiler – zu machen.*

Gebirgs-Imagination

Legen Sie sich entspannt auf eine Decke, die Sie am Boden ausgebreitet haben, und beginnen Sie mit der autogenen Grundformel:

Ich liege ganz schwer und entspannt auf dem Boden. – Ich fühle meinen Körper ganz bewußt und intensiv. Ich fühle, wie schwer ich bin, wie gelöst, wie ruhig. Meine Hände und Arme sind ganz schwer. Mein Nacken und meine Schultern sind ganz schwer. Meine Füße und Beine sind ganz schwer. – Mein Gesicht ist entspannt und gelöst. – Ich lasse alles los, gebe alle Spannungen ab. – Ich bin ganz ruhig und entspannt.

Im nächsten Schritt lassen Sie sich von der Kraft Ihrer Imagination forttragen. Sie richten Ihre Aufmerksamkeit auf Ihre Gedanken und die Bilder, die in Ihnen aufsteigen. Sie stellen sich die Szene wie auf einer inneren Leinwand vor.

Ich sehe ein karges Gebirge. Eine Einöde voller Granitblöcke. Felsdome ragen wie urtümliche Statuen aus der einsamen und kargen Landschaft. Ein eisiger Wind weht. Mich fröstelt. Ich stehe mitten in dieser Einöde. Ich spüre den Wind, die Einsamkeit. Weit und breit ist kein Lebewesen außer mir. Kein Tier, kein Vogel, kein Mensch. Nur trockene Pflanzen. Sie glänzen silbern im fahlen Licht.
Ich beuge mich hinunter zu einem Felsbrocken. Ich berühre

---

* s. a. die Meditationskassette: Atemmandala/Farbmandala (Edition Neptun). Die Seite »Farbmandala« stellt eine ganz ähnliche Atemmeditation dar, wobei Sie von der Stimme eines Arztes und entsprechender Meditationsmusik durch den Prozeß geführt werden.

ihn und fühle, wie kühl und glatt er ist. Ich sehe seine graue Farbe. Immer mehr konzentriert sich mein Blick. Wie durch eine Lupe erkunde ich nun den Felsbrocken. Ich spüre und sehe jetzt leichte Erhebungen, die Einkerbungen der Jahrtausende. Wie ein Fels liegt der Stein in der Brandung. In ihm ist die Erfahrung der Weltzeiten. Im Hintergrund liegt die kahle Gebirgslandschaft. Jetzt sehe ich am Horizont die Schroffen der Berge. Ich spüre die Unendlichkeit in der Weite der Landschaft. Hier empfinde ich einen Hauch der Unsterblichkeit...

Beenden Sie diese Imagination, indem Sie aus der Gebirgslandschaft zurückkehren. Sie läuft jetzt nur noch wie ein Film auf einer Leinwand ab. Sie kehren zurück zu sich selbst, atmen tief ein und aus, rekeln und strecken sich, öffnen die Augen und kehren zurück in die reale Welt.

Gefühlswahrnehmung

Grundsätzlich verführt das Leben in unserer Zeit dazu, die Gefühlswelt zugunsten von Vernunft und Intellekt zu unterdrücken. Die unterdrückten negativen Gefühle werden zu dunklen Schattenbereichen gleich einem Riesenmülleimer, den wir mit uns herumschleppen. Aber auch unsere Wunsch-*Vorstell*ungen für die Zukunft stellen sich *vor* das wirkliche Erleben, wie es ja schon das Wort sagt, und werfen ihre Schatten. Beide Schattenbereiche lassen uns die Realität in einem falschen Licht erscheinen und machen es schwierig, die echten Gefühle des Augenblicks zu erkennen und zu realisieren. Mit wacher Wahrnehmung und Übung können Sie sich wieder an Ihre wahren Gefühle anschließen. Beginnen Sie folgendermaßen:

Legen oder setzen Sie sich in Ihrer gewohnten Meditationshaltung hin, entspannen Sie sich, und lassen Sie Ruhe in sich einkehren. Beobachten Sie einfach Ihren Atem, sein Kommen und Gehen, sein Fließen. Lassen Sie sich von Ihrem Atem in immer größere Ruhe tragen. Der Atem ist wie ein Fluß, und Sie fließen in ihm und lassen sich mitnehmen ins Meer. Sie werden vom Meer aufgenommen und getragen. Hier, am Sammelplatz aller Gefühle, öffnen Sie die Schleusen Ihrer Seele und beobachten nun, was Sie empfinden. Wie den Fluß des Atems lassen Sie alle Gefühle in sich aufsteigen und fließen, lenken und werten sie nicht und beeinflussen sie nicht. Am Anfang erscheint es Ihnen vielleicht, als würden Sie gar nichts fühlen, dann empfinden Sie einfach, wie Sie da so liegen, allein und in tiefer Ruhe; es werden dann auch andere Empfindungen aus dem Meer der Gefühle auftauchen, Erinnerungen an Situationen, in denen Sie glücklich oder traurig waren, Traumbilder...

Diese Gefühle werden nun wiederum Gefühle auslösen, und so geben Sie sich diesem endlosen Strom hin. Versuchen Sie dabei nicht zu denken, lassen Sie sich ganz passiv treiben.

Nachdem Sie nun eine Weile Ihrem Gefühlsstrom nachempfunden haben, gehen Sie einem herausragenden Gefühl nach. Achten Sie darauf, warum Sie mit Freude, Liebe, Haß, Wut, Trauer... reagieren, ob es Vergangenheits- oder Zukunftsschatten oder echte momentane Gefühle sind. Den Schatten nehmen Sie schon den Großteil ihrer Ladung, indem Sie sie als solche erkennen. Mit einiger Übung werden Sie auf diese Art die echten Gefühle, die der augenblicklichen Situation entsprechen, erkennen lernen.

Diese echten Gefühle wollen zum Ausdruck kommen. Äußern Sie Ihre Empfindungen erst in sich, genießen Sie den Vorgang des Fühlens, ganz gleich welcher Art die Gefühle sind, freuen Sie sich, daß Sie die Fähigkeit zu fühlen haben, spüren Sie die Lebendigkeit, die sich dadurch in Ihnen ausbreitet. Je mehr Sie innen zu Ihren Gefühlen stehen, um so leichter wird es Ihnen auch fallen, für diese im Außen einzustehen.

Versuchen Sie also die Früchte dieser Meditation im Alltagsleben zu ernten. Sie haben durch die Meditation Ihre echten Gefühle besser kennengelernt, können Sie besser von den Schatten unterscheiden; lernen Sie nun ein Gefühl, das Sie auf seine »Echtheit« geprüft haben und das nach Ausdruck verlangt, direkt und schnell zu realisieren. (Natürlich sollten Sie sich aber so weit unter Kontrolle haben, daß Sie immer wissen, was Sie tun!) Ein spontaner Gefühlsausdruck verhindert, daß man dann lange Zeit einem Schattengefühl nachhängt, das man allen möglichen anderen Menschen oder Situationen anlastet.

Geführte Meditationen

Geführte Meditationen wurden in den letzten Jahren bei uns unter den verschiedensten Namen wie katathymes Bilderleben, Phantasiereisen, geführte Tagträume usw. populär. Obwohl sicherlich ähnlich alt wie andere Meditationstechniken, verdankt diese Richtung ihren heutigen Aufschwung der besonderen Eignung für den westlichen, intellektbetonten Menschen. Während nämlich die allermeisten östlichen Meditationssysteme von Anfang an darauf zielen, die während der Meditation auftauchenden Gedanken und Phantasien als lästige Störenfriede loszuwerden, machen geführte Meditationen gerade diese Gedanken und Bilder zu Stufen auf ihrem Weg zur Mitte.

Darüberhinaus paßt diese Technik auch deshalb gut in unsere Zeit, weil sie sich, wie nur wenige andere, unserer modernen Möglichkeiten bedienen kann, nämlich der Tonträger. Während es grundsätzlich nicht so leicht ist, etwas so Praktisches wie Meditation theoretisch aus einem Buch zu lernen, gibt es für geführte Meditationen kein besseres Medium als Tonkassetten – abgesehen von einem persönlichen Lehrer.

Auch ist es bei dieser Technik möglich – ja sogar empfehlenswert – sie im Liegen durchzuführen. Man erspart sich so den für westliche Menschen zumindest anfangs sehr schwierigen aufrechten Meditationssitz. Das Vorgehen ist im Gegenteil äußerst einfach. Notwendig ist lediglich ein bequemer, ungestörter Liegeplatz (wie das eigene Bett, der Teppich usw.) und ein Tonbandgerät. Von der Stereoanlage bis zum einfachen Kassettenrecorder ist alles geeignet, als besonders günstig erweisen sich die mit Kopfhörer ausgerüsteten Kleinstgeräte (Walkman).

Natürlich kann man sich eine geführte Meditation auch von jemandem vorlesen lassen, allerdings erfordert das bei dem Lesenden einige Übung, um die richtige Geschwindigkeit und Betonung zu treffen. Auch die passende Hintergrundmusik wird dann von ihrer Art und Lautstärke her leicht zum Problem. Achten Sie darauf, daß wirksame Musiken gerade nicht besonders »schön« sein sollten. Eine einprägsame Melodie und ein sich in den Vordergrund drängender Rhythmus sind eher hinderlich. Geeignete Meditationsmusiken sollten im Hintergrund bleiben und eine ruhige Stimmung verbreiten, also nicht etwa ihre Wirkung durch Lautstärke erzielen. Förderlich ist es, wenn sie obertonreich sind, um die verschiedensten Saiten in uns zum Mitschwingen zu bringen. Zusätzliche Meditationshilfen könnten Räucherstäbchen oder Kerzen sein, die Ihre Umgebung in Einklang mit Ihrem Vorhaben bringen.

Tatsächlich sind geführte Meditationen keine neuen Erfindungen, sondern uralte Bestandteile von Einweihungszeremonien und lange vergessenen Ritualen. Folglich wird sich ihre Wirkung auch heute noch durch die entsprechende Umgebung verstärken lassen. So wie es sofort einleuchtet, daß ein Ritual im feierlichen Rahmen eines entsprechend vorbereiteten Domes tiefer gehen kann als auf dem Hauptbahnhof einer Großstadt, so mag es auch klar sein, daß eine Meditation in einem symbolisch stimmigen Rahmen tiefer geht. Heute sind wir in der Lage, den Sinn all dieses »Drumherums« auch verstandesmäßig zu begreifen. Das ist zwar für die Wirksamkeit des betreffenden Rahmens ziemlich unwichtig, mag uns rationale Menschen aber motivieren, uns um den richtigen Rahmen intensiver zu bemühen. Dank moderner Gehirnforschung wissen wir, daß wir uns in den Wohlstandsgesellschaften des Westens fast ausschließlich auf die linke Gehirnhälfte verlassen. Sie arbeitet analytisch zerlegend, streng rational und regiert unsere Sprache und damit unser im wesentlichen vernunftgeprägtes Denken. Nun geht es aber bei Meditation nicht um unsere eine (in diesem Fall linke) Hälfte, sondern um die Mitte und das Ganze. Um aber in die Mitte (zwischen linke und rechte Gehirnhälfte) zu kommen, ist es für westliche Menschen besonders notwendig, die ignorierte Gehirnhälfte anzuregen und ins Gleichgewicht mit ihrem Gegenpol zu bringen. Die rechte Gehirnhälfte »denkt« ganzheitlich, vielmehr in großen Mustern als in Einzelheiten, sie nimmt etwa ganze Bilder wahr, »Gestalten«; sie ist auch der Grund, aus dem Mythologien und Märchen aufsteigen. Wenn wir nun mit Tönen und Musik Stimmungen erzeugen, Farben und Düfte nutzen, um in uns stimmige Muster aufzubauen, regen wir unsere rechte Gehirnhälfte an und bewegen uns damit auf die Mitte zu.

Hier mag auch noch ein weiterer Grund für die zunehmende Beliebtheit solcher Meditationen liegen: Diese Technik arbeitet ja ausschließlich mit Symbolen und Gestalten, um die eigenen inneren Bilder anzuregen und spricht damit vor allem unsere zu kurz gekommene (rechte) Seite an. Der entscheidende Trick ist dabei allerdings, daß die ersten Schritte von unserer rationalen (linken) Seite durchaus mitverstanden und folglich mitgegangen werden und die Umpolung kaum merklich und wie von selbst erst im Laufe der Reise geschieht. Diese Umpolung vom rein rationalen Verstehen zum ganzheitlichen Erleben ist und war zu allen Zeiten Ziel von Meditationstechniken, und wo immer geführte Meditationen in früheren Zeiten benutzt wurden, waren sie eingesponnen in einen Rahmen, der die entsprechende Umpolung förderte. Wenn Indianer auf ihre innere Reise gingen, um ihr Totemtier zu finden, hatten sie sich eingehend vorbereitet durch Fasten, Schwitzhütten und andere Rituale, die sie in Einklang mit den vier Elementen brachten. Westliche Magier aber trafen symbolisch ganz ähnliche rituelle Vorkehrungen, wenn sie sich auf ihre Trancereisen begaben. So ist die Technik der geführten Meditation eine uralte, die sich aber sehr elegant und wirksam in unsere heutigen Lebensumstände einbauen läßt. Tatsächlich erfordert sie den entsprechenden rituellen Rahmen auch nicht zwangsläufig – er ist lediglich förderlich. Auch auf dem schon erwähnten Hauptbahnhof sind solche Meditationen (z. B. mit einem Walkman) möglich, wie auch auf Reisen mit Bus, Zug oder Flugzeug. Für den Anfang empfiehlt sich allerdings eine geschütztere und intimere Atmosphäre, die die ersten Schritte durch ihre Einstimmigkeit fördert.

Ha-Atmung

Die Ha-Atmung ähnelt der Yogi-Vollatmung. Sie bringt Harmonie in Körper, Geist und Seele und hat durch die Betonung des Ausatmens eine psychische Reinigungswirkung. Wir lernen loszulassen, die Atemluft von uns zu geben, und werden uns des Atem-Rhythmus bewußt.

Stehen Sie mit gespreizten Beinen in der Hara-Stellung. Atmen Sie in derselben Weise durch die Nase ein wie beim Yogi-Vollatmen. Ihre Lungenflügel füllen sich gleichmäßig und wellenförmig von unten nach oben mit Luft. Während des Einatmens heben Sie die Arme langsam senkrecht über den Kopf. Zählen Sie dabei bis 8. Wenn Ihre Lungen ganz gefüllt sind, verharren Sie einige Sekunden lang mit erhobenen Armen, dann machen Sie eine plötzliche Bewegung nach vorn und lassen die Arme fallen. Gleichzeitig atmen Sie heftig durch den Mund aus, indem Sie ein befreiendes »Ha« rufen. Der Ton entsteht nicht in der Kehle, sondern löst sich durch das Ausatmen.

Sie können diese Übung einige Male wiederholen. Sie ist auch als kurze streßlösende Möglichkeit in Momenten großer Anspannung nützlich.

Himmel-Erde-Atmung

Eine weitere Atemmeditation, die vor allem für Menschen geeignet ist, die leicht in Streß geraten, ist die Himmel-Erde-Atmung.

Setzen oder stellen Sie sich bequem hin. Nehmen Sie die Unterlage, durch die Sie mit dem Unten, der Erde, in Verbindung sind, genau wahr. Spüren und ertasten Sie sie ganz genau, vertrauen Sie sich ihr vollkommen an. Je inniger Sie mit diesem Punkt verbunden sind, je sicherer Sie hier stehen, um so besser können Sie in den Himmel wachsen.

Nun wenden Sie Ihre Aufmerksamkeit dem Atem zu. Holen Sie den Atem vom Steißbein oder den Füßen, je nachdem, ob Sie sitzen oder stehen, ganz hoch bis in Ihren Kopf, bis zur Fontanelle, wo sich das Scheitelchakra befindet. Stellen Sie sich dabei vor, daß Ihre Fontanelle wie ein Trichter zum Himmel hin geöffnet ist. Lassen Sie Ihren Atem an dieser Stelle in den Kosmos strömen. Wenn Sie dann ausatmen, lassen Sie Ihren Atem im Körper abwärts sinken, bis zu jenem Punkt, wo Sie die Erde berühren. Schicken Sie den Ausatem dabei tief in die Erde, bis in ihren Mittelpunkt, wo er vom Feuer der Erde gereinigt wird. Wenn Sie nun wieder einatmen, holen Sie die gereinigte Energie, die Kraft der Erde, in sich herein und lassen sie wieder hochströmen bis zur Fontanelle und weiter darüber hinaus. Beim Ausatmen lassen Sie dann die Kraft des Himmels in sich einfließen. Üben Sie so lange, bis Ihnen diese Achse der Himmel-Erde-Verbindung ganz bewußt geworden ist und Sie sich wie eine Brücke fühlen zwischen Mikrokosmos und Makrokosmos, zwischen unten und oben.

Hatha-Yoga

Yoga hat seine Wurzeln in archaischen Ekstase-Techniken, die vermutlich vor 4000 Jahren in Indien entwickelt wurden. Heute gibt es verschiedene Yoga-Schulen, deren gemeinsames Ziel das Erreichen höherer Bewußtseinszustände und die Erfahrung göttlicher Einheit ist. Yoga ist gleichzeitig Technik und Ziel. Friedrich Heiler spricht von einer »mystischen Psychotechnik«. Hatha-Yoga ist eine relativ neue Entwicklung dieses altindischen spirituellen Weges. Vermutlich erst im 15. Jahrhundert entstanden, gilt es als die unterste Stufe aller Yoga-Formen. Es beschäftigt sich vor allem mit den körperlichen Erfahrungen. Sein Ziel ist es, alle Energieströme zu erkennen, Harmonie und Gleichgewicht dieser Ströme herzustellen und über diesen Weg zu einer geistigen Entwicklung befähigt zu werden.

Yoga ist eine aktive Meditationsform, die ihren Anfang im Körper nimmt und letztlich in die vollkommene Selbsterkenntnis münden soll. Der Weg zu diesem Zustand wird in der Yoga-Lehre in acht Abschnitte unterteilt.

1. Die innere Läuterung (Yama), die den Umgang mit unseren Mitmenschen bestimmt und folgende Gebote umfaßt: nicht stehlen, nicht schädigen, wahrhaftig sein, nicht raffgierig sein, keusch sein.

2. Die Selbstzucht (Niyama), welche die Lösung von der eigenen Ich-Bezogenheit und liebende Hingabe als religiöse Ergriffenheit fordert.

3. Die rechte Sitzhaltung (Asana) ist der Meditation dienlich. Sie soll dem Körper eine ruhige Entspannung geben, die den Geist nicht mehr ablenkt.

4. Die Atemübungen (Pranayama), die zu einer Beherr-

schung des richtigen Atmens führen. In den meisten Fällen bedeutet das, sich in die Lage versetzen zu können, den Atem geschehen zu lassen.

5. Das Einholen der Sinne (Pratyahara), das dazu beiträgt, Einflüsse von außen abzuschalten.

6. Die Konzentration (Dharana), deren Ziel es ist, sich vom eigenen Ego vollständig zu lösen, damit ein einziger Gedanke die ganze Fülle beanspruchen kann.

7. Die Meditation (Dhyana), die das klare, reine Bewußtsein schafft.

8. Die Transzendenz (Samadhi), die mystische Einheit, das allumfassende Sein.

Das sind die theoretischen Grundlagen des Yoga. Verstehen kann man es nur, wenn man es erfährt. Dazu ist Hatha-Yoga eine Hilfe. Es ist, so Selvarajan Yesudian, »kein Endziel, sondern Vorbereitung auf einen höheren, geistigen Yoga«.

Hatha-Yoga beginnt damit, den Körper zu erkunden. Sie lernen, mit Ihrer Aufmerksamkeit jeden kleinsten Teil Ihres Körpers zu erreichen und auszufüllen. So führen Sie etwa Ihr Bewußtsein in das eigene Herz, empfinden seine Formen, seine Kammern, seine Klappen, seine Bewegungen deutlich und klar. Schließlich erreichen Sie einen Zustand, in dem Sie das Herz sind. Später steuern Sie Bewußtsein und Willenskraft vereint in jede beliebige Region Ihres Körpers. Sie erkunden nicht mehr, sondern Sie unterstellen Ihre Körperfunktionen Ihrem Willen. Erfahrene Yogi der höchsten Stufe sind fähig, die Tätigkeit aller ihrer Organe beliebig zu beeinflussen.

Ein entscheidender Teil der Hatha-Yoga-Technik ist das richtige Atmen. Es muß immer durch die Nase erfolgen, mit dem Zwerchfell unterstützt werden und seine Betonung auf das Ausatmen legen. Üben Sie diese richtige Atmung nach den Anweisungen im Kapitel »Die Praxis der Meditation«. Beginnen Sie mit dem Hatha-Yoga erst, wenn Sie wirklich in der Lage sind, richtig zu atmen.

Hatha-Yoga besteht aus einem umfangreichen Katalog von Übungen, die jeweils verschiedene körperliche und psychische Auswirkungen haben. Wenn Sie daran interessiert sind, sollten Sie nur unter Anleitung eines erfahrenen Lehrers mit diesen Übungen beginnen. Versuchen Sie nicht, Hatha-Yoga allein zu lernen. Es handelt sich hierbei um äußerst wirksame Techniken, die – falsch angewandt – unter Umständen schädlich wirken.

Herzensmeditation

Diese von dem Naturheilkundler und Meditationslehrer Siegfried Scharf begründete Meditationsform hat eine generelle Eignung für den westlichen Menschen, da sie seine Mitte, eben das Herz, besonders in den Vordergrund stellt. Eigentlich handelt es sich um die Kombination östlicher Mantram-Meditationen mit dem Herzensgebet der Ost-Kirche. Man wählt sich als Mantram den Namen Christi und wiederholt ihn in stillem Bewußtsein immer wieder. Dieses »Im Bewußtsein« erfährt hier aber eine besondere Richtung, denn man denkt die Worte »Jesus Christus« im eigenen Herzen. Das klingt viel komplizierter, als es ist. Unser Denken bedarf ja immer eines Bildes oder Musters im Hintergrund. Um »Baum« denken zu können, müssen wir ein Bild eines Baumes in uns haben. Nun geht es aber gar nicht darum, daß wir uns Jesus Christus in seiner Menschengestalt oder in irgendeiner konkreten Gestalt vorstellen, sondern wir benutzen nur den Klang seines Namens als Mantram. Dabei ist es ganz gleichgültig, ob wir den Namen in Buchstaben vor unserem inneren Auge geschrieben sehen, ob wir ihn in uns erklingen hören oder eher ein Gefühl dafür in uns entwickeln. Was immer es ist, es ist in Ordnung, und wir lassen es in unserem Herzen geschehen.

Dafür ist es auch nicht nötig, sich die genaue Lage des Herzens von einem Arzt beschreiben zu lassen. Das Herz ist da, wo Sie es fühlen und sich vorstellen, und es schadet nichts, wenn Sie es eher ein wenig mehr zur Mitte hin annehmen. Die Esoterik spricht ja auch vom »wahren« Herzen, und das liegt genau in der Mitte der Brust.

Der ganze Prozeß sieht also so aus, daß Sie sich einen geeigneten Meditationsplatz suchen, wo Sie ganz ungestört und möglichst bequem und möglichst gerade für ca. 30 Minuten sitzen können. Dann legen Sie die Hände auf die Knie oder auf den Schoß und schließen die Augen. Nachdem ein wenig Ruhe in den Körper eingekehrt ist, beginnen Sie nun, Ihr Mantram »Jesus Christus« im Herzen zu denken, zu sehen, zu hören, es sich, wie auch immer, vorzustellen und bleiben dabei. Ein schöner Ausdruck wäre: Sie lassen das Mantram in Ihrem Herzen schwingen. Sie brauchen dazu übrigens nicht einmal Christ zu sein. Ein Mantram wirkt durch seinen Klang, und der Klang dieses Namens ist für alle Wesen auf dieser Welt heilsam, in dem Sinne, daß er uns heil, ganz und gesund werden läßt. Tatsächlich setzt diese Meditation eine auch im körperlichen Bereich sehr bald spürbare Heilungstendenz in Gang, weshalb Siegfried Scharf diesem Aspekt auch noch ein eigenes zweites Buch* gewidmet hat, in dem er von entsprechenden Erfahrungen berichtet und noch spezielle Hinweise gibt.

Wenn Sie das Mantram verlieren, was bei noch nicht erleuchteten Menschen in der Regel ständig geschieht, nehmen Sie, sobald Sie ihr Abschweifen bemerken, das Mantram einfach wieder auf und machen mit ihm weiter. Dieser Prozeß wird sich während der halben Stunde endlos wiederholen, und es gibt keinen Grund, sich daran zu stören. Man kann nicht gut oder schlecht meditieren, sondern nur da, wo man gerade steht. Wenn also statt des Mantrams ständig Ärger über Ihren Partner oder die Steuererklärung hochsteigt, ist das völlig in Ordnung; lediglich sollten Sie, wenn Sie es mer-

---

* Scharf, Siegfried, »Die Praxis der Herzensmeditation«, Freiburg 1983.

ken, nicht dabei verweilen, sondern zu »Jesus Christus« zurückkehren. Im allgemeinen dauert es sehr lange, meist Jahre, bis die Abschweifungen merklich weniger werden. Ehrgeiz beim Meditieren wirkt ungefähr wie Angst bei der Liebe. Dem Aufgehen und der Weite der Liebe kann die Enge der Angst immer nur im Wege stehen. Deshalb sollten Sie es auch zeitlich nicht übertreiben, zweimal pro Tag 30 Minuten ist für die meisten Menschen gut; aber natürlich ist Meditieren etwas viel zu Individuelles, als daß eine Zeitangabe allen Meditierenden gerecht würde. Probieren Sie es selbst aus, aber hüten Sie sich vor Ehrgeiz.

Auch ein so heiliger Name wie der des Jesus Christus wird auf dem Weg zur Mitte auch weniger Heiles, oft sogar Dunkles, ans Tageslicht des Bewußtseins fördern. Das ist gut so, und man kann darüber froh sein, aber alles braucht seine Verdauungszeit. Nach einem Schweinebraten sollte man ja auch einige Zeit bis zum nächsten verstreichen lassen, und es wird neben all dem Lichten und Schönen auch so mancher Schweinehund bei der Meditation auftauchen. Geben Sie sich Zeit, Licht und Schatten zu verdauen und den Erfahrungen der Meditation Zeit, sich in Ihrem Alltag zu setzen. Wir meditieren ja nicht, um zweimal am Tag ein wenig Ruhe zu finden, sondern um diese Ruhe immer in uns zu spüren und um die gefundene eigene Mitte immer seltener zu verlieren. Gerade dafür aber ist der Wechsel von Ruhe und Aktivität notwendig. Wer nämlich zehn Stunden am Tag meditiert, wird leicht zum Gegenteil von Ruhe, er wird extrem sensibilisiert und damit empfindlich und offen für alle Umweltreize. Eine moderne Großstadt sollte man in dieser Hinsicht nicht unterschätzen; sie hat mit einer einfachen Meditationsklause im Himalaja offensichtlich wenig gemeinsam.

Gerade in solch einer Großstadt ist es aber von unschätzbarem Wert, seinem Tag einen Rahmen, seinem Leben einen Rhythmus und sich selbst eine Mitte zu geben. Dafür ist die Herzensmeditation wundervoll.

Intuitionsmeditation

Zu den besonderen Fähigkeiten besonders sensibler Menschen gehört das Erfühlen von Schwingungen ihrer Umgebung. Noch bevor Dinge konkret oder ausgesprochen werden, können sie intuitiv erfassen, welche psychische Energie gerade im Raum ist. Ausgerüstet mit tausend Antennen, erahnen sie beispielsweise den Gefühlszustand einer Person, der sie eben erst begegnet sind.

Sie können diese Fähigkeit als Ausgangspunkt für eine meditative Übung nehmen.

Am einfachsten läßt sich diese durchführen, wenn Sie in einer Gruppe von Menschen sind, die Sie noch nicht gut kennen. Suchen Sie sich also dazu einen Ihnen noch unbekannten Partner und setzen Sie sich ihm gegenüber. Lassen Sie sich Zeit, ganz im Moment anzukommen, und warten Sie, bis Ruhe in Sie eingekehrt ist. Atmen Sie ein paarmal ein und aus und konzentrieren sich auf Ihre Mitte, aus deren Quelle Ihre Intuition strömt. Wenn Sie nun bereit sind, richten Sie den Blick auf den Partner, der Ihnen gegenübersitzt. Starren Sie nicht, sondern schauen Sie ihm mit weichem, auf unendlich eingestelltem Blick in die Augen und lassen dann Bilder und Assoziationen, die Ihnen zu diesem Menschen kommen, aufsteigen. Versuchen Sie, sein Wesen möglichst genau zu erfassen, versuchen auch zu erahnen, was dieser Mensch Einschneidendes erlebt hat, und sprechen Sie gleichzeitig alles aus, was Sie denken, ohne es dabei zu kontrollieren. Lassen Sie einfach die Bilder und Worte aus sich fließen. Ihr Partner sollte dabei vorerst nicht zustimmen oder verneinen, weder mit Worten noch mit Gesten, sondern erst einmal alles nur annehmen.

Und haben Sie bei dieser Übung wirklich den Mut, Ihre Gedanken und Bilder so konkret wie möglich werden zu lassen. Versuchen Sie, in den anderen einzudringen und mit Hilfe Ihrer Intuition herauszufinden, wie und wo dieser Mensch lebt; welchen Beruf könnte er ausüben; hat er einen dynamischen oder eher passiven Charakter ...?

Nach einigen Minuten können Sie sich bei dieser Übung auch abwechseln.

Ganz zum Schluß teilen Sie sich dann mit, was an Ihren jeweiligen Gedanken und Bildern richtig war.

Durch diese meditative Übung können Sie das Vertrauen in Ihre Intuition stärken. Es ist auch möglich, diese Meditation ohne Partner durchzuführen, es entfällt dabei aber das Feedback. Dazu suchen Sie sich irgendeinen Menschen aus, der Ihnen beispielsweise in einem Café auffällt und Ihre Phantasie anregt. Beobachten Sie diese Person einige Zeit, lassen sie auf sich wirken und versuchen Sie dabei Wesen und Geschichte dieses Menschen zu »bildern«.

Jnana-Yoga

Jnana-Yoga ist einer der vier Hauptpfade des Yoga und gilt als Yoga für die wahrhaft Starken. Nicht Liebe und Hingabe ebnen den Weg, sondern das Ringen um Erkenntnis. Es geht in den Worten von Swami Vivekananda darum, »alle alten Götzen, jeden alten Glauben und Aberglauben, jedes Begehren nach unserer oder irgendeiner anderen Welt aufzugeben, fest entschlossen, nur nach der Freiheit allein zu streben«.

Dieses Streben bedient sich des Verstehens und Wissens. Im Jnana-Yoga müssen wir erkennen, was wir wirklich sind. Unser Blick reicht hinaus über die Welt des Materiellen und sucht das Urprinzip außerhalb dieses Bereichs. Wir erfahren, daß wir jenseits von Geburt, Furcht und Tod stehen, aber auch, daß das »wahre Ich«, das kosmische Bewußtsein, unfaßbar ist. Wir transzendieren die Wirklichkeit und stehen fassungslos vor der absoluten und letztendlichen Weisheit. Sie beinhaltet alles und nichts – und wir kehren zurück in die Realität. Nun wissen wir aber, daß sie eine Scheinrealität ist, eine Fata Morgana. Indem wir das durchschauen, beharren wir im Jnana-Yoga auf dem, was ist: dem wahren Selbst, dem Wissen, Gott.

Der Pfad der Erkenntnis ist so schwer zu beschreiben, weil er keine halben Sachen duldet. Wer den ersten Schritt geht, muß seinen Weg bis zum Ende machen. Vivekananda sagt: »Der echte Rationalist darf vor nichts zurückschrecken und muß seiner Vernunft bis zur äußersten Grenze folgen.«

Jnana-Yoga führt uns zu der Erkenntnis, daß jedes Individuum nur eine Erscheinung der Wirklichkeit ist. Wer das zu erfahren in der Lage ist, hat das Ziel des Erkenntnispfades erreicht. Der Jnana-Weg verlangt, in allem die Gleichheit, in jeder Polarität die Einheit zu erkennen. Es gibt keine ethische Hierarchie mehr zwischen den Polen. Gut und Böse existieren, enthalten aber keine Bewertung mehr. Es geht nicht um Armut oder Reichtum, um Hunger und Völlerei, um Hitze und Kälte. Diese Unterschiede haben ihre Berechtigung verloren.

Nach der indischen Tradition zeichnet sich der wahre Jnana-Yogi durch vier Dinge aus:

- Er begehrt nichts als Erkenntnis.
- Er beherrscht die Sinne und erträgt alles.
- Er weiß, daß alles unwirklich ist außer dem kosmischen Bewußtsein.
- Er hat ein unstillbares Verlangen nach Freiheit. Der Jnana-Pfad ist ein langer und mühsamer Pfad. Er bedarf der Anleitung durch einen erfahrenen Meister.*

Jahreszeiten-Meditation

In dieser Meditation geht es darum, dem Fluß der Zeit meditierend zu folgen. Im Mittelpunkt steht ein Baum, zum Beispiel eine alte, knorrige Eiche.

---

* Eine Einführung finden Sie in den zwei Bänden »Jnana-Yoga« von Swami Vivekananda.

Am besten, Sie suchen sich draußen einen Platz in der Nähe solch eines Baumes, so daß Sie ihn bequem im Blickfeld haben, oder aber Sie setzen sich unter ihn, lehnen sich vielleicht an den Stamm. Sie können diese Meditation allerdings auch in den Bildern Ihrer inneren Vorstellungskraft erleben und sich die alte Eiche von Anfang an vorstellen.

Schauen Sie den Baum genau an und auch sein jahreszeitliches Entwicklungsstadium. Wenn etwa gerade Frühling ist, betrachten Sie die Knospen und frühen Triebe und versetzen sich dann sogar in den Baum, bis Sie die Kraft des Frühlings in seinem – Ihrem Saft spüren können. Erleben dann die Entfaltung der zartgrünen Blätter und ihre Weiterentwicklung durch die Zeit, bis sie zu jenen kräftig grünen und fast harten Eichenblättern auswachsen. Erspüren auch das Kommen und Gehen der kleinen Blüten, aus denen im Laufe des Sommers bis zum Herbst die Samen, die Eicheln, werden. So erleben Sie mit dem Baum, ja in ihm, den Sommer mit seiner Hitze und der Sehnsucht nach Regen – und schließlich den Herbst. Ihre Blätter verfärben sich. Was nach außen so bunt und hübsch aussieht, ist doch der Beginn eines vorläufigen Endes. Mit dem Grün verschwindet langsam die Grundlage Ihres Stoffwechsels – nur das Grün kann das Sonnenlicht in Lebensenergie wandeln – die Zeit des aktiven Lebens geht also zu Ende, und Sie durchleben diesen Abschied bewußt. Alles, was nicht mehr notwendig ist, um die kommende Zeit des Winters zu überstehen, muß nun losgelassen werden – und Sie fügen sich diesem Zwang der Reduzierung und ziehen Ihren Lebenssaft nach innen zurück.

So erleben Sie schließlich, wie Ihre Blätter zu Boden segeln, erfahren vor allem aber den Moment des Abknickens, des Brechens am Stengel und das Lösen – und Sie haben Tausende von Blättern und ertragen so auch diesen Moment tausendfach: das Loslassen von überflüssig Gewordenem. So lebenswichtig die Blätter bis vor kurzem waren, so überflüssig sind sie nun.

An dieser Stelle der Meditation ist ein guter Moment, um auch über Überflüssiges in Ihrem (menschlichen) Leben zu meditieren – über Dinge, die vielleicht eine Zeitlang lebenswichtig waren, nun aber sinnlos und überflüssig geworden sind. Es mag sein, daß Ihnen hier einiges begegnet, was Sie über seine Zeit festgehalten haben – und es würde dem Prinzip und dieser Meditation gut entsprechen, es loszulassen. – Das äußere Loslassen folgt dann ganz leicht und konsequent.

Schließlich, wenn Sie die mehrtausendfache Trennung durchlitten haben, folgt der Winter und mit ihm die Zeit der Ruhe – der Starrheit und Kälte aber auch. Sie erleben als Baum die alles bedeckende Schneedecke, spüren die Schneepolster auf Ihren starken Ästen und die Kälte, die Ihnen aber nichts anhaben kann, denn alle Ihre äußeren Bereiche sind selbst wie tot, und den reduzierten und konzentrierten Lebensfluß in der Tiefe Ihres Stammes und Ihrer tiefen Wurzeln kann die Kälte nicht erreichen.

So spüren Sie auch die Starre und Eiseskälte der obersten Erdschicht. Diese Decke aus gefrorener Erde und die Schicht aus Schnee und Eis darüber sind aber auch eine Schutzschicht, denn darunter in der Tiefe des Erdreiches bleibt es warm, und so ist Ihre winterliche Ruhe gleichsam geschützt durch das weiße Leinentuch aus Schnee und Kälte.

Die Betonung dieser Meditation sollte auf Herbst und vor allem auf Winter liegen.

Kristallmeditation

Kristalle sind die »Sterne« unter den Steinen. Sie sind Energiespeicher ganz besonderer Art und werden deshalb auch seit urdenklichen Zeiten bei Heilungen und anderen magischen Handlungen eingesetzt. Suchen Sie sich deshalb auch unter den Kristallen einen Steinverbündeten, wie es bei der letzten Meditation beschrieben wurde.

Da Kristalle sehr aufnahmefähig sind, sollten Sie Ihnen, bevor Sie ihn einsetzen, reinigen und mit Energie aufladen. Legen Sie ihn dazu drei Tage und Nächte lang in eine Schüssel mit Salzwasser oder vergraben Sie ihn ebenso lange im Sand. Sie sollten den Kristall auch nach jeder Anwendung über Nacht in Salzwasser legen und damit reinigen. Aufgeladen wird ein Kristall mit Sonnenenergie. Dazu legen Sie ihn mit seiner Spitze nach oben gewandt 24 Stunden in die Natur. Dann vergraben Sie ihn zwei Tage und Nächte in der Erde, dabei wird er mit Erdenergie aufgeladen. Auch Kristalle sollten in roten Stoff gewickelt aufbewahrt werden, damit sie ihre Kraft nicht verlieren.

Wenn Sie den Kristall so gereinigt und aufgeladen haben, ist er bereit, Sie in Ihrer Meditation zu begleiten. Sie können dabei ebenso verfahren, wie es weiter oben in der Meditation mit dem Steinverbündeten beschrieben wurde.

Eine weitere Möglichkeit, mit dem Kristall zu meditieren, ist das *Kristallsehen*. Begeben Sie sich dazu wiederum an Ihren Meditationsplatz, wo Sie mit einer Lichtquelle, am besten einer Kerze, den Kristall gut beleuchten können. Es ist auch möglich, diese Meditation draußen im Sonnenlicht oder bei Vollmond im Mondschein zu machen. Wenn Sie alle Vorbereitungen getroffen haben, setzen Sie sich an den Ort Ihrer Meditation, der Kristall liegt so, daß Sie ihn im Lichtschein gut betrachten können, vor Ihnen. Sie lassen Ruhe in sich einkehren, geben sich Zeit, ganz da zu sein, wo Ihre innere Reise gemeinsam mit dem Kristall beginnt, werden, Ihrem Atem folgend, immer ruhiger und ausgeglichener und nähern sich immer mehr Ihrer Mitte, in der absolute Ruhe herrscht, wie in der Nabe eines Rades. Und in diesem Zustand der Ruhe und Gelassenheit richten Sie Ihre Aufmerksamkeit auf den Kristall. Nach einer Weile der Betrachtung starren Sie nicht, sondern schauen Sie mit weichem, auf unendlich eingestelltem Blick; Sie werden immer stärker das Gefühl bekommen, als würden

Sie in das Innere, das Wesen des Kristalls eingehen. Und wie Sie in das Innere des Kristalls wandern, erkennen Sie ihn als Spiegel für Ihr eigenes Inneres. Bilder und Gestalten entstehen vor Ihren Augen, der Kristall hilft Ihnen zu sehen. Sie können dem Kristall auch Fragen stellen, und er wird Ihnen mit Bildern oder Zeichen in Ihnen antworten.

Verweilen Sie so lange in der Meditation, bis Sie glauben, daß Sie die Botschaft des Steines erreicht hat. Sie sollten diese Meditation auch öfters wiederholen und immer wieder in Kommunikation mit Ihrem Kristall treten; wenn er Ihr Steinverbündeter ist, will er behandelt werden wie ein Freund.

Nach der Meditation wickeln Sie ihn wieder in ein Stück roten Stoffes, nachdem Sie ihn unter fließendem Wasser gereinigt haben.

Wenn Sie ihn für Heilzwecke verwendet haben, sollten Sie ihn einige Stunden in Salzwasser legen.*

Karma-Yoga

Karma-Yoga gehört – neben Bhakti-Yoga, Jnana-Yoga und Raja-Yoga – zu den vier Hauptpfaden indischer Yoga-Tradition. Es ist, sagt Swami Vivekananda, »ein ethisches und religiöses System, dessen Ziel die durch Selbstlosigkeit und gute Werke erlangte Freiheit ist«.

Der Ausdruck »Karma« hat seine Wurzel in dem Sanskrit-Wort *Kri*, das »tun« bedeutet. Karma-Yoga ist deshalb ein sehr arbeitsreicher Weg zum kosmischen Bewußtsein. Die dahinterstehende Theorie geht davon aus, daß wir durch freies und selbstloses Handeln Wissen und Erkenntnis erlangen. In jeder Aktivität steht eine psychische Dimension. Äußeres Tun hat innere Wirkung – unabhängig davon, ob wir gut oder böse

---

* Weitere Informationen über den Umgang mit Steinverbündeten finden Sie in Lu Lörlers Buch »Die Hüter des alten Wissens«.

handeln. Entscheidend ist, daß wir für jeden Augenblick unseres Lebens die Verwirklichung in Aktivität suchen. Nur daraus können wir Ruhe gewinnen. Indem wir handeln, erschließt sich uns die Bewußtseinsebene, in der alles Handeln überflüssig wird.

Der Karma-Weg ist kein leichter Weg. Wer ihn geht, »muß durch bloße Arbeit, ohne die Hilfe einer Lehre oder Theorie, zu den gleichen Problemlösungen kommen, die sich Jnana durch Verstand und Inspiration, der Bhakta durch Liebe erringt« (Vivekananda).

Karma-Yoga verlangt, sich aktiv und bewußt dem Mechanismus der alltäglichen Arbeitswelt auszusetzen. Der Karma-Yogi beteiligt sich an Produktion, Machtstreben und Kämpfen, ohne davon zu profitieren. Er widersetzt sich, wo er Freiheit und Gerechtigkeit bedroht sieht, versucht Gutes zu tun und nimmt das Risiko negativer Folgen in Kauf. Sein Ziel ist jedoch nicht die Arbeit als solche, sondern die höhere Erkenntnis, die er gewinnen will, indem er sich den Aktivitäten dieser Welt ausliefert.

Er sieht die Welt als ein Geflecht von Wirkungsmechanismen, als ein vernetztes System aus Aktion und Reaktion. Indem er sich an diesem System beteiligt, erkennt der Karma-Yogi die allumfassende Einheit, die sich scheinbar hinter den Gegensätzen verbirgt, sie in Wirklichkeit aber durchdringt.

Der Karma-Weg erfordert sehr viel Selbstlosigkeit und beansprucht viel Zeit. Die meisten Menschen werden auf diesem ungeebneten Pfad im Laufe ihres Lebens nur wenige Schritte weit kommen. Nur ein einziger Mensch hat nach Ansicht der indischen Meister das Ziel des Karma-Weges erreicht: Buddha. Trotzdem ist das kein Hinderungsgrund, die Arbeit aufzunehmen, die im totalen Bewußtsein, der kosmischen Erkenntnis ihr Ende findet.

Kunst-Meditation

Jedes Kunstwerk ist in einem meditativen Prozeß entstanden. Sein Urheber drückt in ihm Inhalte aus, die jenseits der Oberflächlichkeit liegen. Umgekehrt ist es deshalb möglich, aus der Betrachtung von Kunstwerken in eine meditative Versenkung zu gelangen. Die Inhalte des Kunstwerks werden dabei gleichsam zurückverfolgt zu ihrem unbewußten Ursprung. Sie können zu Musik, Lyrik, Prosa und zu Bildern meditieren. Entscheidend ist, daß Sie eine innere Tiefe in dem Kunstwerk verspüren können. Oberflächliches oder sich vor allem an den Intellekt Wendendes ist nicht besonders gut geeignet.

In seinem Buch »Die Führung zur Meditation« erwähnt Klemens Tilman

▪ die Passionen von Johann Sebastian Bach, Friedrich Händels »Messias«,

▪ Gedichte von Rainer Maria Rilke, Joseph von Eichendorff, Hermann Hesse, Angelus Silesius,

▪ Bilder von Giotto, Fra Angelico, Lochner, Grünewald, Dürer, van Eyck, van Gogh, Rouault und japanische sowie chinesische Malerei.

Geeignet sind aber auch Meditationsmusik, Balladen, Sinn- und Orakelsprüche aus Weisheitsbüchern wie dem »I Ging« oder Tarot-Erläuterungen, Sufi-Erzählungen und mystische oder religiöse bildhafte Darstellungen.

Beginnen Sie Ihre Kunst-Meditation, indem Sie sich sammeln, allen äußeren Streß ablegen und richtig atmen. Versuchen Sie nicht, dem Kunstwerk mit Ihrer Vernunft nahezukommen. Fühlen Sie sich in das Kunstwerk hinein, seien Sie offen für alle Schwingungen, die von der Musik, von den Gedichten, Texten und Bildern ausgehen. Lösen Sie sich von Ihrem Ich und nehmen Sie am Innenleben des Künstlers teil, das sich in seinem Werk ausdrückt. Sie werden dann fähig sein, Tiefen zu erkennen, die Ihnen bislang verborgen geblieben waren. Lassen Sie sich von dieser Erfahrung tragen.

Oft fällt diese Art der Meditation am Anfang schwer. Gewöhnt daran, alles verstandesmäßig zu sezieren, zu analysieren und zu kritisieren, ist es nicht so einfach, sich Kunstwerken auf einem anderen, intuitiven Weg zu nähern. Lassen Sie sich davon aber nicht beunruhigen. Nach einiger Zeit wird es Ihnen gelingen, jedes Kunstwerk in einer meditativen Grundeinstellung zu betrachten. Am Anfang sollten Sie das allein und in einem ruhigen, störungsfreien Raum versuchen. Vielleicht reichen einige Kerzen als Lichtquelle. Später gelingt Ihnen diese Kunst-Meditation auch in öffentlichen Museen oder im Konzert.

Kochen als Meditation

Eine Beschreibung dieser Übung ist kurz und einfach: Machen Sie einfach alles, was Sie tun, bewußt und aufmerksam. Betrachten Sie den Kochvorgang einmal ganz genau. Das alleine kann schon einen völlig neuen Blickwinkel, eine umfassendere Wahrnehmung dieser Tätigkeit ermöglichen:

Kochen ist im eigentlichen Sinne gesehen ein Umwandlungsprozeß, dessen wesentlichster Bestandteil der Umgang mit den vier Elementen Erde, Wasser, Luft und Feuer ist.

Wenn Sie beispielsweise Brot backen, finden Sie das Erdelement symbolisch im Getreide bzw. im Mehl; um den Teig anzurühren, fügen Sie das wäßrige Element dazu. Wenn der Teig dann aufgeht, heißt das nichts anderes, als daß die Hefe Luft produziert. Nun fehlt nur noch das vierte Element, der Energieaspekt, das Feuer, das den Teig erst in Brot verwandelt. Wenn wir das Brot dann essen, nimmt es wieder den umgekehrten Weg und wird in unserem Körper in die vier Elemente zerlegt: in Wasser, Kohlendioxid (also Gas, das dem Luftelement entspricht), es kann zu Energie (Feuerelement) und Bestandteil unseres Körpers (Erde) werden. Die Elemente gehen dann irgendwann zurück in den großen Kreislauf der

Natur: Kohlendioxid atmen wir in die Luft hinaus; das wässrige Element geht über die Nieren wieder in den Kreislauf des Wassers zurück; die Energie, das Feuerelement, verbrauchen wir, geben sie als Wärme ab; auch das Erdelement kehrt beim Fasten oder am Lebensende in den Kreislauf der Erde zurück.

Machen Sie sich diese Abläufe bewußt: Beim Kochen gilt wie bei jeder anderen Tätigkeit: je bewußter, aufmerksamer und liebevoller Sie diese Arbeiten verrichten, um so vollkommener und für Ihre Umwelt »heilsamer« wird das Ergebnis sein, weil dieses natürlich Spiegel und Ausdruck der eigenen inneren Einstellung ist. Speisen, die lieblos und achtlos zubereitet wurden, werden mit diesen immateriellen »Zutaten« ebenso gewürzt wie mit Salz oder anderen Gewürzen.

Achten Sie auf solche Dinge und versuchen Sie, das Kochen zu einer meditativen und schöpferischen Übung zu machen, in die Sie Aufmerksamkeit, Bewußtheit und Liebe einfließen lassen.

Ergänzend zum meditativen Kochen können Sie auch **Geschmackssinnsübungen** durchführen: Beginnen Sie damit, daß Sie sich den Geschmack jener Speise, die Sie gerade kochen, oder irgendeiner anderen genau vorstellen. Ihre Geschmacksempfindung sollte so lebendig und wirklich sein, als hätten Sie gerade einen Bissen der Speise im Mund. Machen Sie diese Geschmacksübung so oft, bis Sie jederzeit jede beliebige Geschmacksempfindung hervorrufen können.

Lernen Sie auch, darauf zu hören, welche Nahrungsmittel Ihr Körper zu welcher Zeit verlangt. Wenn Sie die Geschmacksvorstellungsübung beherrschen, können Sie beobachten, welcher Geschmack auftaucht, wenn Sie hungrig sind. Spüren Sie dann jedem Bissen, den Sie von dem entsprechenden Nahrungsmittel genommen haben, nach, ob es auch wirklich das Richtige war; verzichten Sie auf den weiteren Genuß, wenn sich auch nur das leiseste ungute Gefühl breitmacht.

Bedenken Sie, daß jede Nahrung Bestandteil Ihres Körpers

wird (»Was man ißt, das ist man«) und lassen Sie deshalb nur Bestandteil werden, was mit Ihnen harmoniert.

Sie können auf diese Art und Weise Ihren Körper, seine Bedürfnisse und damit sich selbst besser kennenlernen und ihre Aufmerksamkeit und Sensibilität schulen.

Konzentrations-Meditation

Kristalle eignen sich besonders als Gegenstand einer Konzentrations-Meditation. Man kann dafür aber auch einen ganz gewöhnlichen Stein oder irgendeinen anderen Gegenstand verwenden. Setzen Sie sich in einen kargen Raum in Ihre bevorzugte Meditationsstellung. Im Blickfeld vor Ihnen liegt der Kristall oder der Stein. Entspannen Sie sich, suchen Sie Ihren Schwerpunkt und atmen Sie bewußt. Wir haben diese Vorbereitungen im Kapitel »Die Praxis der Meditation« beschrieben.

Bei dieser meditativen Übung halten Sie die Augen geöffnet. Richten Sie Ihren Blick auf den Kristall oder den Stein. Konzentrieren Sie sich auf dieses Objekt. Denken Sie ausschließlich daran. Wenn andere Gedanken in Ihrem Bewußtsein auftauchen, nehmen Sie diese zur Kenntnis, werten und verfolgen sie aber nicht. Immer wieder kehren Sie mit Ihrer Aufmerksamkeit zurück zu dem Kristall oder dem Stein oder dem anderen von Ihnen gewählten Meditationsobjekt.

Beachten Sie Form, Struktur und Farbe des Objekts. Sehen Sie Licht und Schatten, spüren Sie die Schwingungen, die von ihm ausgehen. Versetzen Sie sich in das Objekt hinein. Betrachten Sie es gleichsam von innen. Wenn Sie blinzeln müssen, so tun Sie es ruhig, richten Sie dann aber Ihren Blick wieder fest auf das Objekt. Mit Ihrem Blick konzentriert sich auch Ihr Bewußtsein auf den Kristall oder auf den Stein.

Versuchen Sie zunächst, diese Konzentration einige wenige Minuten lang aufrechtzuerhalten. Steigern Sie später die Meditationszeit bis zu 15 oder 20 Minuten. Je besser Sie in der Lage sind, Ihre Konzentration zu versammeln, desto leichter fällt es Ihnen, einen meditativen Zustand zu erleben.

Beenden Sie diese Konzentrations-Meditation, indem Sie tief ein- und ausatmen, blinzeln, Grimasse schneiden, sich rekeln und strecken und dann wieder in den Alltag zurückkehren.

Kraftplatzimagination

Setzen oder legen Sie sich also auf Ihren Kraftplatz, entspannen Sie sich und machen eine der Ihnen zusagenden Vorbereitungsübungen.

Schließen Sie die Augen und lassen Sie sich tragen von der Kraft Ihres Platzes, geben Sie sich seiner Magie hin und lassen Sie sich einhüllen von der Ruhe, die Sie umgibt, die sich immer mehr und mehr ausbreitet wie ein wunderschönes lichtes Nebelmeer. Fließen Sie mit Ihrem Atem, dem endlosen des Lebens. Vertrauen Sie sich ganz Ihrem Atem an, geben Sie sich seinem Fluß ganz hin. Und so tauchen Sie ein ins Reich der Phantasie, aus dem Bilder auftauchen, erst verschwommen, dann immer deutlicher. Sie sehen sich, wie Sie in einem schwach beleuchteten Höhlengang stehen. Sie wissen, daß Sie sich in einem Labyrinth befinden, aber Sie haben keine Angst, denn Sie wissen auch, daß Sie auf ihre innere Stimmung, ihre inneren Führer vertrauen können, denn diese kennen den Weg, den Sie gehen müssen, ganz genau. Und so lassen Sie sich führen, um dorthin zu gelangen, wo Sie immer schon, seit Urgedenken hin wollen. Beachten Sie alles, was Ihnen auf diesem Weg begegnet, wem Sie begegnen, was Sie auf Ihrem Weg finden. Überall erhalten Sie Botschaften, die Ihre Wegweiser sind. Irgendwann kommen Sie zum Ausgang des Höhlenlabyrinthes. Sehen Sie sich nun genau um, wo Sie angekommen sind, es gibt keinen Platz, der für Ihre Ankunft unmöglich wäre. So können

Sie sich am Dach eines Hauses ebenso wiederfinden wie an einem glitzernden Meeresstrand oder auf einer sonnenüberfluteten Waldlichtung, auf einem Berg ebenso wie im Turm einer Kathedrale oder auf dem Mond...

Lassen Sie nun alles auf sich wirken, sehen Sie sich um, öffnen Sie alle Ihre Sinne und lassen sich von Ihrem Platz rufen. In aller Deutlichkeit lassen Sie ihn vor Ihrem inneren Auge auftauchen. Wenn das innere Bild Ihres Platzes klar und deutlich steht, können Sie beginnen, ihn ganz nach Ihren Wünschen zu gestalten. Bauen Sie sich darauf ein Haus und legen Sie sich einen Garten an, errichten Sie eine Kirche oder graben Sie sich eine Höhle. Stellen Sie sich diese Vorgänge ganz konkret vor. Schaffen Sie sich den Ort des absoluten Wohlbefindens mit allem, was Ihr Herz begehrt. Genießen Sie alles in vollen Zügen. Suchen Sie sich auch die für Sie richtige Beschäftigung, machen Sie Ihren Platz auch zum optimalen Arbeitsplatz, wo Sie nach Herzenslust schöpferisch tätig sein können. Spüren Sie, wie der Platz Sie bei allen Ihren Tätigkeiten fördert. Wenn Sie auf Anhieb keinen befriedigenden Bereich finden, wo Sie tätig sein wollen, dann probieren Sie einfach alles möglich aus, bis Sie gefunden, wonach Sie gesucht haben, jenen Bereich, wo Sie wachsen und fruchtbar sein können. Und wenn Sie dann Ihre Aufgabe, Ihren Platz in der Welt, die Sie sich geschaffen haben, einnehmen, erstrahlt alles um Sie in einem wunderbaren Licht, und Sie erkennen, daß Sie die ganze Zeit über vor einer geheimnisvollen Tür standen, die Sie nie zu öffnen gewagt hatten. Nun aber gehen Sie auf diese Türe zu und öffnen sie vorsichtig. Sie betreten einen Raum, der eigentlich keiner ist, weil er unbegrenzt und unendlich erscheint. Hier in diesem wunderbaren Raum ist alles, was jemals existiert hat und jemals existieren wird. Es ist da und es ist jetzt da. Und alles ist für Sie da. Hier können Sie alles erfahren, über unsere und die andere Welt, die hinter den Schleiern von Raum und Zeit liegt. Sie können hier alle Zei-

ten bereisen und alle Grenzen überschreiten. *Hier sind die Antworten auf alle Fragen. All Ihr Verlangen und Begehren wird hier gestillt...*

Zufrieden und an Geist, Seele und Körper gesättigt kehren Sie zurück ins Alltagsbewußtsein. Sie nehmen das Gefühl mit, daß Sie Ihren Platz gefunden haben und jederzeit an ihn zurückkehren können, um Kraft zu tanken, denn er liegt in Ihnen, wie auch das Geheimnis der Welt in Ihnen liegt und auch die Lösung aller Rätsel des Lebens.

Licht-Meditation

Die Sonne ist, wie schon gesagt, das Zentralgestirn unseres Sonnensystems; von ihr kommt alles Licht, und sie ist der Planetenherrscher im Löwen. Ohne Sonne gäbe es kein Leben auf unserem Planeten. Sie ist das Symbol und die Realität der Lebensfreude und der Licht-Energien. Mit folgender meditativen Übung können Sie sich dem Licht der Sonne öffnen und dadurch die lichten Schwingungen im Innern Ihrer Persönlichkeit entdecken und zum Leben erwecken.

Suchen Sie sich einen Platz, von dem aus Sie die Sonne sehen können. Setzen Sie sich in Ihre bevorzugte Meditationsstellung, entspannen Sie sich, suchen Sie Ihren Schwerpunkt und atmen Sie richtig mit Unterstützung des Zwerchfells. Lösen Sie sich von allen täglichen und kleinen, menschlichen Problemen. Fühlen Sie sich entspannt und unbelastet.

Schließen Sie die Augen und wenden Sie Ihr Gesicht der Sonne zu. Spüren Sie die Wärme und sehen Sie durch die geschlossenen Lider die feuerroten Energieströme der Sonne. Richten Sie Ihre Aufmerksamkeit auf diese Energie. Lassen Sie sie tief in Ihr Innerstes eindringen, sich von der unermeßlichen Lebenskraft der Sonne durchfluten und tragen. Fühlen Sie, wie sich die Sonnenenergien mit Ihren Energien zu einem warmen, angenehmen Strom vereinigen. Folgen Sie diesem Strom auf dem Weg durch Ihren Körper.

Beenden Sie die Licht-Meditation, indem Sie Ihren Kopf von der Sonne abwenden, mehrfach ein- und ausatmen, Grimassen schneiden, sich rekeln, strecken und dann die Augen öffnen. Sie können diese Meditation hervorragend im Urlaub am Strand durchführen. Im Winter und bei bewölktem Himmel reicht für die Licht-Meditation auch eine Lampe aus. Schließen Sie in allen Übungen dieser Art die Augen und visualisieren Sie das Licht auf einer inneren Leinwand.

Liebe-Meditation

Die Schwingungen der Liebe sind eng verwandt mit den Energieströmen, die beim Meditieren entstehen. Liebe und Meditation haben dieselbe Wurzel. Einige Meditationsmeister glauben sogar, daß Meditation ohne Liebe genauso unmöglich ist wie Liebe ohne meditative Erfahrungen.

Setzen Sie sich für die Liebe-Meditation in Ihrer bevorzugten Meditationsstellung in einen abgedunkelten Raum. Suchen Sie Ihren Schwerpunkt, atmen Sie richtig, entspannen Sie sich. Richten Sie dann, wenn Sie alle Sorgen und alltäglichen Probleme abgeschüttelt haben, Ihre Aufmerksamkeit auf Ihr Herz-Chakra. Machen Sie sich diesen Punkt bewußt, spüren Sie ihn als den Quell, von dem Ihre Liebe in starken Schwingungen ausgeht.

Verströmen Sie Ihre Liebe, füllen Sie den ganzen Raum mit Ihren Liebesenergien aus. Sie werden merken, daß sich etwas verändert: Ihre Aura verstärkt sich, ein Gefühl der Wärme umgibt Sie. Überall ist Liebe, Ihre Liebe. Ihr Bewußtsein verwandelt sich zu sanfter, warmer und alles durchdringender Liebe. Wiegen Sie Ihren Körper in den Liebesschwingungen, die tief in Ihnen ihren Ausgangspunkt haben und alles berühren. Werden Sie zur Liebe.

Beenden Sie die Liebe-Meditation mit tiefem Atmen. Rekeln und strecken Sie sich, öffnen Sie die Augen und kehren Sie zurück in das »Hier-und-Jetzt«. Nehmen Sie Ihre liebevolle Ausstrahlung mit in den Alltag. Sie werden feststellen, daß Ihre Umwelt diese Energien spürt und positiv darauf reagiert.

Loslassen

Das Stirb-und-Werde-Prinzip ist jener Bereich, wo Shiva lebt, der hinduistische Gott, der zerstört, damit Neues entstehen kann. Hierher gehört auch der Phönix, der stirbt und aus seiner Asche wieder aufersteht. Auch der Satz aus dem christlichen Glaubensbekenntnis »...gekreuzigt und gestorben, hinabgestiegen in das Reich der Hölle und am drittem Tage wieder auferstanden...« beschreibt dieses Prinzip.

Die Metamorphose, die Wandlung kann sich jedoch nur vollziehen, wenn man immer wieder bereit ist, alte Lebensformen, Ansichten, Glaubensinhalte und Vorstellungen loszulassen, um Platz und Bewegungsmöglichkeit und damit Raum für Entwicklung zu schaffen.

Folgende Übung soll Ihnen beim Loslassen helfen:

Legen oder setzen Sie sich an Ihren Meditationsplatz. Geben Sie sich Zeit, an diesem Ort wirklich anzukommen, machen Sie ein paar tiefe Atemzüge und beginnen Sie in sich hineinzuspüren, Ihren Körper wahrzunehmen, wie er da liegt in Kontakt mit der Unterlage, die ihn trägt, und spüren Sie die Berührungspunkte mit dem Unten. Und so lassen Sie immer mehr los, lassen Ihren Körper immer tiefer sinken und vertrauen ihn ganz der Unterlage an. Sie geben ihn ganz ab an die Unterlage, den Boden, die Erde, die ihn aufnimmt und für Sie trägt. Und so können Sie immer mehr loslassen, müssen nichts mehr machen oder halten, lassen sich sinken, immer tiefer und weiter, lassen geschehen, was geschehen will und mag, lassen die Gedanken kommen und auch wieder gehen, wie Sie einatmen und ausatmen. Sie liegen einfach nur da, sind in diesem Augenblick, ohne etwas zu wollen oder zu sollen, denn alles, was ist, ist gut und richtig, so wie es ist. Und während Ihr Körper immer schwerer wird und tiefer sinkt, wird gleichzeitig Ihr Atem immer leichter und freier. In diesem Zustand der Ruhe und Entspannung öffnen Sie nun das Tor zu Ihrer Innenwelt, betreten das Haus, in dem Ihre Seele wohnt. Hier in diesem Haus führen viele verschiedene Türen in Ihre Innenräume. Und an diesen Türen finden Sie Aufschriften, die Ihnen sagen, was hinter Ihnen liegt. Da steht dann etwa »Meine Partnerschaft«, »Meine Arbeit«, »Meine Weltanschauung«, »Meine Ziele«, »Meine Wünsche« ... Suchen Sie sich nun die Türe zu dem Raum, der Sie in jenen Lebensbereich führt, der für Sie am konfliktreichsten ist und betreten ihn als ersten. Sehen Sie sich genau um in diesem Raum und lassen Bilder aufsteigen, die Ihnen zeigen, aus welcher »Ecke« Ihre Probleme kommen, das heißt, wo und wie sich Ihr Wille, Ihre Vorstellung von den Dingen gegen den göttlichen Willen oder die kosmische Ordnung stellt. Öffnen Sie dann die Fenster dieses Innenraumes und damit sich selbst und lassen all die Fixierungen und Vorstellungen, die sich gegen den lebendigen Fluß der Dinge stellen, wie Seifenblasen in den Himmel fliegen. Dabei können Sie still die Worte aus dem Vaterunser sprechen. Dein Wille geschehe, wie im Himmel, so auf Erden! Bleiben Sie so lange bei diesem Geschehen, bis Sie in Ihrem Herzen wirklich das Gefühl haben, daß Sie sich für den göttlichen Willen geöffnet haben und ihn durch Sie wirken lassen können.

Sie können während dieser Meditation auch noch andere Ihrer Innenräume betreten oder sie auch als Anlaß für weitere Meditationen nehmen.

Wenn Sie die Meditation beenden wollen, atmen Sie ein paarmal bewußt tief, bewegen Ihren Körper und öffnen ganz zum Schluß Ihre Augen.

Eine andere Möglichkeit, sich von alte Fixierungen zu lösen, kann folgendermaßen geschehen:

Nehmen Sie wieder Ihre bevorzugte Meditationsstellung ein und entspannen Sie sich wie in der oben beschriebenen Übung. Wenn Sie dann einen Zustand der äußeren und inneren Ruhe erreicht haben, stellen Sie sich auf Ihrer inneren Leinwand vor, wie Ihr Körper immer durchsichtiger wird, als wäre er ein gläsernes Gefäß. Wenn er sich dann ganz in einen gläsernen Körper verwandelt hat, lassen Sie – ausgehend von der Fontanelle am Kopf – klares, frisches Quellwasser hineinfließen. Überall, wo das Wasser durchfließt, nimmt es Altes, Überflüssiges, das Sie noch festhalten, mit, befreit Sie von Fixierungen und entwicklungsfeindlichen Vorstellungen. Die Flüssigkeit, die alle diese Dinge aufgenommen hat, lassen Sie dann an Ihren Finger- und Zehenspitzen hinausfließen, bis innen alles klar und wie neu zurückbleibt und Sie bereit sind für einen Neuanfang, frei von Altem und Vergangenem, um so wieder die Erfahrung des Lebens im Augenblick machen zu können. Beenden Sie diese Meditation, indem Sie ein paarmal tief durchatmen, Ihren Körper bewegen und erst dann die Augen öffnen.

Luftritual

Wie uns etwa die Luft bzw. der Atem mit allen anderen Lebewesen verbindet, so stellt sie Verbindungen, Beziehungen, Kontakte her, beispielsweise durch Kommunikations- und Verkehrssysteme. Indem wir uns in Meditation bzw. in einem Ritual der Luft zuwenden, können wir dieses Mit-allem-verbunden-Sein bewußt erfahren. Wir finden uns als ein Glied in der unendlichen Atemkette, als Teil eines universalen Beziehungsgewebes wieder.

Suchen Sie sich also einen Platz, wo Sie das Gefühl haben, der Luft nahe zu sein. Besonders passend wäre ein Platz in der

Krone eines Baumes, aber nur wenn Sie sich dort sicher aufhalten können. Schenken Sie nun allem in Ihrer Umgebung Ihre besondere Aufmerksamkeit. Begrüßen Sie den Baum oder den Platz, an dem Sie diese Übung ausführen werden. Versuchen Sie alles um Sie herum mit allen Ihren Sinnen wahrzunehmen. Und dann öffnen Sie sich dem Luftelement. Geben Sie sich dem Wind hin, nehmen ihn in sich auf, versuchen die Luft regelrecht zu ertasten, anzufassen. Bitten Sie die Luft, sie möge alle Krankheiten und alle Verunreinigungen, vor allem jene im mentalen Bereich, mit sich forttragen. Danken Sie der Luft, daß sie Ihr Leben auf dieser Erde ermöglicht. Beginnen Sie dann mit der Erde-Himmel-Atmung, wie Sie weiter vorne bei den Atemmeditationen beschrieben wurde. Atmen Sie so lange, bis Sie sich beim Einatmen mit der Unendlichkeit des Kosmos verbinden, in den Sie hinausströmen und Sie sich beim Ausatmen Ihrer Endlichkeit, dem Gefangensein in der irdischen Stofflichkeit bewußt sind. Mit dieser Übung können Sie eine Verbindung schaffen zwischen den materiellen und nichtmateriellen Bereichen. Versuchen Sie Teil des großen kosmischen Atemzyklus zu werden. Lassen Sie sich tragen von der Luft, bis Sie selbst zu Luft, zum Atem werden. Lassen Sie dabei die Welt der Gedanken eindringen in die grobstoffliche Welt, so daß sie sich hier verwirklichen und Gestalt annehmen kann. Fragen Sie die Geister der Luft, welche Ideen in Ihrem Leben als nächstes in die Materie geboren werden wollen.

Bleiben Sie so lange bei dieser Meditation, bis Sie sich als Teil und Mitte dieses unendlichen kosmischen Beziehungsnetzes erleben. Wenn Sie dann das Ritual beenden wollen, atmen Sie ein paarmal kräftig ein und aus und bedanken sich bei den Luftwesen und auch bei dem Platz, an dem Sie diese Meditation durchgeführt haben.

Lebensmotto

Setzen oder legen Sie sich in Ihrer bevorzugten Meditations-stellung hin. Entspannen Sie sich mit einer der weiter vorne beschriebenen vorbereitenden Übungen; lassen Sie Ruhe in sich einkehren.

Dann beginnen Sie mit folgender Atemübung: Atmen Sie tief und bewußt ein, verbinden Sie das Einatmen mit der Vorstellung, daß Sie sich dabei mit vibrierendem weißem Licht füllen, das Sie mit Ihrem Atem in sich aufnehmen. Beim Ausatmen geben Sie alle verbrauchte und unreine Energie nach außen ab. Atmen Sie auf diese Art und Weise so lange, bis Sie das Gefühl haben, daß Sie voll reiner weißer Lichtenergie sind.

Dann holen Sie beim Einatmen den Atem hoch in Ihren Kopf, zur Fontanelle, und öffnen sich wie ein Trichter der kosmischen Energie. Gleichzeitig mit diesem Nach-oben-ge-öffnet-Sein erweitert sich Ihre Wahrnehmung, die Grenzen, die Ihnen Ihr Körper setzt, werden bedeutungslos.

Sie genießen diesen Zustand des erweiterten Bewußtseins und senden nun die Frage nach der Lernaufgabe für Ihr Leben hinaus ins All. Bitten Sie um eine Botschaft aus dem Kosmos, aus Ihrer eigenen Mitte.

Lauschen Sie auf Ihre innere Stimme und versuchen Sie dann, die Eindrücke, die Sie erhalten haben, zu verbalisieren und damit zu konkretisieren. Es können dabei Bilder, Symbole oder auch etwa Sprichwörter in Ihren Gedanken auftauchen.

Schreiben oder zeichnen Sie sich nach Beendigung der Meditation diese Symbole Ihres Lebens auf und nehmen sie als Thema für weitere Meditationen.

Licht-Imagination

Beginnen Sie in dem von Ihnen bevorzugten Meditationssitz mit der Entspannung, mit der Bewußtwerdung des Körpers und mit dem richtigen Atmen. Stellen Sie sich nun ein violettes Licht vor, das vor Ihrem inneren Auge aufflackert. Dieses Licht bewegt sich, ist in einem dynamischen Prozeß der Ausbreitung begriffen, füllt Ihren Kopf, Ihren Körper, Ihre Gliedmaßen. Sie sind ganz ausgefüllt vom Schein des violetten Lichts. Kein Winkel Ihres Körpers liegt mehr im Schatten, und Sie erkennen ganz deutlich jedes Detail: Ihre Muskeln, Ihr Herz, Ihre Organe. Überall ist violettes Licht.

Jetzt breitet es sich immer noch weiter aus. Es fließt durch Ihre Haut in den Raum, in dem Sie sitzen, und füllt ihn mit seinem Schein. Dann umflutet er das ganze Haus, in dem Sie wohnen. Kein Raum, kein Winkel, nicht einmal der Keller liegt im Dunkeln. Ihre ganze Straße, der ganze Ort, das ganze Land wird von dem violetten Licht durchflutet. Sie können sehen, wie sich der Schein weiter ausdehnt. Wie von einer Raumstation aus beobachten Sie voller Staunen, daß nun die ganze Erde, der ganze blaue Planet, im Schein des violetten Lichts liegt. Jetzt dehnt es sich sogar über die Atmosphäre hinaus in das All aus und füllt den unendlichen Raum zwischen den Sonnensystemen, Spiralnebeln und Galaxien. Alles, was nun vorstellbar ist, und selbst alles, was man sich nicht mehr vorstellen kann, ist von dem violetten Licht durchdrungen.

Dies ist der Höhepunkt der Licht-Imagination. Sie fühlen sich gleichzeitig als Urheber wie als winziger Teilnehmer dieses Phänomens. Aus Ihnen kommt das Licht, das alles einschließt, und in Sie wird dieses Licht wieder zurückkehren. Schon merken Sie, wie sich das Licht zurückzieht. Es umhüllt noch die Erde, jetzt nur noch Europa, Ihre Stadt, Ihr Haus, den Raum, in dem Sie meditieren. Am Schluß erlischt der violette Schein vor Ihrem inneren Auge.

Beenden Sie diese Imagination, in dem Sie tief ein- und

ausatmen, sich strecken und rekeln, die Augen öffnen und langsam in den Alltag zurückkehren.

Meditation der Kargheit

Nehmen Sie sich einen ganzen Tag lang Zeit – im Urlaub (am besten im Winter) oder am Wochenende. Ziehen Sie sich in eine einsame Landschaft oder in einen karg eingerichteten Raum zurück. Begeben Sie sich in eine innere Klausur, in der Sie sich auf das Wesentliche konzentrieren wollen.

Beginnen Sie mit den meditativen Vorübungen, die wir im Kapitel »Die Praxis der Meditation« beschrieben haben. Schweigen Sie den ganzen Tag, sprechen Sie kein Wort. Fasten Sie und richten Sie Ihre Aufmerksamkeit ausschließlich auf Ihren Atem. Wenn Ihnen Gedanken durch den Kopf gehen, nehmen Sie diese zur Kenntnis, aber versuchen Sie nicht, sie festzuhalten. Sie haben jetzt keinerlei Bedeutung für Sie.

Dieser Meditationstag ist für Sie eine Phase der Beschränkung und Verdichtung. Sie ziehen sich aus der hektischen Fülle des Lebens zurück und finden in der Konzentration die Strukturen, die unserer Welt zugrunde liegen. Die Kargheit dieser Meditation ist für Sie ein physisch-psychischer Reinigungsprozeß.

Meditation mit dem Steinverbündeten

Steine sind das Gedächtnis der Erde. Für die Indianer ist »Bruder Stein« unser ältester Verwandter, in ihm ist die Evolutionsgeschichte der Erde gespeichert, er ist Zeuge der ganzen Geschichte unseres Planeten. Deshalb wurden auch die Steine von den Indianern wie weise Greise verehrt, die in das Wissen der Schöpfung eingeweiht sind. Als Meditationsobjekt können sie daher Vermittler sein, die die Weisheit der

Natur und ihre Geheimnisse, die in den Uranfängen unseres Planeten verborgen sind, erhellen.

Jeder Mensch hat einen Verbündeten im Steinreich, der ihm als »Hilfsgeist« zur Seite stehen kann. Sie können Ihren Steinverbündeten auf folgende Weise finden:

Es ist möglich, daß Sie schon längst einen Stein haben, der, ohne daß es Ihnen bewußt ist, Ihr Verbündeter ist. Denken Sie darüber nach, wo Ihre Verbindung mit Steinen liegt: vielleicht haben Sie schon immer bestimmte Steine gesammelt, zu denen Sie sich besonders hingezogen fühlten. Oder Sie haben einen Stein geschenkt bekommen oder einen Stein gefunden, der irgendwo auf Ihrem Weg lag und Ihnen zu sagen schien: »Nimm mich mit!« Auch Körpersteine (Nieren-, Blasensteine...) haben natürlich einen besonderen Bezug zu Ihnen und können Ihre Steinverbündeten sein. Es könnte auch sein, daß Sie schon öfter von einem bestimmten Stein geträumt haben. Versuchen Sie also herauszufinden, welche Begegnung mit einem Stein für Sie wichtig war. Wenn Sie dabei zu einem Ergebnis gekommen sind und Sie diesen Stein auch konkret besitzen, arbeiten Sie mit ihm weiter. Ansonsten, wenn Sie ihn zum Beispiel nur im Traum gesehen haben, versuchen Sie den Stein zu finden, draußen in der Natur, bei einem Juwelier oder in einem Mineralienfachgeschäft. Wählen Sie »Ihren« Stein sehr bewußt aus. Bedenken Sie, daß auch der Stein Sie finden will, lassen Sie sich also gleichsam von ihm »rufen«. Nehmen Sie ihn in Ihre linke, die empfangende Hand und versuchen Sie zu erspüren, ob der jeweilige Stein mit Ihnen sein will. Das kann beispielsweise dadurch erkennbar sein, daß er sehr schnell in Ihrer Hand Wärme ausstrahlt. Vertrauen Sie dabei auf Ihre innere Stimme und Ihr Gefühl, der Stein hat zwar ein anderes Bewußtsein als wir Menschen, aber Sie können trotzdem mit ihm Kontakt aufnehmen.

Wenn Sie Ihren Stein in der Natur gefunden haben, wobei Sie bei der Suche ebenfalls auf intuitive Weise vorgehen, sollten Sie etwas Tabak als Geschenk an die Erde zurücklassen.

Nachdem Sie nun Ihren Stein erwählt haben, nehmen Sie ihn mit an Ihren Meditationsplatz. Legen Sie sich bequem hin, den Stein halten Sie in Ihrer linken Hand über Ihrem Nabel. Sie geben sich Zeit, an Ihrem Meditationsplatz anzukommen, machen ein paar tiefe Atemzüge und beginnen, dem Ausatmen folgend, in sich hineinzuspüren, Ihren Körper wahrzunehmen, wie er da liegt, in Kontakt mit der Unterlage, die ihn trägt, spüren die Berührung mit dem festen Erdelement, lassen die Kraft der Erde in sich einströmen. Und Sie lassen immer mehr los, lassen Ihren Körper immer tiefer sinken und vertrauen ihn ganz der Unterlage an. Sie geben ihn ganz ab an die Erde, die ihn aufnimmt und für Sie trägt. Und wenn Sie dann ganz ruhig sind, losgelassen haben von allem äußeren Geschehen, lenken Sie Ihre Aufmerksamkeit auf den Stein, der in Ihrer Hand auf Ihrem Bauch ruht. Alle Bilder und Eindrücke, die nun in Ihnen auftauchen, beachten Sie genau. Lasen Sie sich so von Ihrem Stein seine Geheimnisse erzählen und versuchen Sie herauszufinden, wie er Ihnen helfen kann. Nach einer Weile halten Sie dann den Stein an Ihr Ohr und lauschen seinem »Klang«, achten wieder auf innere Bilder, die er dadurch in Ihnen wachruft. Riechen und schmecken Sie Ihren Stein auch und tasten Sie ihn mit geschlossenen Augen ab. Prägen Sie sich die Formen, Bilder und Empfindungen, die Sie auf diese Weise »sehen«, genau ein. Versuchen Sie so, wirklich in Wesen und Geschichte des Steines einzudringen, und beachten Sie die Gestalten, Gesichter, Symbole, die sich möglicherweise auf ihm befinden. Treten Sie in Kommunikation mit dem Stein, befragen Sie ihn, was die einzelnen Bilder und Zeichen bedeuten, die er Ihnen im Laufe der Meditationen mitgeteilt hat, und wobei er Ihnen behilflich sein will, oder wie die Indianer es formulieren, was seine »Medizin« für Sie ist.

Wenn der Stein zu Ihnen »gesprochen« hat, können Sie die Meditation auf die übliche Weise beenden. Bewahren Sie Ihren Stein in einem Stück roten Stoffes auf, damit er seine Kraft behält.

Sie können den Stein auch nachts unter Ihr Kopfkissen legen und ihn bitten, daß er Ihnen im Traum begegnet.

Eine weitere Möglichkeit, mit Ihrem Steinverbündeten zu kommunizieren, wäre folgende:

Konzentrieren Sie sich auf ein Problem, das Sie haben, und erzählen Sie es laut Ihrem Stein, der an Ihrem Meditationsplatz vor Ihnen liegt. Sie berühren ihn dabei nicht. Betrachten Sie ihn nur ganz genau und achten Sie auf die Bilder und Gedanken, die dabei in Ihnen aufsteigen. Versuchen Sie daraus eine Botschaft zu lesen, die Ihnen eine Antwort auf Ihre Frage gibt.

Wenn Sie wirklich eine Beziehung zu Ihrem Steinverbündeten entwickeln, werden Sie viele eigene Kommunikationsweisen und Übungen finden, die Ihnen die Welt der Steine eröffnen.

Meditatives Waschen

Diese Übung gilt als Vorübung aller Meditationstechniken, kann aber auch eigenständig durchgeführt werden. In ihr verbinden sich äußere Reinigung und ein Fortspülen aller seelisch-geistigen Schlacken.

Meditatives Waschen findet am besten unter der Dusche statt. Sorgen Sie dafür, daß Sie für zehn bis 15 Minuten nicht gestört werden. Bereiten Sie sich im Bad innerlich auf eine meditative Übung vor: Dazu gehören Entspannung, das Loslassen von äußeren Problemen und die Zentrierung der Aufmerksamkeit.

Beginnen Sie anschließend unter der Dusche damit, sich ganz bewußt zu reinigen. Fangen Sie oben mit den Haaren an und enden Sie unten bei den Zehen. Konzentrieren Sie sich voll und ganz auf den Vorgang des Reinigens. Bereiten Sie jede Bewegung bewußt vor und beobachten Sie aufmerksam alles, was Sie tun. Ihre Aufmerksamkeit ist total auf die Gegenwart gerichtet. Sie spüren, wie Sie mit jeder Waschbewegung mehr Reinheit gewinnen, wie alle Schmutzpartikel und die unsichtbaren Spuren der Umweltverschmutzung von Ihrer Haut gespült werden. Die Poren werden frei und atmen. Mit der äußeren Reinigung geht eine innere einher. Alle Schlakken werden aus Geist und Seele gewaschen. Bewußt werden Sie gewahr, welcher Unterschied zu vorher ist. Sie sind nun innerlich und äußerlich völlig rein. Sie genießen das Gefühl der Sauberkeit, fühlen sich geläutert und aufnahmefähig für alle Schwingungen, alle Energieströme.

Sie können diese Übung auch auf der Ebene der Imagination durchführen. Dazu setzen Sie sich in Ihre bevorzugte Meditationsstellung, entspannen sich, atmen richtig und suchen Ihren Schwerpunkt. Dann stellen Sie sich den Vorgang der Reinigung vor. Ganz bewußt imaginieren Sie alle Reinigungsbewegungen und das Gefühl innerer und äußerer Sauberkeit.

Meditatives Arbeiten

Ähnlich wie in den Satipatthana-Meditationen wird durch das meditative Arbeiten eine Bewußtseinserweiterung stimuliert, die zur Erfassung übergeordneter Realitäten führen kann. Meditatives Arbeiten ist eine Abwandlung, die sich besonders für leistungsorientierte Grundhaltung der westlichen zivilisierten Welt eignet.

Voraussetzung hierfür sind Achtsamkeitserfahrungen, wie sie im Kapitel »Die Praxis der Meditation« beschrieben wurden oder in den ersten beiden Übungen der Satipatthana-Meditation. Sie lernen dabei, bewußt gewahr zu werden. Übertragen Sie das auf Ihren Arbeitstag. Am Fließband, bei der Hausarbeit, beim Autofahren – in fast allen Arbeitsbereichen können Sie Ihre Gedanken wie auf einem Monitor beobachten und die daraus folgenden Handlungen bewußt begleiten. Jeder Handgriff, jede Bewegung, jeder Denkvorgang wird von Ihnen beobachtet. Sie lassen keine Automatismen mehr zu, die sich losgelöst von Ihrer Persönlichkeit entwickeln, sondern nehmen alles, was Sie tun, bewußt wahr. Wenn es möglich ist, versuchen Sie, Ihre Sinnesorgane auf die eine Handlung, die Sie gerade tun, zu fokussieren. Alles andere interessiert Sie nicht, und Sie lassen sich nicht davon ablenken. Sie tun eine Sache, aber die tun Sie voll und ganz. Sie verzetteln sich nicht mehr, versuchen nicht, auf allen Hochzeiten zu tanzen, sondern begrenzen sich selbst und erfahren darin eine persönliche Erweiterung.

Meditation über Symbole

Symbole sind Zeichen oder Zeichensysteme, die einen auf der Ebene unseres Wachbewußtseins nicht wahrnehmbaren geistigen Sachverhalt darstellen. Sie transportieren archetypische Inhalte, die entsprechende Speicher-Informationen in unserem Unterbewußtsein stimulieren können.

Zu den wichtigsten und bedeutungsvollsten Symbolen der Menschheitsgeschichte gehören

das Kreuz als Sinnbild des Alls und der Ganzheit, der Himmelsrichtungen, Winde, Elemente und Jahreszeiten, der Verbindung von Himmel und Erde;

die Spirale. Wenn sie sich nach außen dreht, steht sie für Geburt und Evolution. Wenn sie sich nach innen dreht, bezeichnet sie das Vergehen, die Involution;

der Kreis, der gleichzeitig das Nichts und das All darstellt, die immerwährende Wiederkehr. Er vereint alle Pole, Anfang und Ende;

das Yin-Yang-Zeichen, in dem sich die Pole dynamisch durchdringen. Es ist Sinnbild der Polarität und der Wandlung,

der Regenbogen, der Brücken über Grenzen hinweg schlägt, Himmel und Erde miteinander verbindet und in der

Differenziertheit seiner Farben die Vielfalt des Kosmos darstellt;

das Dreieck, ein Bild männlicher Zeugungskraft und der schöpferischen Energie Gottes;

das Viereck als Symbol der materiellen Welt, der vier Weltrichtungen und der vier Elemente;

der Fünfstern, das Pentagramm, steht für den bewußten Menschen, die Allmacht und geistige Herrschaft.

Weitere Symbole sind der Halbmond, der Sechstern, die Ellipse, das Ei, der Baum, das Herz und der Anker. Aus ganzen Symbolsystemen bestehen Tarot-Karten* und die Bilder der Mandalas.** In solchen Systemen wird versucht, den Ablauf der Natur in seinen Wechselbeziehungen zu einem formbaren Ganzen zu vereinen. Hier werden mehrere Bewußtseinsebenen in einem Zeichen-System dargestellt. Hinter der Oberfläche verbergen sich tiefgehende Inhalte, José und Miriam Argüelles sprechen davon, daß es sich bei den Mandalas um eine »Landkarte des Bewußtseins« handle.

Ebenso, wie in den Symbolen Inhalte des kollektiven Unbewußten verschlüsselt sind, gelingt es uns, diese Codierung in einer meditativen Erfahrung zu entschlüsseln. Dabei folgen wir gleichsam der vorgegebenen Landkarte in unerforschte Bereiche unseres Bewußtseins.

Legen Sie sich ein Symbol bereit und begeben Sie sich in die von Ihnen bevorzugte Meditationsstellung. Entspannen Sie sich, atmen Sie mit Unterstützung des Zwerchfells und richten Sie Ihre Aufmerksamkeit auf Ihren Schwerpunkt im Hara, wie wir es im Kapitel »Die Praxis der Meditation« beschrieben haben. Konzentrieren Sie sich dann auf das vor Ihnen liegende oder an der Wand hängende Symbol. Schauen Sie es an,

---

* Leuenberger, Hans Dieter: »Schule des Tarot«, 3 Bände, Freiburg.
** Dahlke, Rüdiger: »Mandalas der Welt«, München 1985. – Argüelles, José und Miriam: »Das große Mandalabuch«, Freiburg 1984.

blinzeln Sie, wenn Sie blinzeln müssen. Dringen Sie mit Ihrem Bewußtsein tief in die Bedeutung des Symbols ein.

Meditieren Sie 5 bis 15 Minuten lang auf diese Weise. Atmen Sie dann tief ein und aus, rekeln und strecken Sie sich und kehren Sie schließlich zurück in den Alltag. Bei dieser Übung können Sie eine meditative Hintergrundmusik hören.

Meditatives Malen

In jedem Menschen steckt ein großes kreatives Potential. Oft jedoch verbirgt es sich in tieferen und schwer zugänglichen Bereichen des Bewußtseins. Die Methode des meditativen Malens ist eine Möglichkeit, die eigene Kreativität zu entdecken und ans Tageslicht zu bringen.

Besorgen Sie sich große Papierbögen, Wachsmalkreiden, Graphitstifte oder – am besten – Fingerfarben und Ihnen passend erscheinende Musik.

Beginnen Sie nun mit Entspannungsübungen, wie wir sie in dem Kapitel »Die Praxis der Meditation« vorschlagen. Atmen Sie bewußt mit Unterstützung des Zwerchfells und zentrieren Sie Ihre Aufmerksamkeit auf Ihren Schwerpunkt im Nabelbereich. Werden Sie sich Ihres Körpers bewußt, der Energieströme, die Sie durchfließen. Lassen Sie sich vom Rhythmus Ihres Atems einfangen. Sorgen sind jetzt für Sie unwichtig.

Am besten ist es, wenn Sie beidhändig malen. Sie planen kein Motiv, wollen kein Kunstwerk herstellen, sondern lassen sich tragen von den Energien Ihres Körpers, von den Schwingungen der Musik, die im Hintergrund läuft.

Es geht um nichts. Meditatives Malen ist zweckfrei, ist eine Forschungsreise in Ihr eigenes Unterbewußtsein, zu den Zentren Ihrer Kreativität. Sie können vorher nicht wissen, was Sie dort entdecken werden. Sie werden nicht vom Intellekt gesteuert, sondern lassen einfach Bild- und Farbvorstellungen aus der Tiefe Ihrer Persönlichkeit aufsteigen.

Malen Sie so lange, bis Sie keine Lust mehr haben, bis Sie sich erschöpft, aber wohl fühlen. Atmen Sie mehrfach tief ein und aus, stoppen Sie die Musik, rekeln und strecken Sie sich.

Wenn Sie nun Ihre Bilder betrachten, werden Sie feststellen, wie vielfältig die Formen und wie unterschiedlich die Farben sind. Hier offenbart sich in einer »psychedelischen Kunst«, die ohne Drogen zustande kam, ein neuer Bereich Ihrer Persönlichkeit.

Sie können jetzt in einer ruhigen meditativen Übung Ihre Gemälde zum Meditationsgegenstand machen. Lassen Sie Ihre Gedanken in Ihren Bildern aufgehen, und verfolgen Sie so den Weg der aufgestiegenen Farb- und Bildvorstellungen zurück bis in ihre Quelle im Unterbewußtsein. Sie können es mit dieser Übung aber auch beim Malen bewenden lassen.*

Meditatives Tanzen

Bewegungen sind ein wichtiges Bindeglied zwischen Körper und Glied. Sie erschließen den eigenen inneren Rhythmus und öffnen uns zur Außenwelt.

Schon immer waren Tanzformen Bestandteil meditativer Erfahrungen. Bewegungstechniken ermöglichten die Erfahrung des kosmischen Bewußtseins bei den Wirbeltänzen der Sufis ebenso wie bei den ägyptischen Sternentänzen, welche die Bewegungen der Gestirne nachzuvollziehen suchten.

Viele westliche Menschen allerdings haben ein verkrampftes Verhältnis zu ihrem Körper und ihren Bewegungen. Diese Störungen sind nicht angeboren, sondern erworben. Schon C. G. Jung hat festgestellt, daß kleine Kinder in einer Weise offen und selbstvergessen tanzen, wie es auch die Primitiven in ihren zeremoniellen Tänzen tun. Meditativer Tanz hat des-

* Wenn Sie über meditatives Malen mehr wissen möchten, sollten Sie in Guido Martinis Buch »Malen als Erfahrung« schauen.

halb nichts mit Konventionen, anerzogenen bzw. trainierten Bewegungsformen oder mit Ästhetik zu tun, sondern ist ein Ausdruckstanz ohne Ziel und Zweck, der uns Zugang zu den Inhalten unseres Unterbewußtseins gibt und dabei hilft, unerforschte Tiefen unserer Persönlichkeit auszuloten.

Meditativer Tanz verbindet die weichen, fließenden Bewegungen des Yin-Prinzips mit den harten, zustoßenden Gesten des Yang. Er ist ein integrierter, kreativer Tanz, den Sie nicht mit dem Intellekt steuern, sondern den Sie intuitiv geschehen lassen.

Beginnen Sie diese meditative Übung mit einer vorbereitenden Übung. Gehen Sie ins Hara, atmen Sie mit Unterstützung des Zwerchfells und spüren Sie die Verbindung zum Himmel und zur Erde. Suchen Sie Ihren Schwerpunkt, der etwa auf der Höhe des Nabels liegt. Versenken Sie sich in diesen Schwerpunkt und achten Sie auf Ihre Atmung. Folgen Sie deren Rhythmus und spüren Sie die tiefe Entspannung, die sich in Ihnen ausbreitet. Alle Sorgen, alle Verbindungen zur hektischen Alltagswelt bleiben ausgesperrt hinter der Tür Ihres Zimmers.

Wählen Sie sich eine Musik, die Ihnen besonders sympathisch ist. Es spielt keine Rolle, ob es sich um eine sanfte, fließende Melodie oder um harten Rock-Rhythmus handelt. Wählen Sie einen Titel, der Ihrer persönlichen Stimmung entspricht.

Bleiben Sie zunächst in der Hara-Stellung stehen, und richten Sie Ihre Aufmerksamkeit auf die Musik. Lassen Sie sich von den Tönen umspülen, spüren Sie die Schwingungen in der Melodie, werden Sie selbst zu Musik. Sobald Sie sich eins fühlen mit den Tönen, die Sie umgeben, beginnen Sie mit dem Tanz. Sie tanzen nicht selbst, sondern lassen sich tanzen. Sie folgen der Musik, reiten gleichsam auf den Wellenkronen der Melodien, sind frei, ungezwungen, offen. Mit der Musik fließt Ihr Atem. Ihre Bewegungen kommen aus der Hüfte. Sie lassen sich gehen.

Niemand sieht Sie. Sie tanzen nur für sich und spüren, wie die Musik Sie in ruhigen, meditativen Bewegungen trägt. Sie spüren, wie sich Spannungen in harten Gesten lösen, und beginnen, sich sehr wohl zu fühlen.

Wenn die Musik zu Ende ist, setzen Sie sich in die von Ihnen bevorzugte Meditationsstellung und achten einige Minuten lang auf das, was in Ihnen passiert. Ihre Aufmerksamkeit wird nicht von Äußerlichkeiten beansprucht, sondern ruht tief in Ihrem Inneren.

Meditation über den Stirb-und-Werde-Vorgang in der Natur

Sie können diese Meditation in Ihrer Wohnung oder auch – an einem kühlen Tag des Spätherbstes – draußen in der Natur praktizieren. In der von Ihnen bevorzugten Meditationsstellung entspannen Sie sich, achten auf Atem und Schwerpunkt. Vor sich sehen Sie die Natur im späten Herbst. Auf Ihrer inneren Leinwand erscheint ein Waldrand. Es ist kalt. Ein eisiger Wind pfeift und reißt die letzten braunen Blätter von den Ästen. Das Gras ist schon trocken, hart und tot. Eine Schicht moderndern Laubs bedeckt den Waldboden. Die kahlen Äste der Bäume stehen schwarz vor dem grauen Himmel. Sie sehen aus wie Gerippe. Sie frösteln, spüren den Tod, der wie Nebel über der Natur schwebt.

Aber noch bevor dieses Gefühl ganz Besitz ergreifen kann von Ihnen, werden Sie sich einer Bewegung gewahr. Eine kleine Maus raschelt unter dem Laub. Geschäftig eilt sie hin und her. Ein Eichhörnchen turnt in den Ästen. Es legt sich einen Vorrat für die kalte Jahreszeit an, denn das Leben geht weiter, der nächste Frühling kommt bestimmt. Sie folgen in Gedanken diesen warmen Spuren des Lebens und entdecken unter den alten Blättern Samenkörner, die schon die ersten Knospen zeigen. Unter dem Grabtuch der Verwesung gedeiht das neue Leben. Sie spüren die Kraft der Natur, die aus dem Tod neue Energien schöpft.

Meditieren Sie über dieses Erlebnis des Stirb-und-Werde-Prinzips. Atmen Sie dann tief ein und aus, rekeln und strecken Sie sich und öffnen Sie die Augen.

Meditation über Leben und Tod

Der Schlaf wird auch als »kleiner Tod« bezeichnet. Das Aufwachen am Morgen ist die Rückkehr ins Leben. Daraus können Sie eine Skorpion-Meditation entwickeln.

Abends vor dem Einschlafen, Sie liegen schon im Bett, beginnen Sie mit der Entspannung, dem Zwerchfell-Atmen und der Konzentration auf den Schwerpunkt im Hara. Sie atmen ruhig und fühlen dabei, wie Sie langsam »sterben«. Sie können Ihren Körper nicht mehr bewegen. Sie sind tot. Sie können nur noch an diese Tatsache denken: »Ich bin tot«. Alle anderen Gedanken sind unwichtig. Sie kommen und gehen, aber Sie beachten sie nicht. Immer wieder kehren Sie zu Ihrem Ausgangsgedanken zurück, der Ihnen sagt, daß Sie tot sind. Meditieren Sie, bis Sie einschlafen. Am nächsten Morgen, sofort nach dem Aufwachen, beginnen Sie mit der Lebens-Meditation. Bleiben Sie mit geschlossenen Augen liegen und spüren Sie, wie das neue Leben in Ihren Körper eindringt. Sie werden immer lebendiger. Sie saugen sich regelrecht voll mit neuer Energie und Vitalität. In Ihnen pulsiert eine starke, lebendige Strömung. Sie atmen tief und fühlen sich frisch und tatkräftig – wie neu geboren.

Mutprobe-Imagination

Beginnen Sie die Phantasiereise mit den Grundformen des autogenen Trainings. Legen Sie sich auf eine Decke und sagen Sie sich:

Ich liege ganz schwer und entspannt auf dem Boden. – Ich fühle meinen Körper ganz bewußt und intensiv. Ich fühle, wie schwer ich bin, wie ruhig, wie gelöst. Meine Hände und Arme sind ganz schwer. Mein Nacken und meine Schultern sind ganz schwer. Meine Füße und Beine sind ganz schwer. – Mein Gesicht ist entspannt und gelöst. – Ich lasse alles los, gebe alle Spannungen ab. – Ich bin ganz ruhig und entspannt.

Im nächsten Schritt lassen Sie sich von der Kraft Ihrer Imagination forttragen. Auf Ihrer inneren Leinwand sehen Sie einen dichten, undurchdringlich scheinenden Urwald in einem fremden Land. Sie sind ganz allein am Rande dieses Dschungels und wissen, daß Sie ihn durchqueren müssen.

Die ersten Schritte liegen schon hinter mir. Jetzt bin ich mitten im Urwald. Es ist warm, feucht und drückend. Vor mir, hinter mir, neben mir steht eine grüne Wand. Ich höre Tiere kreischen und ein Rascheln. Äste knacken. Ein süßlicher Duft liegt in der Luft.

Ich habe keine Wahl. Ich muß weiter, muß den Dschungel durchqueren. Ich fühle meinen Atem, wie er ruhig und rhythmisch ein- und ausströmt, ein und aus.

Lianen umschlingen mich. Das grüne Gewirr wird immer dichter. Ich steige über vermoderte Pflanzen. Kein Anfang ist mehr zu sehen und kein Ende. Ganz allein stehe ich im Dschungel. Aber ich weiß, es gibt ein Ende. Der Urwald wird sich öffnen, die Sonne wieder zu sehen sein.

Ich kämpfe mich weiter durch das Dickicht, brauche allen Mut, um nicht aufzugeben. Fast bin ich am Ende meiner Kräfte

– da wird der Urwald lichter, er wird heller. Ich spüre frische Luft, sehe Licht.

Plötzlich stehe ich wieder im Freien. Vor mir öffnet sich ein lichtes Tal.

Beenden Sie diese Phantasiereise, indem Sie tief ein- und ausatmen. Sie rekeln und strecken sich. Dann erst öffnen Sie die Augen.

Marsmeditation

Legen oder setzen Sie sich bequem an Ihren Meditationsplatz, richten die Aufmerksamkeit ganz auf diesen Augenblick und lassen los von allem äußeren Geschehen, spüren den Kontakt mit der Unterlage, der Sie trägt, von der Sie sich tragen lassen. Und wie Sie immer mehr in dem Moment eintauchen, der Ausgangspunkt Ihrer inneren Reise ist, lassen Sie ganz los und Ihren Körper immer tiefer sinken. Wie der Fluß Ihres Atems kommen und gehen Gedanken und Bilder, alles fließt, und dieses Fließen verbreitet einen Strom von Ruhe und Gelöstheit in Ihnen. Und ohne ihn zu steuern, beobachten Sie das ständige Kommen und Gehen des Atems, und Ihre Aufmerksamkeit begleitet ihn. Stellen Sie sich dabei nun vor, wie Sie mit jedem Einatmen rotes prickelndes Licht in sich hereinholen. Achten Sie dabei auf jene Stellen Ihres Körpers, die zuerst nach dieser Farbenenergie verlangen. Atmen Sie auf diese Art und Weise so lange, bis Sie alle Teile Ihres Körpers mit roter Atemenergie gefüllt haben. Geben Sie sich auch Zeit wahrzunehmen, wie sich dieser rote Lichtzustand in Ihrem Körper anfühlt, spüren die Kraft und Wärme, die sich in Ihnen ausgebreitet hat. Wenn Sie sich nun so mit marsischer Farbenenergie vollgeatmet haben, lassen Sie auf Ihrer inneren Leinwand das Bild einer Rakete auftauchen, die wie eine aufgerichtete Lanzenspitze in den Himmel ragt. Und Sie besteigen diesen gewaltigen Himmelsstürmer, zünden die Triebwerke, und mit der Kraft der ungeheuren Feuerenergie schießen Sie wie ein Pfeil hinauf, hinaus ins All. Spüren Sie den Start richtig in Ihrem Körper, mit all Ihren Sinnen, wie die Triebwerke zünden, eines nach dem anderen, wie Sie der enorme Rückstoß hochtreibt und wieviel leichter Ihr Flug wird, wenn Sie die Atmosphäre der Erde verlassen und schwerelos im Kosmos schweben. Und schneller als das Licht, mit der Geschwindigkeit der Gedanken nähern Sie sich dem Planeten Mars, der Herrscher über das Tierkreiszeichen Widder ist. Während Sie nun den roten Planeten umkreisen, betrachten Sie genau seine Oberfläche und wählen einen geeigneten Landeplatz, von wo aus Sie sich auf Entdeckungsreise begeben. Beoachten Sie genau, wie es hier aussieht, wem oder was Sie begegnen, wie ist er (und im übertragenen Sinne damit auch Sie) beschaffen. Und Sie dringen auch in die tieferen Schichten des Planeten vor, bis tief hinein zu seinem Kern. Beachten Sie auch dabei alle Gedanken und Empfindungen, Bilder, Töne und Stimmungen, die in Ihnen und auf Ihrer inneren Leinwand auftauchen. Am Ende Ihrer Entdeckungsreise – Sie lassen die Augen weiter geschlossen – stehen Sie langsam auf und versuchen die Qualität Ihrer Marserfahrungen in Bewegung umzusetzen. Gehen, tanzen Sie durch Ihren Meditationsraum, der nun Ihr Universum ist.

Wenn Sie diese Meditation dann beenden wollen, atmen Sie einige Male tief ein und aus und öffnen die Augen.

Meditation über den Anfang

Legen oder setzen Sie sich bequem hin und lassen los von allem äußeren Geschehen, kommen ganz an im Augenblick und am Ort Ihrer Meditation, spüren den Druck der Unterlage, die Sie trägt, von der Sie sich tragen lassen, nehmen einige tiefe Atemzüge und richten dann allmählich, wenn Ruhe in Sie eingekehrt ist, Ihre Aufmerksamkeit auf Ihren Kopf und Ihr Gesicht, spüren, wie sich dieser Körperteil anfühlt, und beginnen nach und nach alle Verspannungen hier zu lösen. Sie lassen alle Muskeln los, entspannen Stirn, Kopfhaut, Kiefer, Mund und vor allem die Augen. Wenn Sie auf diese Weise alle Verspannungen gelöst haben, lassen Sie das Gefühl der Gelöstheit und Entspannung in die Mitte Ihres Kopfes sinken, spüren, wie sich damit auch Ihr Gehirn entspannt und ein Gefühl der Ruhe von hier aus in Ihren ganzen Körper strömt. Fühlen Sie auch die Wärme und Energie, die durch diese Entspannung wieder ins Fließen kommt, und geben Sie sich eine Weile ganz diesem Zustand hin. Und dann, langsam und allmählich, lassen Sie auf Ihrer inneren Leinwand Bilder auftauchen, von Anfangssituationen Ihres Lebens, beispielsweise dem Moment, als Sie Ihren Partner das erste Mal getroffen haben, oder Ihren ersten Arbeitstag, einen ersten Reisetag, in dessen Verlauf sich schon die ganze Reise abbildete.

Versuchen Sie nun am Ablauf der jeweiligen Anfangssituation das Muster zu erkennen, das sich im Laufe der Zeit immer deutlicher erkennbar entwickelte. Horchen Sie dabei genau auf Ihre innere Stimme, die Sie besser auf die Fährte des verborgenen Musters bringen kann als Ihr Intellekt. Wenn Sie sich darin geschult haben, die Ereignisse des Beginns eines Geschehens auf den weiteren Verlauf der sich daraus ergebenden Entwicklung zu übertragen, werden Sie auch leichter erkennen, warum Sie gewisse Dinge erleben und was Sie dabei lernen können, weil sich *Ihr* Grundmuster immer wiederholt. Beenden Sie die Meditation auf die übliche Weise, tief atmen, Arme und Beine bewegen und erst dann die Augen öffnen.

Mutterleibsmeditation

Diese Meditation wird am besten abends vor dem Einschlafen praktiziert. Im Raum brennt ein sanftes Licht, das wärmend wirkt. Sie sitzen auf dem Bett und benötigen weder Mantra noch Musik; Ihre Meditation ist die Stille. Entspannen Sie sich und lauschen Sie der Stille, die alles erfüllt. Nur Ihr rhythmisches Atmen ist leise zu hören. Folgen Sie diesem Rhythmus und lassen Sie sich von ihm tragen. Wenn Sie nach vorn sinken oder zur Seite, so lassen Sie das ruhig geschehen. Vielleicht rollen Sie sich zusammen wie das Kind im Mutterleib. Sie sollten das nicht provozieren, aber wenn es geschieht, auch nichts dagegen unternehmen.

Manchmal werden ein paar Gedanken auftauchen. Sie bleiben gleichgültig und kümmern sich nicht darum, verdrängen diese Gedanken nicht, aber beschäftigen sich auch nicht mit ihnen, sondern nehmen sie einfach zur Kenntnis und kehren dann sofort wieder in die Geborgenheit und Wärme der tiefen Stille zurück, die Sie sicher umhüllt. In dieser Situation kann Sie nichts stören, weder Geräusche noch Gedanken noch Sorgen. Wie im Schoß der Mutter ruhen Sie in allumfassender Geborgenheit.

Nach 10 bis 20 Minuten tauchen Sie langsam wieder auf, atmen tief ein und aus, strecken und rekeln sich wie nach einem langen, erfrischenden Schlaf. Wenn Sie abends meditiert haben, lassen Sie sich entspannt und geborgen in den Schlaf hinübergleiten. Am nächsten Morgen wachen Sie dann voller neuer Kraft auf, die Ihnen hilft, das Alltagsleben zu bewältigen.

Mondmeditation

Beginnen Sie mit dieser Übung einige Nächte vor Vollmond. Am besten geht das in einer lauen Sommernacht, die Sie draußen erleben können. Setzen Sie sich in Ihrer bevorzugten Meditationsstellung so hin, daß der Mond mit seinem sanften Licht in Ihr Gesicht scheint. Entspannen Sie sich, richten Sie Ihr Bewußtsein auf den Schwerpunkt im Hara und atmen Sie richtig mit dem Zwerchfell.

Schauen Sie dann in den Mond. Wiegen Sie sich leicht hin und her und lassen Sie sich von seinem Licht umfluten und erfüllen. Erlauben Sie dem Mondlicht, sich in Ihnen auszubreiten und dort eine sanfte, beruhigende Wirkung zu verströmen. Versuchen Sie, den Mond mit einem inneren, unhörbaren Laut zu charakterisieren. Spüren Sie seine Vibrationen, seine Energie. Denken Sie an die alte Sage, daß Frau Mond in jeder Nacht alle freigelassenen Erinnerungen und vergessenen Träume der Menschheit in sich sammelt. In ihrem silbernen Kelch bewahrt sie diese auf und gibt sie beim ersten Licht des neuen Tages als Tau an die Erde zurück. Diese Tränen des Mondes nähren und erfrischen alles Leben.

Wiederholen Sie diese Meditation jeden Abend bis zum Vollmond, und Sie spüren, wie Sie jedesmal mehr erfüllt werden vom sanften Schein des Erdtrabanten. Nehmen Sie dieses Gefühl tief in sich auf, und lösen Sie es in der letzten Nacht durch einen behutsamen Tanz und akzentuiertes Atmen. Atmen Sie die Mond-Energien mit einem befreienden HUH aus.

Mondrhythmusmeditation

Alles Leben ist Rhythmus. Sonne und Mond sind vor allem jene Gestirne, die draußen die Rhythmik unseres Lebens bestimmen: die Sonne durch Tag-und-Nacht-Rhythmus und die Jahreszeiten, der Mond durch die Gezeiten, den Zyklus der Frauen und den Rhythmus in den Gemütsverfassungen, wobei der Mond als Nachtgestirn viele seiner Rhythmen, von denen wir abhängig sind, im Schutz der Dunkelheit, das heißt in unserem Inneren, bestimmen.

Wir kennen all die Beispiele von Mondsüchtigen und Schlafwandlern, die der Vollmond plagt, nicht umsonst kommt auch das Wort »Laune« von luna – dem Mond; im Englischen bezeichnet man Verrückte auch als lunatics.

Allerdings wird unsere Resonanz auf die Natur, das Schwingen in ihrem Rhythmus durch die technischen Errungenschaften immer geringer, wir sind nicht mehr im Gleichklang, in Harmonie mit unserem Lebensbereich. Dem Winter entkommen wir mit dem Flugzeug, zu allen Jahreszeiten können wir jedes Nahrungsmittel kaufen. Der sich veräußernden Kraft des Sommers folgt keine nach innen gehende Ruhe mehr im Winter. Die Nacht machen wir mit künstlichem Neonlicht zum Tag.

Um wieder in etwas mehr Einklang mit einem Rhythmus der Natur zu kommen, können Sie folgende Meditation versuchen:

Bevor Sie mit der Übung beginnen, besorgen Sie sich einen Mondkalender oder eine Monduhr, wo Sie die jeweiligen Mondphasen ablesen können.

Am besten, Sie beginnen diesen Meditationszyklus, der auf jeden Fall einen ganzen Mondzyklus lang dauert, bei Neumond. Setzen oder legen Sie sich auf Ihren Meditationsplatz und beginnen Sie mit einer Gewissenserforschung. Sie sollten dabei herausfinden, welche Schwäche, Angst oder Verhaltensweise Sie aufgeben wollen. Erforschen Sie Ihr Gewissen aber so genau, daß Sie sicher sein können, daß Sie die jeweilige Schwäche wirklich weggeben wollen und können, und daß Sie sie nicht für Lernaufgaben Ihres Lebens brauchen. Dann erforschen Sie Ihr Gewissen weiter nach einer Verhaltensweise oder Eigenschaft, die Sie gerne in sich wachsen lassen würden. Bleiben Sie auch dabei im Bereich Ihrer Möglichkeiten, kleine Schritte sind oft wirksamer als große, weil sie leichter durchführbar sind und Erfolgserlebnisse Sie ermutigen. Wenn Sie Ihre Gewissenserforschung abgeschlossen haben, beginnen Sie nun mit dem zunehmenden Mond zu meditieren: Sie lassen dabei die Eigenschaft, die Sie ausbauen wollen, in sich wachsen, wie der Mond draußen wächst und von Tag zu Tag zunimmt. Stellen Sie sich dabei immer möglichst konkret Situationen vor, in denen Sie Ihre Wunscheigenschaft schon zur Vollendung gebracht haben. Machen Sie diese Meditation jeden Tag ein- bis zweimal. Beobachten Sie sich im täglichen Leben, in welcher Form die angestrebte Verhaltensweise schon Gestalt annimmt. Bei Vollmond sollten Sie dann den Höhepunkt erreicht haben. Sie können hier dann auch die oben beschriebene Vollmondmeditation machen, oder Sie meditieren einfach auf Ihre Weise über den Mond und danken ihm, daß er Sie auf Ihrem Wachstumsprozeß begleitet und unterstützt.

Nach Vollmond wenden Sie sich dem abnehmenden Mond und jener Angst, Schwäche oder Verhaltensweise zu, die Sie *weg*geben (Sie geben *Weg* frei für Neues) wollen. Gehen Sie dabei genauso vor, wie Sie es beim zunehmenden Mond getan haben, nur daß Sie eben den umgekehrten Weg gehen und abnehmen lassen, immer freier werden von Ihrer Schwäche, Ihrer Angst, die Ihren Lebensfluß behindert.

Bei Neumond machen Sie wieder eine Dankmeditation für den Mond. Sie können den Zyklus nun von neuem mit dem gleichen Inhalt, wenn Sie es für notwendig finden, beginnen, oder Sie wählen sich neue Inhalte.

Meditation über das innere Kind

Der Mond repräsentiert beispielsweise im Horoskop neben dem Aspekt der mütterlichen Weiblichkeit auch das Kind, das wir bis zur Pubertät ganz real sind und das dann im Laufe des

Erwachsenwerdens zum inneren Kind wird, was bedeutet, daß es in uns die kindlichen Eigenschaften der Unschuld und des Urvertrauens lebendig erhält und uns im weiteren Leben damit versorgt, damit wir aufgrund der vielen »schlechten« und leidvollen Erfahrungen, die zum Prozeß der Reifung gehört, nicht Mißtrauen an Stelle von Urvertrauen und Berechnung an Stelle von Unschuld setzen.

Als Kinder werden wir von außen von unseren Eltern oder der Umwelt weitestgehend mit allem versorgt, was wir zum Leben brauchen. Um (er-)wachsen zu können, brauchen wir nicht nur materielle Nahrung, sondern auch seelische, wir brauchen Liebe und Zuwendung einer Bezugsperson, wir wollen geliebt werden. Als Kind betrachten wir daher die ganze Welt als verlängertes Mutterprinzip. Es ist, als schwämmen wir noch immer im Fruchtwasser und Mutter Erde schenkte uns ihre Geborgenheit.

Wenn wir Hunger haben, werden wir gefüttert, wenn wir Liebe wollen, werden wir liebkost. Es ist daher nicht verwunderlich, daß wir Schwierigkeiten haben, diesen komfortablen Zustand, in dem wir auch noch unsere Schutzengel sehr spürbar zur Seite haben, nur ungern aufgeben. Die Abnabelung, der erste selbständige Atemzug, ist auf jeder Ebene erst einmal schmerzhaft. Das ist wohl auch der Grund dafür, daß sich vielfach hinter der Maske eines »Erwachsenen« noch ein bedürftiges Kleinkind findet, das sich standhaft wehrt, das Reich der Mütter, das Meer des Unbewußten zu verlassen, wo er so lange, mit einigen Enttäuschungen zwar, aber im großen und ganzen doch sehr sicher und bequem, gelebt hat. Da der Weg aber erst einmal aus dem »Paradies« herausführt, um es dann, weiser und reifer geworden, erst richtig sehen und schätzen zu können, ist es sinnvoll, jeden neuen Tag, jede neue Aufgabe als Anlaß zum Erwachsenwerden zu nehmen. Wenn Sie im oben erwähnten Sinne vor einer neuen Aufgabe zurückschrecken, nehmen Sie das als Ausgangspunkt für eine Meditation, in der sie üben, mit den verschiedenen Teilen Ihrer Persönlichkeit an die Aufgabe heranzugehen und nicht nur mit dem des ängstlichen, bedürftigen Kleinkindes. Die Schamanen der Indianer lehren uns, daß jeder Mensch vier spezielle Energiezentren, also Kräfte, zur Bewältigung seines Lebens zur Verfügung hat. Sie nennen sie die »vier Schilde«, weil sie wie Schutzschilde die vier Seiten eines Menschen decken. Ihre Lehre sagt auch, daß jeder Mensch lernen muß, mit allen vier Schilden beziehungsweise mit allen vier Teilen der Persönlichkeit zu agieren:

mit dem Ostschild, das die heile, unberührte göttliche Kraft im Menschen darstellt, dem heilen inneren Kind, das das Leben als großes Spiel sieht; es ist dies die Kraft der Kreativität.

mit dem Westschild, das die Kraft des Intuitiven und Imaginären repräsentiert (bei der Frau findet sich diese Kraft in ihrem Animus, ihrem inneren Mann; beim Mann in seiner Anima, seiner inneren Frau).

mit dem Nordschild, mit dem wir mit sicherem Instinkt und gesundem Menschenverstand verantwortlich handeln und unseren Platz in der Welt einnehmen.

mit dem Südschild, durch das wir Kontakt mit unserer Seele haben; hier steht uns die Kraft des Kindes, die Fähigkeit, zu vertrauen und immer wieder Unschuld zu erlangen, zur Verfügung.*

Man kann sich nun leicht vorstellen, daß manche Schilde besser für den direkten und erwachsenen Umgang mit der »realen« Welt geeignet sind als andere. Jeder der vier Schilde oder Persönlichkeitsanteile reagiert auf die äußere Welt anders. Am Beispiel der neuen zu bewältigenden Aufgabe sähe das so aus, daß der »Ostteil« der Persönlichkeit begeistert wäre, ein neues »Lebensspiel« ausprobieren zu können. Der Nordteil würde sofort einen Plan machen, Prioritäten setzen, sich Gedanken über die Übernahme der neuen Verantwortung

---

* Eine ausführliche Beschreibung der vier Schilde finden Sie in dem Buch von Lu Lörler »Die Hüter des alten Wissens«.

machen und die eigene Rolle in dem Ganzen bestimmen. Der Westteil würde auf die Kraft seiner Intuition und der inneren Bilder vertrauen und versuchen, unter dieser inneren Führung die Aufgabe zu erfüllen. Der Südteil würde im Idealfall *aus dem Hintergrund* das Vertrauen ins Gelingen beisteuern.

Der Südschild ist jedoch am wenigsten dazu geeignet, sich direkt und konkret mit der neuen Aufgabe zu konfrontieren, obwohl wir gerade ihn fast automatisch als erste Reaktion einsetzen, das heißt, wir erwarten erst einmal, daß jemand oder etwas anderes unsere Aufgabe erfüllt und Verantwortung übernimmt, wie wir es aus unserer Kindheit von den Eltern gewöhnt waren. Wir stehen damit als »kleines Kind« in einer für uns viel zu großen Welt der Erwachsenen und reagieren erst einmal ängstlich. Dazu kommt, daß das Kind in uns durch die Erziehung, die in unserer Zeit vor allem leistungsorientiert ist, verunsichert ist. So verwandelt sich dann das Urvertrauen in Ängstlichkeit, und wir sind der Welt immer weniger gewachsen.

Mit Meditation können wir diesen Teil unserer Persönlichkeit wieder heilen und ihn in seinen richtigen Platz stellen, wo er uns »Rückendeckung« gibt in Form von Vertrauen in unsere Fähigkeiten und in die Fülle des Lebens.

Lassen Sie in dieser Meditation als ersten Schritt Ihre Kindheit vor Ihrem inneren Auge vorbeiziehen. Betrachten Sie vor allem jene Situationen genau, die Ihnen viel Schmerz bereitet haben, die Ihr Urvertrauen am schwersten erschüttert haben. Dann sollten Sie sich aber auch auf die Suche machen nach jenen guten und für Sie wichtigen Ergebnissen, die sich gerade aus den schmerzenvollen Erfahrungen ergeben haben. Erkennen Sie die Notwendigkeit des Schmerzes, weil wir ohne Leid zu träge sind, uns weiterzuentwickeln. Versuchen Sie also das hintergründige Erziehungsmodell des Schicksals zu erkennen, und verfolgen Sie den Weg, der Sie zu dem gemacht hat, was Sie jetzt sind.

Meditieren Sie auch darüber, in welchen Situationen Ihres Lebens Sie wie ein »bedürftiges Kleinkind« reagieren; sind es immer ähnliche Ängste, die Sie von neuen Aufgaben abhalten, wo wollen Sie keine Verantwortung übernehmen, sondern schieben diese auf einen Mutter- oder Vaterersatz ab? Wenn Sie nun eine neue Aufgabe in Ihrem Leben gestellt bekommen, nehmen Sie diese mit in Ihre Meditation, und spielen Sie sie mit Ihren verschiedenen Persönlichkeitsanteilen, wie beispielsweise mit den vier Schilden der Indianerlehre, durch, und verwandeln Sie Ihre Ängstlichkeit in Vertrauen, das aus dem Hintergrund wirkt und Sie fähig macht, der Welt wieder mit Offenheit zu begegnen.

Metapher-Meditation

Diese Meditationsart bedient sich eines Wortes als Auslöser für Meditationsketten. Metaphern sind gleichnishafte Ausdrücke, die Aussagen bildhaft machen und verstärken. Maria Brunnhuber erklärt die Wirkungsweise dieser Übung so: »Die Metapher-Meditation bringt Worte, die wir oft nur so dahinsagen, in Beziehung zur eigenen Person, verbindet abstraktes Denken mit der Bilderwelt der Seele, löst festgefahrene oder leergewordene Formen auf, hilft, persönliche Erfahrungen anzunehmen, zu verarbeiten und darzustellen.« So trägt die Metapher-Meditation dazu bei, Inhalte Ihres Unbewußten ans Tageslicht zu bringen.

Mit Metaphern können Sie allein oder in einer Gruppe meditieren. Wählen Sie zuvor ein Wort, das Sie bildhaft beschreiben wollen, etwa »Glück«, »Leben«, »Liebe«, »Angst«, »Treue«. Begeben Sie sich in Ihre meditative Lieblingsstellung. Suchen Sie Ihren Schwerpunkt und atmen Sie bewußt. Lassen Sie dann Ihr »Stichwort« in Ihr Bewußtsein eindringen, es anfüllen, und assoziieren Sie bildhaft, was dieses Wort bedeutet. Zum Beispiel können diese Bilder entstehen:

Glück ist wie der Luftzug, den ein Schmetterlingsflügel verursacht.

Leben ist wie der weiße Gischt, der auf den Wellen zum Ufer getragen wird.

Liebe ist wie die Wärme, die von einer Kerzenflamme ausgeht.

Angst ist wie die kalte Dunkelheit einer feuchten Winternacht.

Treue ist stark wie die Rüstung eines mittelalterlichen Ritters.

Erlauben Sie Ihren Gedanken, beliebig zu wandern. Folgen Sie ihnen und beobachten Sie die Bilder, die aus Ihrer Seele aufsteigen. Aber analysieren Sie nicht und werten Sie nicht. Verhalten Sie sich wie ein staunendes Kind, das überall Wunder entdecken kann. Beenden Sie diese Meditation in der üblichen und bewährten Art: tief atmen, sich dehnen, rekeln und strecken, langsam die Augen öffnen und in die Gegenwart zurückkehren.

Mantra-Singen

Eine meditative Übung ist das Mantra-Singen. Mantren sind kurze, eindringliche Formeln für die allumfassende Einheit, die äußerste Realität, für Gott. Diese Laute sind gleichsam ein Hilfsmittel auf dem Weg zur Bewußtseinserweiterung und zur Transzendenz. Wählen Sie sich eine Ihnen entsprechende Wort-Melodie-Kombination, die Sie zum Meditationsgegenstand machen. Das kann ein Kirchenlied sein, eine Ballade oder ein orientalischer Gesang. Besonders geeignet sind z. B.:

das Lied »Allahu akbar« auf der Langspielplatte »Good News From Africa« von Dollar Brand. Die wichtigsten Textstellen in diesem Lied und ihre Übersetzungen: Allahu akbar – Gott ist groß, La ilah ill Allahu – es gibt keinen Gott außer Gott;

auf der Kassette »When Thy Song Flows Through Me. Devotional chants by Paramahansa Yogananda, sung by monks of the Self-Realization Order« finden Sie gesungene Mantras.

Setzen Sie sich in Ihrer bevorzugten Meditationsstellung in einen Raum, der über Plattenspieler oder Kassetten-Deck verfügt. Richten Sie Ihre Aufmerksamkeit auf Ihre Atmung, entspannen Sie sich und singen Sie laut Ihr Mantra. Folgen Sie diesem Mantra, finden Sie sich in dem Mantra wieder, werden Sie zum Mantra. Begeben Sie sich mit dem gesungenen Mantra auf den Weg in tiefere Bewußtseinsschichten. Erzwingen Sie aber nichts, sondern lassen Sie geschehen.

Mandalamalen

Mandala bedeutet im Sanskrit wörtlich Kreis, Zentrum; es ist damit symbolischer Ausdruck des Wesens des Universums, Sinnbild für das Eine, das alles in sich einschließt. Ein Mandala zeigt, wie aus dem Einen die Vielfalt wächst und hinter jeder Vielfalt wieder das Eine liegt. Es gibt daher keine bildliche Darstellung, die der Meditation besser entspricht als ein Mandala. Sowohl beim Mandala als auch bei *Medi*-tation geht es um den Weg in die Mitte, aus der alles kommt, zu der alles hinstrebt, in der alles enthalten ist.

Das Malen von Mandalas ist deshalb auch eine der ältesten Meditationstechniken. Die Form des Mandalas finden wir als »Grundmuster« des Universums überall: Unsere Erde ist ein Mandala; überhaupt alles auf unserem Planeten besteht aus Mandalas, da alles aus Atomen besteht, und jedes Atom wiederum ist ein Mandala. Auch die Planetenbahnen um die Sonne zeichnen ein Mandala. Suchen Sie sich also eines der vielen Mandalas für eine Meditation aus.

Besorgen Sie sich Material, das Sie zum Zeichnen und Malen

benötigen. Überlegen Sie sich genau, womit Sie am liebsten umgehen, nehmen Sie alles bei dieser Auswahl wichtig.

Nehmen Sie nun eines der Blätter aus dem in der Fußnote erwähnten Mandalabuch oder -malblock* und Ihre Malfarben, und setzen Sie sich an Ihren Meditationsplatz. Machen Sie sich eine schöne Meditationsstimmung mit Räucherstäbchen, passender Musik . . . Beginnen Sie dann mit dem Malen.

Lassen Sie sich ganz einnehmen von dieser Tätigkeit, lassen Sie »es« malen. Stellen Sie jeden vordergründigen Kunstanspruch zurück, und malen Sie aus Ihrer Mitte heraus. Betrachten Sie sich selbst als Werkzeug, mit dem gemalt wird.

Wenn Sie mit dem Malen fertig sind, können Sie über das Bild meditieren. Dazu setzen Sie sich aufrecht und bequem hin und betrachten Ihr Mandala, das Sie in Augenhöhe vor sich aufgestellt oder befestigt haben mit dem »weichen Blick« (der Blick ist dabei auf »unendlich« eingestellt). Behalten Sie das Mandala einfach im Auge, ohne es angestrengt anzuschauen oder anzustarren. Immer, wenn Sie merken, daß andere Gedanken Sie ablenken, kehren Sie sanft mit Ihrer Aufmerksamkeit wieder zurück zur Mitte des Mandalas.

Meditieren Sie ungefähr zwanzig Minuten auf diese Art und Weise.

Meditation über das Meer

In Ihrer bevorzugten Meditationshaltung entspannen Sie sich, atmen bewußt und richten Ihre Aufmerksamkeit auf Ihr Hara, wie wir es im Kapitel »Die Praxis der Meditation« beschreiben. Besonders gut gelingt diese Meditation an einem Gewässer, unabhängig davon, ob es ein kleiner See, ein Bach oder das Meer ist.

---

* In dem Buch von Rüdiger Dahlke »Mandalas der Welt«, finden Sie zahlreiche Mandalas und deren Geschichte, mit denen Sie meditieren und malen können. Ergänzend zum Buch gibt es den »Mandala-Malblock mit 72 ausgewählten Mandalas aus Ost und West und aus der Mitte«.

Auf Ihrer inneren Leinwand sehen Sie das Meer. Es ist gewaltig, dehnt sich aus bis zum Horizont und ist immer bewegt. Sanft sind seine Bewegungen, der Rhythmus der Wogen, aber auch gewaltig, aggressiv und zerstörerisch. Alles mündet in dieses Meer. Jeder Regentropfen, jeder Quell, alles kehrt zurück in das Meer. Hier lösen sich die Strukturen zu einer neuen Gesamtheit auf. Sie spüren die Unendlichkeit der See, empfinden, daß alles Leben aus ihr entsprang und in sie zurückkehrt. Sie haben das Gefühl, Ihr Bewußtsein öffne sich dem ewigen Kreislauf des Lebens.

Beenden Sie diese Übung wie alle anderen Meditationen: Sie atmen tief ein und aus, rekeln und strecken sich, öffnen die Augen und sind zurück in der Gegenwart des Alltags.

Meditation der Liebe

Begeben Sie sich in Ihre Meditationsposition. Entspannen Sie sich, atmen Sie bewußt und suchen Sie Ihren Schwerpunkt. Erinnern Sie sich an eine Situation, in der Sie ganz stark das Gefühl der Liebe hatten. Spüren Sie dieser Empfindung nach, Sie werden sie in sich erkennen können. Konzentrieren Sie sich auf diese Liebe. Alle anderen Gedanken, die auftauchen, sind jetzt unwichtig. Sie verdrängen sie nicht, aber Sie halten sie auch nicht fest, sondern richten Ihre ganze Aufmerksamkeit auf die Liebe, die in Ihnen ist. Sie spüren diese Liebe, und Sie spüren, wie diese Liebe wächst. Sie füllt Sie unterdessen ganz aus. Sie sind Liebe, nichts als Liebe.

Aber Ihre Liebeskraft ist damit noch nicht erschöpft. Sie spüren eine allumfassende Liebe, die aus Ihnen herausströmt, alles berührt, alles umhüllt. Lassen Sie diese universale Liebe fließen. Sie füllt alles aus. Alles ist Liebe. Kehren Sie nach zehn bis 15 Minuten aus dieser Meditation zurück, indem Sie tief ein- und ausatmen, sich rekeln und strecken und dann die Augen öffnen.

Musik-Meditation

Wählen Sie eine Meditationsmusik, die Ihnen besonders gefällt, schließen Sie die Augen und lauschen Sie der Musik. Alle Gedanken, die auftauchen, sind jetzt unwichtig. Sie lassen sie kommen und gehen, verfolgen sie nicht. Sie hören so intensiv auf die Musik, daß Sie sich in ihr auflösen. Widerstandslos fließt die Musik durch Sie hindurch. Sie selbst werden zu Musik. Beenden Sie die Meditation, indem Sie tief ein- und ausatmen, sich rekeln und strecken und erst dann die Augen öffnen.

Meditation über den inneren Führer

Jeder Mensch hat eine innere Stimme oder, anders benannt, innere Führer, die ihn in Kontakt mit seinem Höheren Selbst oder seinem wahren Wesen bringen können.

Diese Meditation sollten Sie mit der festen Entschlossenheit beginnen, Ihren inneren Führer kennenlernen zu wollen. Setzen oder legen Sie sich dazu wieder an Ihren Meditationsplatz, schließen die Augen, atmen einige Male tief ein und aus, spüren genau diesen Augenblick, die Bedeutung, die er für Sie hat, sind ganz da, in diesem Moment, spüren auch den Kontakt mit der Unterlage, die Sie trägt und von der Sie sich tragen lassen. Mit der Luft, die in Ihre Lungen ein- und ausströmt, fühlen Sie das Eingebundensein in die kosmische Ordnung. Ruhe breitet sich so in Ihnen aus, und Sie kommen immer mehr in Ihre Mitte und damit in Kontakt mit Ihrem wahren Wesen. Und Sie brauchen gar nichts zu wollen oder zu tun, denn alles in Ihnen fließt, geschieht ganz von selbst, wie auch Ihr Atem ohne Ihr Dazutun einfach strömt und kommt und geht, wie auch Bilder und Gedanken in Ihnen auftauchen und wieder verschwinden. Und in diesem Zustand der Ruhe und Hingabe öffnen sich alle Ihre äußeren und inneren Sinne und vor allem Ihr Herz für die Ankunft Ihrer inneren Führer. Lassen Sie sich von Ihren Gedanken, Bildern und Empfindungen dahin tragen, wohin Sie Ihr Führer ruft, damit Sie ihn finden können. Sind Sie sich dabei bewußt, daß diese Gestalten vergangene oder zukünftige Aspekte Ihres Selbst sind, denen Sie bei dieser Suche begegnen werden.

Beachten Sie die erste männliche Gestalt, auf die Sie treffen, die Ihnen Hinweise für die Entwicklung Ihrer männlichen Persönlichkeitsanteile geben kann, und machen Sie sich dann auch auf die Suche nach der ersten weiblichen Gestalt, die Sie in Ihrer inneren Bilderwelt antreffen, die Ausdruck der Weiblichkeit in Ihnen ist.

Wenn Sie diese Anima- und Animusgestalten, die Ihre inneren Führer sein können, gefunden haben, treten Sie in Kommunikation mit Ihnen, fragen Sie sie um Rat oder lernen sie einfach nur kennen. Bitten Sie sie auch, daß sie Ihnen von nun an immer als Ratgeber zur Seite stehen. Lassen Sie sich eigene Methoden und Kommunikationsmöglichkeiten einfallen, mit denen Sie den Kontakt mit Ihren inneren Führern pflegen können.

Beenden Sie die Meditation wie üblich, in dem Sie ein paarmal tief atmen, Arme und Beine bewegen und die Augen dann wieder öffnen.

Meditation über Symbole

Symbole sind Zeichen oder Zeichen-Systeme, die einen auf der Ebene unseres Wachbewußtseins nicht wahrnehmbaren geistigen Sachverhalt darstellen. Sie transportieren archetypische Inhalte, die entsprechende Speicher-Informationen in unserem Unterbewußtsein stimulieren können.

Zu den bedeutungsvollsten Symbolen gehören

das Kreuz als Sinnbild des Alls und der Ganzheit, der Himmelsrichtungen, Winde, Elemente und Jahreszeiten, der Verbindung von Himmel und Erde;

die Spirale. Wenn sie sich nach außen dreht, steht sie für Geburt und Evolution. Wenn sie sich nach innen dreht, bezeichnet sie das Vergehen, die Involution;
der Kreis, der gleichzeitig das Nichts und das All darstellt, die immerwährende Wiederkehr. Er vereint alle Pole, Anfang und Ende;
das Yin-Yang-Zeichen, in dem sich die Pole dynamisch durchdringen. Es ist Sinnbild der Polarität und der Wandlung,
der Regenbogen, der Brücken über Grenzen hinweg schlägt, Himmel und Erde miteinander verbindet und in der Differenziertheit seiner Farben die Vielfalt des Kosmos darstellt;
das Dreieck, ein Bild männlicher Zeugungskraft und der schöpferischen Energie Gottes;
der Fünfstern, das Pentagramm, steht für den bewußten Menschen, die Allmacht und geistige Herrschaft.

Weitere Symbole sind der Halbmond, der Sechsstern, die Ellipse, da Ei, der Baum, das Herz und der Anker. Aus ganzen Symbolsystemen bestehen Tarot-Karten[*] und die Bilder der Mandalas.[**] In solchen Systemen wird versucht, den Ablauf der Natur in seinen Wechselbeziehungen zu einem formbaren Ganzen zu vereinen. Hier werden mehrere Bewußtseinsebenen in einem Zeichen-System dargestellt. Hinter der Oberfläche verbergen sich tiefgehende Inhalte.

José und Miriam Argüelles sprechen davon, daß es sich bei den Mandalas um eine »Landkarte des Bewußtseins« handle.

Ebenso, wie in den Symbolen Inhalte des kollektiven Unbewußten verschlüsselt sind, gelingt es uns, diese Codierung in einer meditativen Erfahrung zu entschlüsseln. Dabei folgen wir gleichsam der vorgegebenen Landkarte in unerforschte Bereiche unseres Bewußtseins.

[*] Leuenberger, Hans Dieter: »Schule des Tarot«.
[**] Dahlke, Rüdiger: »Mandalas der Welt«. – Argüelles, José und Miriam: »Das große Mandalabuch«.

Legen Sie sich ein Symbol bereit und begeben Sie sich in die von Ihnen bevorzugte Meditationsstellung. Entspannen Sie sich, atmen Sie mit Unterstützung des Zwerchfells, und richten Sie Ihre Aufmerksamkeit auf Ihren Schwerpunkt im Hara, wie wir es im Kapitel »Die Praxis der Meditation« beschrieben haben. Konzentrieren Sie sich dann auf das vor Ihnen liegende oder an der Wand hängende Symbol. Schauen Sie es an, blinzeln Sie, wenn Sie blinzeln müssen. Dringen Sie mit Ihrem Bewußtsein tief in die Bedeutung des Symbols ein. Meditieren Sie fünf bis 15 Minuten lang auf diese Weise. Atmen Sie dann tief ein und aus, rekeln und strecken Sie sich und kehren Sie schließlich zurück in den Alltag. Bei dieser Übung können Sie eine meditative Hintergrundmusik hören.

Mantra-Meditation

Das Wort Mantra kommt aus dem Sanskrit und bedeutet soviel wie heilige Silbe oder heiliges Wort. Mantra-Meditationen bauen auf der Macht der Worte auf, die unser Innerstes mit der Außenwelt in Verbindung bringen und genauso kraftvoll von außen auf uns einwirken können. Mantren sind jedoch eine besondere Form der Worte. Sie haben einen tiefen religiösen Gehalt und können die Fähigkeit besitzen, uns für das Göttliche zu öffnen.

Der Lama A. Govinda erklärt: »Mantren sind weder magische Beschwörungsworte, deren innewohnende Macht die Gesetze der Natur aufhebt, noch sind sie Formeln für die psychiatrische Therapie oder zur Selbsthypnose. Sie besitzen keine irgendwie eigene Macht, sondern sind Mittel zur Erweckung und Konzentrierung bereits vorhandener Kräfte der menschlichen Psyche. Sie sind archetypische Laut- und Wortsymbole, die ihren Ursprung in der natürlichen Struktur unseres Bewußtseins haben.«

Die Wirksamkeit von Mantren läßt sich also durch ihre

Bedeutung als archetypisches Symbol erklären, das uns Zugang zu tiefen Regionen unserer Psyche ermöglicht. In der Transzendentalen Meditation (TM) werden Mantren als »Fahrstuhl ins Unterbewußtsein« gedeutet.

Eine Rolle spielt jedoch auch die Schwingung der Silben. In der Hindu-Tradition wird davon ausgegangen, daß die Grundstruktur unserer Welt Schwingungen sind, die sich in der Materie konzentrieren und im kosmischen Klang ihre zarteste Ausprägung haben.

Unabhängig von allen diesen Erklärungsversuchen steht fest, daß Mantra-Meditationen sehr wirksam sind und uns einem kosmischen Bewußtseinszustand näherbringen können.

Die Wahl des richtigen Mantras ist ein wichtiger Vorgang. In einigen Meditationsschulen wird dieses Problem dadurch erleichtert, daß Ihnen ein erfahrener Lehrer ein ganz persönliches Mantra zuteilt. In der TM etwa wird Ihnen Ihr Mantra während einer feierlichen Zeremonie zugeflüstert. Sie dürfen es niemandem verraten, weil es seine Wirkung verlieren würde. Diese Vorgehensweise ist umstritten. Viele Lehrer halten von dieser Geheimnistuerei nichts und empfehlen, sich ein Mantra aus dem großen Schatz der heiligen Worte auszuwählen. Dabei ist es egal, aus welcher Sprache das Mantra stammt. Wichtig ist nur, daß es für Sie persönlich keine Bedeutung hat. Wir schlagen Ihnen im folgenden eine Reihe von Mantren vor, Sie können sich für eines davon entscheiden.

Rama ist eines der zugleich einfachsten wie wirkungsvollsten Mantren aus dem Hinduismus. Es stammt von dem Sanskritwort »ram« ab, das übersetzt »sich freuen« bedeutet. Mit dem heiligen Wort Rama richten wir unsere Aufmerksamkeit auf den Quell immerwährender Freude tief in uns. Mahatma Gandhi hat mit diesem Mantra meditiert. Erweiterte Formen dieses heiligen Wortes sind *Om Sri Ran jai Ran jai Ran* (»Es möge Freude herrschen«) und

Hare Rama Hare Rama
Rama Rama Hare Hare
Hare Krischna Hare Krischna
Krischna Krischna Hare Hare.

Die Übersetzungen: Hare – der unser Herz in Besitz nimmt; Rama – der uns mit unendlicher Freude erfüllt; Krischna – der uns zu sich zieht. In dieser Formel wird Gott in drei verschiedenen Namen angerufen.

Das Bittgebet *Om namah Schivaya* ist im Süden Indiens weit verbreitet. Mit ihm wird der Gott Schiva angerufen, damit er der Selbstsucht ein Ende bereite. Übersetzt heißt dieses Mantra: »Ich ergebe mich Schiva.«

Aus dem buddhistischen Bereich stammt die Anrufung des »Juwels im Lotos des Herzens«: *Om mani padme hum*, in der das Herz mit der Lotosblüte verglichen wird, die im Buddhismus eine tiefe spirituelle Bedeutung hat. Der Lotos ist ein Symbol vollkommener Reinheit. Mit diesem Mantra können wir daher unser Bewußtsein reinigen, um es klar leuchten zu lassen und zu öffnen.

Barukh attah Adonai stammt aus dem jüdischen Glauben und bedeutet etwa: »Gesegnet seist du, o Herr.«

Das bekannteste Meditationswort der Welt ist *OM*. Es beinhaltet die drei Elemente A, U und M, die für das Wachbewußtsein, das Traumbewußtsein und den Zustand des Tiefschlafs stehen. In ihrer Synthese entsteht das Mantra OM und damit ein übergeordnetes kosmisches Bewußtsein. OM ist ein vollkommenes Symbol für die unpersönliche Gottheit, für die Einheit. In dieser Silbe finden wir deshalb eine der wirkungsvollsten Meditationshilfen überhaupt. OM ist eng verwandt mit dem Wort *Amen*, das daher ebenfalls als Mantra verwendet werden kann. Auch das Sprechen von Gebeten, wie es in der christlichen Tradition üblich ist, ist eine Form der Wortmeditation, besonders ausgeprägt im katholischen Rosenkranz-Beten.

Wenn Sie sich für ein Mantra entschieden haben, sollten Sie es so schnell nicht mehr wechseln.

Meditieren Sie zweimal täglich mit Ihrem Mantra, am besten morgens nach dem Waschen und vor dem Frühstück sowie am Abend. Jeweils 20 Minuten sind ausreichend. Beginnen Sie Ihre Meditation mit Entspannungstechniken und der Suche nach Ihrem persönlichen Schwerpunkt, wie wir es im Kapitel »Die Praxis der Meditation« beschrieben haben. Sitzen Sie in der von Ihnen bevorzugten Meditationsstellung, schließen Sie die Augen und versuchen Sie, sich von den Umwelteinflüssen zu lösen. Wiederholen Sie Ihr Mantra ständig in Gedanken oder sprechen Sie es laut aus. Wenn Ihnen etwas durch den Kopf geht, lassen Sie es geschehen, richten dann aber gleich wieder Ihre Aufmerksamkeit auf Ihr Mantra. Sie beenden die Meditation, indem Sie tief ein- und ausatmen, Ihren Körper bewegen und dann die Augen öffnen.*

Meditatives Essen

So wie Sie mit Aufmerksamkeit und Liebe kochen, sollten Sie auch essen. Man sollte jeder Nahrung mit Achtung begegnen und eingedenk sein, daß Lebewesen, seien es nun Pflanzen oder Tiere, sich geopfert, ihr Leben hergegeben haben, um uns das Leben zu ermöglichen. Achtung meint auch in diesem Fall, daß man die Nahrung in Ruhe genießt und der Nahrungsaufnahme echte Aufmerksamkeit entgegenbringt, daß jeder Bissen bewußt wahrgenommen wird. Man erspürt dabei die jeweilige Kraft, die den Nahrungsmitteln innewohnt. Der bewußte Umgang damit führt dazu, daß man sie auch für sich selbst besser verwerten kann und die eigenen Kräfte damit stärkt.

---

* Ein Buch über diese Meditationstechnik ist »Mantram« von Eknath Easwaran, nach dem wir Ihnen die verschiedenen Mantren beschrieben haben. Eine der am weitesten verbreiteten Schulen für Mantra-Meditation ist die der Transzendentalen Meditation.

Namensmeditation

Wenn Sie diese Meditationstechnik versuchen wollen, beginnen Sie am besten mit Ihrem eigenen Namen: Bevor Sie sich in Meditation begeben, sollten Sie sich erst einmal über seine sprachliche Bedeutung informieren. Betreiben Sie also etwas Sprachforschung.*

Lesen Sie vielleicht auch noch über die Rune, die dem Anfangsbuchstaben Ihres Namens entspricht, nach. Nehmen Sie dann alles, was Sie in Erfahrung gebracht haben, mit in Ihre Meditation. Lassen Sie die inneren Bilder dazu in sich aufsteigen. Erfühlen Sie, wieviel von Ihrem Wesen schon in Ihrem Namen enthalten ist; denn da es keinen Zufall gibt, haben Sie auch Ihren Namen nicht zufällig erhalten. Auch er enthält eine Botschaft an Sie, die Sie herausfinden können. Das gleiche gilt natürlich auch für Ihren Familiennamen. Durch ihn können Sie vieles über Ihre Wurzeln, Ihre Geschichte und Ihren Platz in einem bestimmten sozialen Umfeld erfahren.

Viele Menschen haben eine Abneigung gegen ihren Namen. Wenn Sie zu diesen gehören, versuchen Sie herauszufinden, warum das so ist: Haben Sie das Gefühl, daß Ihr Name zu »groß« oder zu »klein« für Sie ist; entsprechen Sie ihm nicht oder entspricht er Ihnen nicht. Finden Sie heraus, wo er trotz oder gerade wegen Ihrer Abneigung zu Ihnen paßt und gehört, wo er Ihnen Ihre Schattenseiten zeigen kann.

Lassen Sie bei dieser Namenserkundungsreise wieder vor allem Ihre innere Stimme zu Wort kommen und nicht so sehr Ihren analytischen Intellekt.

Ganz ähnlich wie mit Ihrem Namen oder dem Ihrer Freunde können Sie mit einfachen Wörtern verfahren.

---

* Es gibt zahlreiche Namenslexika für Vor- und Familiennamen, in denen Sie die Bedeutung und Geschichte von Namen erfahren können. Wenn Sie sich über Namen hinaus für Bedeutung und Herkunft von Wörtern intereressieren, können Sie sich ein ethymologisches Wörterbuch (z. B. von Knaur) besorgen.

Unsere schnellebige Zeit mit ihrem Hang zu Oberflächlichkeit hat uns auch die Sicht für die tiefgründige Bedeutung der Sprache gekostet. Wir befinden uns meist inmitten einer Kommunikationslawine – es wird viel geredet und wenig wirklich gesagt.

Es lohnt sich aber, wieder bewußter mit Sprache umzugehen. Suchen Sie nach den ursprünglichen Bedeutungen der Wörter*; *deuten* Sie die Wörter und füllen Sie sie mit Leben. Wie die Runen müssen Wörter nicht nur leere Zeichen sein, auch sie können Leben und Individualität haben. Wörter transportieren nicht nur vordergründige Informationen, sie enthalten auch archetypische Botschaften für uns.

Ein Beispiel, um auf diese Art und Weise umzugehen, wäre das Wort »Aufgabe«: Um unsere Aufgaben im Leben zu erfüllen, müssen wir vieles *aufgeben*. Wir müssen immer wieder neu beginnen und Altes hinter uns lassen, um auf unserem Lebensweg weiterzukommen und unsere Aufgaben erfüllen zu können.

Auf diese oder ähnliche Art können Sie das Spiel mit Wörtern zu einer Meditationstechnik machen. Vertrauen Sie auch dabei wieder Ihrer inneren Stimme und lassen Sie sie nicht von Ihrem Intellekt übertönen.

Natur-Meditationen

Naturerlebnisse können uns zu intensiven meditativen Erfahrungen führen. Wir müssen nur bereit sein, uns diesen Erlebnissen zu öffnen. Menschen, die im Frühling geboren wurden, fällt das besonders leicht. Sie haben keine Schwierigkeiten, den Rhythmus der Natur zu empfinden und dessen Schwingungen zu übernehmen.

Die erste Übung bedarf keiner besonderen Vorbereitung,

---

* Dabei ist Ihnen ein etymologisches Wörterbuch eine sehr gute Hilfe.

sollte aber an einem sonnigen Tag durchgeführt werden. Gehen Sie hinaus in die Natur, wandern Sie ziellos umher und spüren Sie, wie Gräser Ihre Beine berühren, wie die Sonne wärmt. Hören Sie das Summen von Bienen, das Rauschen der Bäume. Vergessen Sie alle Sorgen, allen Streß, alle Probleme. Seien Sie völlig in der Gegenwart, im Hier-und-Jetzt der Natur. Öffnen Sie Ihre Sinne und Ihre Aufmerksamkeit allen Dingen, die um Sie herum geschehen. Nehmen Sie die Natur ganz bewußt in sich auf. Spüren Sie die Schwingungen, die Ruhe, die Wärme, den leichten Windhauch. Und genießen Sie diese Empfindungen.

Die zweite Übung geht gezielter vor und baut auf den *Entspannungstechniken des autogenen Trainings* auf. Gehen Sie an einem schönen warmen Tag hinaus auf eine Wiese, legen Sie sich ganz entspannt ins Gras und folgen Sie den Formeln des autogenen Trainings:

Ich liege ganz schwer und entspannt auf dem Boden. – Ich fühle meinen Körper ganz bewußt und intensiv. Ich fühle, wie schwer ich bin, wie gelöst, wie ruhig. Meine Hände und Arme sind schwer. Mein Nacken und meine Schultern sind ganz schwer. Meine Füße und Beine sind ganz schwer. – Mein Gesicht ist entspannt und gelöst. – Ich lasse alles los, gebe alle Spannungen ab. – Ich bin ganz ruhig und entspannt.

Im nächsten Schritt lassen Sie sich von Imaginationen forttragen. Sie liegen im Gras und sind sich sehr bewußt, daß Sie sich auf einer großen weiten Wiese befinden. Die Imagination kann etwa so aussehen:

Ich laufe über die Wiese. Ich spüre das Gras unter meinen Füßen. Es ist biegsam, weich und sonnenwarm. Ich habe Lust, mich ins Gras zu legen. Ich spüre das Gras unter mir wie eine weiche Decke. Ich sehe die Gräser, die vielen Arten. Dort sind Blumen. Ein kleiner Käfer krabbelt gemächlich dahin. Ich

*rieche das Gras, ich rieche die Erde. Ein Schmetterling schau-
kelt an mir vorbei. Ich sehe, wie schön und zart seine Flügel
sind, schön und zart wie Samt und Seide.*

Sie geben sich ganz Ihren inneren Bildern von der Wiese hin,
spüren eine tiefe Ruhe, die Sie durchströmt, sind völlig entspannt und gelöst. Sie fühlen sich wohl und lassen sich tragen.
Das Ende der Phantasiereise leiten Sie erst dann ein, wenn Sie
Lust dazu haben. Atmen Sie tief durch, machen Sie Fäuste,
recken und strecken Sie die Arme, rekeln Sie sich, gähnen Sie
und stehen Sie dann langsam auf.

Sie können diese imaginäre Reise auch in bezug auf die
Erde, das Element des Stiers, machen. Entspannen Sie sich,
wie vorher beschrieben. Fühlen Sie die Erde, auf der Sie
liegen. Spüren Sie die Erde, wie fest und weich zugleich sie ist,
wie warm. Das Gras fühlt sich an wie eine zarte und duftende
Decke. Sie fühlen Ihren Körper, wie er flach auf der Erde liegt.
Sie werden immer sensibler und spüren, wie kräftige Energieströme von der Erde in Ihren Körper fließen – Ströme, die
Ihnen Kraft und Ruhe geben. Sie fühlen sich stark durch die
Kraft der Erde. Sie sind ganz ruhig und entspannt. Losgelöst
von Alltagsproblemen, vermögen Sie Ihren Assoziationen, Ihren Imaginationen zu folgen. Sie fühlen sich eins mit der Erde,
mit der Natur.

Für diese Natur-Meditationen gibt es keine festen Regeln.
Sie können sich der Natur öffnen, wie, wann und wo Sie
wollen. Planen Sie nichts, lassen Sie sich tragen, überraschen.
Empfinden Sie mit offenem Bewußtsein.*

---

* In Else Müllers Buch: »Du spürst unter Deinen Füßen das Gras«,
finden Sie weitere Anregungen für diese Meditationsform.

Origami

Origami ist die japanische Kunst des Papierfaltens. Wie Ikebana, die Kunst des Blumensteckens, ist Origami Ausdruck fernöstlicher Ästhetik, die einer meditativen Haltung den Dingen des Lebens gegenüber entspringt. »Es ist die Eigentümlichkeit der Ostasiaten, daß mit Kleinem, Unscheinbarem angefangen wird, daß nichts selbstverständlich ist, sondern so lange geübt werden muß, bis keine Halbheit besteht, bis es ganz eigen wird. Die ersten Schritte sind die schwersten. Wer da versagt, bleibt stecken. Es ist keine Schule der Geläufigkeit, keine Fingerübung, sondern Wesenserfahrung. Das Technische ist einzugliedern, doch nicht zu überschätzen.*

So wird auch Origami, hat man sich die technischen Grundformen erst einmal angeeignet, zu einer Meditation im Tun und führt damit zu »Wesenserfahrung«.

Die Geschichte von Origami ist eine sehr alte. Bevor die Kunst des Papierfaltens auch seine weltliche Anwendung fand (vor allem in Form von gefalteten Liebesbriefen und Glücksbringern), wurde sie für religiöse Zwecke eingesetzt. Die komplizierten Regeln für das Orikata (= Figurenfalten), wie es früher hieß, wurden in der Priesterkaste der japanischen Shinto-Religion von Generation zu Generation weitergegeben. Die danach angefertigten kunstvollen Papiermuster und -bänder sind auch heute noch bei religiösen Zeremonien und kultischen Handlungen bedeutende Symbolträger.

Zu den wichtigsten gefalteten Symbolfiguren gehören beispielsweise die Lotosblume als Sinnbild der Reinheit und Unsterblichkeit; die Kirschblüte, Zeichen der Liebe und Symbol des Krieges, weil sie abfällt, ehe sie verwelkt; und vor allem der Kranich, der »kaiserliche Vogel«. Er ist Sinnbild des tausendjährigen Lebens und war früher dem Kaiser und seiner Familie vorbehalten. Heute ist der Kranich ein allgemeines

---

* Gusty Herrigel: »Zen in der Kunst der Blumenzeremonie«, Bern, München, Wien 1979.

Glückssymbol für Gesundheit und langes Leben. So wurden für die Opfer von Hiroshima Tausende Papierkraniche gefaltet, die überall von den Decken der Krankenhäuser hingen, um zur Heilung der Verwundeten beizutragen.

Es gibt eine Vielzahl dieser Symbolfiguren. Beherrscht man das Falten der traditionellen Grundformen, kann man sich von den Vorlagen lösen und das Entwickeln eigener Strukturen zu einer Meditation werden lassen.

Obertonsingen

Diese Form der Singmeditation ist an sich viel einfacher, als man auf Anhieb meinen möchte. Sie erfordert keinerlei musikalische Vorkenntnisse oder gar Gesangsausbildung. Das Wichtigste ist tatsächlich der Mut, die Töne, die ohnehin in uns sind, laut werden und den eigenen Resonanzkörper mitschwingen zu lassen. Vor allem anfangs ist es leichter, in der Gruppe zu singen. Das Ganze ist so einfach und dabei so ausdrucksvoll und wirksam, daß es schwer in Worte zu fassen ist. Man kann mit jedem beliebigen Ton beginnen, also etwa einem »A«. Nach einem tiefen Einatmen läßt man das »A« erklingen und gibt ihm Raum. Ganz von selbst wird dieser Ton verschiedene Körperbereiche in Resonanz versetzen. Wir brauchen das nur geschehen zu lassen. Singt man in der Gruppe, wird immer ein Klang im Raum schwingen bleiben, und das Luftholen stellt dann nur eine relative Unterbrechung dar. Mit der Zeit wird sich der Ton wie von selbst verändern oder man kann ihn auch bewußt variieren. Wichtig bleibt bei allen klanglichen Ausflügen, körperlich entspannt zu bleiben und dem Schwingen möglichst viel Raum in sich zu geben – mit anderen Worten, viele Saiten in sich mitschwingen zu lassen. Tatsächlich kann man bei dieser Meditation erleben, wie viele Saiten man hat und wie sie von den unterschiedlichen Tönen ganz unterschiedlich angesprochen werden.

Schon nach kurzer Zeit ist es mit dieser Meditation selbst Menschen, die sich vorher für unmusikalisch gehalten haben, möglich, ausdrucksvolle Klanggebilde und -muster entstehen zu lassen. Singen und besonders diese Art des unstrukturierten, freien Singens hat darüber hinaus eine ausgesprochen lösende Wirkung auf die Psyche, und es ist gar nicht unwahrscheinlich, daß tiefe und lang verschüttete Gefühle dabei aufsteigen und frei werden.

In der Gruppe führt diese Meditation darüber hinaus auf eine angenehme und einfache Art zu einer der tiefsten Erfahrungen überhaupt: Mit sich selbst in Einklang gebracht durch die Töne aus der eigenen Tiefe, findet der Meditierende meist sehr bald auch in Einklang mit der Gruppe; ein gemeinsamer Gruppenrhythmus entsteht. Diese Art von Resonanz mit sich selbst und den anderen aber ist eines der beglückendsten Gefühle überhaupt. Es holt uns auf sanfte Art ins Hier und Jetzt und läßt uns die zeitlose esoterische Wahrheit erleben, daß das Ganze mehr ist als die Summe seiner Teile. Es ist auch jenes Gefühl, wo man alles geschehen lassen kann, was man will und wo man mit allem, was geschieht, einverstanden ist.

Out-of-Body-Reisen

Legen Sie sich bequem an Ihren Meditationsplatz, die Beine nebeneinander, die Arme seitlich vom Körper. Lassen Sie sich tragen von der Unterlage, auf der Sie liegen, werden immer schwerer und sinken immer tiefer, lassen immer mehr los von allem Sollen und Wollen, lassen einfach geschehen, was geschehen will und mag. Und während Sie hier liegen, Ihr Körper immer schwerer wird und immer tiefer sinkt, wird Ihr Atem immer leichter und freier. Und je länger Sie hier liegen, ganz im Augenblick, und einfach alles geschehen lassen, loslassen, spüren Sie, wie Ihre Seele und Ihr Bewußtsein sich immer weniger an den Körper und immer mehr an den Atem binden, mit ihm immer weiter, leichter und freier werden. Sie geben sich diesem Zustand der Freiheit hin, fühlen sich fast wie ein Hauch, der leicht und sanft im Wind tanzt. In Ihren Gedanken bilden Sie nun einen Kreis aus weißem Licht, das aus Ihrer Herzgegend ausströmt, um sich, das Sie im Uhrzeigersinn einschließt. Und Sie wissen, daß dieser Kreis Sie auf Ihrer ganzen Reise schützen wird. Wenn Sie dann einen Zustand tiefer Meditation erreicht haben, versuchen Sie sachte aus Ihrem Körper zu gleiten. Stellen Sie sich dabei vor, Ihr Körper ist wie ein Kleid, das Sie mit einem Reißverschluß öffnen und einfach ausziehen.

Oder Sie versuchen, sich seitlich aus Ihrem Körper herauszurollen, indem Sie den Kontakt mit ihm lockern und in Gedanken erst mal in ihm hin und her rollen.

Sie können sich auch einfach mit dem Kopf zuerst aus dem Körper erheben, so daß Sie dann im rechten Winkel zu ihm stehen. Wenn Sie Ihren Körper verlassen haben, was bei den meisten Menschen einiger Übung bedarf, obwohl jeder im Traum jede Nacht solche Out-of-Body-Reisen macht, drehen Sie sich Ihrem unter Ihnen liegenden Körper zu und betrachten ihn genau, mit dem Wissen, daß Sie *jederzeit sofort* wieder in ihn zurückkehren können. Und nun dürfen Sie wie im Traum mit Gedankenkraft und -geschwindigkeit überall hinreisen, wohin Sie wollen.

Sie können diese Out-of-Body-Reisen alleine üben, besser allerdings ist es, wenn Sie sich dafür erfahrene Lehrer suchen.* Wenn Sie Ihre Reise außerhalb des Körpers beenden wollen, genügt die kleinste Bewegung, und Sie finden sich

---

* Der Amerikaner Robert A. Monroe hat aufgrund eigener Erfahrungen mit Out-of-Body-Reisen ein Institut und Ausbildungsprogramm begründet, mit dem Sie Reisen außerhalb des Körpers lernen können: Es existiert auch ein Kassettenprogramm zu diesem Zweck.
Außerdem sind von Robert A. Monroe zwei Bücher über seine Erfahrungen mit Out-of-Body-Erlebnissen erschienen: Robert A. Monroe, »Der Mann mit den zwei Leben«, Knaur-Tb 4150.

wieder in Ihrem Erdenkleid, Ihrem Körper. Lassen Sie sich nun noch etwas Zeit anzukommen, bevor Sie ein paarmal tief atmen, sich bewegen und strecken und wieder die Augen öffnen.

Psychometrische Meditation

Mit Psychometrie bezeichnet man die Fähigkeit, sich so weit in Dinge einfühlen zu können, daß man dadurch ihre Geschichte erfahren kann.

Suchen Sie sich für diese Meditation einen Gegenstand, der Ihr Interesse geweckt hat. Setzen Sie sich damit an Ihren Meditationsplatz. Den erwählten Gegenstand nehmen Sie in Ihre linke, die empfangende Hand. Halten Sie ihn an den Ort Ihres Körpers, wo Sie das Gefühl haben, am ehesten mit der Kraft Ihrer Intuition in Berührung zu kommen, beispielsweise an den Platz Ihres Herzens oder an den Punkt Ihres Bauches, wo Ihr Hara ist. Entspannen Sie sich, atmen ein paarmal tief ein und aus und geben sich wiederum Zeit, am Ort Ihrer inneren Reise anzukommen, lassen los von allem Wollen und Sollen, lassen einfach geschehen, was geschehen will und mag. Und wie Ihr Atem kommt und geht, lassen Sie auch Gedanken kommen und wieder gehen. Sie lassen einfach los, lassen sich führen vom leichten Strom des Atems, in immer tiefere innere und äußere Ruhe. Und die Stille, die sich so in Ihnen ausbreitet, schafft Raum für die Entfaltung Ihrer Intuition. Und so richten Sie allmählich Ihre Aufmerksamkeit auf den Gegenstand, der warm in Ihrer Hand liegt, fühlen seine Ausstrahlung, sein Wesen, sein Leben, seine Geschichte, die er erlebt hat. Und wie Sie sich so ganz und gar auf ihn einstimmen, sich ihm öffnen, erzählen Ihnen Bilder, die vor Ihrem Inneren Auge auftauchen, die »Lebensgeschichte« des Gegenstandes. Geben Sie sich genügend Zeit dafür und lassen Sie dabei auch wirklich los, denn je mehr Sie etwas von ihm erfahren *wollen*, um so mehr blockieren Sie den Fluß Ihrer

Intuition, mit der allein Sie das Wesen des Gegenstandes erfassen können. Je leerer und absichtsloser Sie sind, um so mehr Raum hat er, seine Schwingungen auf Sie zu übertragen.

Beenden Sie die Meditation wieder, indem Sie einige Male tief atmen, Arme und Beine bewegen und erst dann die Augen öffnen.

Reinigungsatmen

Nachdem Sie Ihren Meditationsraum frisch gelüftet haben, begeben Sie sich in Ihre bevorzugte Meditationsstellung. Sie schließen die Augen und lassen los vom Alltagsgeschehen und geben sich Zeit, im Hier und Jetzt, an Ihrem Meditationsplatz anzukommen. Machen Sie sich die Unterlage, auf der Sie sitzen oder liegen, bewußt. Spüren Sie Ihren Körper. Und wenn Sie so mit dem Bewußtsein in Ihrem Körper sind, werden Sie immer ruhiger und entspannter. Sie fühlen Ihren Körper und beobachten ihn gleichzeitig, so als könnten Sie ihn auch von außen wahrnehmen; dabei erkennen Sie jene Stellen, in denen die Energie leicht und gut fließt, und auch jene, in denen die Energie stockt, die Sie deshalb manchmal schmerzen. Machen Sie sich diese Stellen bewußt, beurteilen und analysieren Sie aber nicht. Dann wenden Sie Ihre Aufmerksamkeit auf ähnliche Art und Weise auch Ihren Gefühlen zu. Wo fließen Ihre Gefühle frei, wo können Sie sie ausleben und zulassen, und wo bleiben Sie mit Ihren Emotionen immer wieder hängen? Lassen Sie sich genug Zeit und beobachten Sie wertfrei; alles, was Sie wahrnehmen oder fühlen, ist gut und richtig, so wie es ist. Nach einer Weile wenden Sie sich Ihrem Denken zu. Wo bleiben Ihre Gedanken immer wieder an alten »Programmen« hängen, wo machen Sie immer wieder die gleichen Fehler, wo ist Ihr Denken nicht Ihr Denken, sondern das der anderen? Schauen Sie sich auch das ganz wertfrei an. Versuchen Sie es mit allen Sinnen wahrzunehmen, fühlen Sie alles auch in Ihrem Körper. Nehmen Sie einfach wahr, empfinden Sie, statt zu benennen oder zu bewerten. Dann richten Sie langsam Ihre Aufmerksamkeit auf Ihren Atem. Beginnen Sie sich bei jedem Einatemzug vorzustellen, daß mit ihm weißes, reines Licht in Sie einströmt, Sie erfüllt und reinigt. Mit jedem Atemzug geben Sie verbrauchte, unreine Energie nach außen ab. Atmen Sie tief durch die Nase ein und durch den Mund aus. Atmen Sie auf diese Weise so lange, bis Sie sich von weißem Licht ganz erfüllt und gereinigt fühlen und die Energie in Ihnen überall wieder frei fließen kann. Wenn Sie ungefähr zehn Minuten so geatmet haben, bleiben Sie noch eine Weile ruhig liegen, bevor Sie wieder in das Alltagsbewußtsein zurückkehren.

Raja-Yoga

Yoga bedeutet Vereinigung mit dem Göttlichen und damit das kosmische Bewußtsein. Das Wort Yoga bezeichnet aber auch die Techniken, die zu diesem Ziel führen. Im Yoga gibt es vier Hauptpfade:

Karma-Yoga; hier geht es um selbstlose Arbeit, die keinerlei persönlicher Bereicherung dient.

Bhakti-Yoga, hier geht es um selbstlose Liebe ohne jedes egozentrische Motiv.

Jnana-Yoga; hier geht es um die Erkenntnis, die den Intellekt überwindet.

Raja-Yoga; hier geht es um die Beherrschung aller seelischen Vorgänge.

Raja-Yoga gilt als König aller Yoga-Pfade. Es verlangt und schult die völlige Beherrschung aller körperlichen, geistigen und seelischen Vorgänge. Sein Ziel ist, das Unterbewußtsein aus seinen Beschränkungen zu befreien und dadurch in ein kosmisches Bewußtsein überzugehen. Methode dieser Technik ist die Konzentration auf das Wesentliche. Alle Kräfte werden gebündelt, bis die so vereinigten Energien den Durchbruch ermöglichen.

Raja-Yoga ist ein langer Weg, der sehr viel Ausdauer, Geduld und Stärke erfordert. Er besteht aus acht Stufen, die logisch aufeinanderfolgen und sich von moralischen Übungen über körperliches Training bis hin zu geistig-seelischen Konzentrationsprozessen steigern.

Die ersten beiden Stufen – Yama und Niyama – gelten als moralische Grundlage. Sie fordern, folgende Gebote einzuhalten: Nichttöten, Wahrhaftigkeit, Nichtstehlen, Enthaltsamkeit und Nichtannehmen irgendwelcher Geschenke. Zudem verlangt Niyama Reinlichkeit, Zufriedenheit, Strenge, Studium und Selbsthingabe an Gott.

Die dritte Stufe wird als Asana bezeichnet. Hier geht es um meditative Sitzhaltungen, die den Yogi in die Lage versetzen sollen, lange in einer bestimmten Stellung zu verharren.

Die vierte Stufe schult das richtige Atmen. Dadurch beginnen die Energieströme des Körpers zu fließen. Ein neuer innerlicher Rhythmus steigert die Willenskraft und Fähigkeit zur Konzentration.

Das ist eine wichtige Voraussetzung für die fünfte Stufe, Pratyahara, in der die Kontrolle über das Wachbewußtsein erlangt werden soll. Im Pratyahara beginnt die Reinigung der Gedanken, welche wir gewöhnlich kaum zu beherrschen vermögen. Erst wenn es dem Yogi gelingt, diese zu kontrollieren, kann er die nächste Stufe in Angriff nehmen.

In dieser sechsten Phase des Raja-Yoga geht es um die Konzentration auf einen einzigen bestimmten Punkt unseres Bewußtseins. Dabei wird etwa verlangt, seine Aufmerksamkeit ausschließlich auf ein bestimmtes Körperorgan zu richten. Alles andere existiert dann nicht mehr im Bewußtsein. Diese Stufe wird Dharana genannt.

Die siebte Stufe, Dhyana, ist die eigentliche Meditation. Unser Bewußtsein ist dann nicht nur fähig, sich auf einen einzigen Punkt zu konzentrieren, sondern darüber hinaus in der Lage, in einem gleichmäßigen, ununterbrochenen Strom diesem Punkt zuzufließen. Alle Energie richtet sich auf dieses innere Zentrum. Die Außenwahrnehmung wird eliminiert. Aus dem Gewirr der Energieschwingungen erhebt sich majestätisch eine rhythmische Welle.

Die achte und letzte Stufe des Raja-Yoga-Weges ist erreicht, wenn diese Welle gleichsam losgelöst von jeder Basis in uns schwingt. Es gibt dann keinen Sender und keinen Empfänger mehr, keine Ursache und keine Wirkung. Nur noch die endgültige, alles umfassende Einheit bleibt bestehen, der Endstand des sogenannten Samadhi.

Die Techniken des Raja-Yogi greifen äußerst wirkungsvoll in interne Vorgänge von Körper, Geist und Seele ein. Es ist deshalb notwendig, diesen Weg mit einem erfahrenen Lehrer zu beschreiten.

Rebirthing

Die wohl tiefgreifendste Atemmeditation ist die erste in den letzten zehn Jahren unter dem Namen »Rebirthing« populär gewordene Hyperventilationstechnik.

An sich ist auch diese Technik uralt – schon in ältesten indischen Schriften finden sich entsprechende Beschreibungen, aber auch in den Aufzeichnungen Israel Regardies über die Golden-Dawn-Rituale zu Beginn dieses Jahrhunderts findet sich eine genaue Beschreibung dieser Meditation. Es empfiehlt sich durchaus nicht, diese Technik von Anfang an alleine, d. h. ohne kompetente Führung durchzuführen.

Die Gründe, warum wir sie trotzdem hier aufführen, sind folgende:

1. Bei allen möglichen anderen Atemmeditationen kann – z. B. wenn Angst oder erhebliche Anspannung hinzukommen – Hyperventilation unbeabsichtigt passieren. In solchen Fällen

ist es hilfreich zu wissen, daß es das als eigene Atemtechnik gibt und daß subjektiv bedrohlich erscheinende Begleitumstände, wie Verkrampfung oder Engegefühle durchaus zum Ablauf der Hyperventilationstechnik gehören und gerade mit Hilfe des Weiteratmens durchschritten werden können.

2. Hyperventilationen kommen im täglichen Leben gar nicht so selten vor und werden dann meist medizinisch mit Spritzen usw. wegbehandelt. In solchen Fällen läge eine große Chance darin, ganz bewußt und freiwillig diese Meditationstechnik zu nutzen, um sich von den entsprechenden Ängsten zu lösen.

3. Diese Technik ist wie kaum eine andere geeignet, schnell und sehr tiefgreifend Zugang zu den eigenen inneren Energien zu bekommen und kann als Vorstufe für viele andere ruhigere Meditationsformen geeignet sein und so den Weg zur eigenen Mitte bereiten helfen.

Im Verlaufe des Rebirthing kommt es zu einer regelrechten Energieüberschwemmung des Organismus durch intensives Atmen. Dadurch können alte, vielleicht schon seit langem verschüttete Kanäle wieder geöffnet und zum Teil wundervolle Energieerlebnisse empfunden werden. Zumindest die ersten Schritte in diesem Bereich sollte man aber unbedingt an der Seite eines erfahrenen Atemtherapeuten gehen.

Reigentanz

»Mit der Erschaffung des Universums ist auch der Tanz entstanden als eine Verschmelzung der Elemente. Der Rundtanz der Sterne, die Konstellation der Planeten in ihrer Relation zu den Fixsternen, die Schönheit ihrer Ordnung und die Harmonie all ihrer Bewegungen sind Spiegelbild des uranfänglichen Tanzes zu Beginn der Schöpfung. Der Tanz ist die reichste Gabe der Musen an den Menschen. Wegen seines göttlichen Ursprungs hat er einen Platz in den Mysterien, ist geliebt von den Göttern und wird ihnen zu Ehren von den Menschen gepflegt.« Soweit der römische Dichter Lucian über den Tanz.

Seit Urgedenken ist Tanz eine Form, um in andere Bewußtseinszustände zu gelangen. Die Palette reicht dabei von den südamerikanischen Trance-Tänzen über »erdige« Volkstänze bis zu Discotanzexzessen.

Erlernen Sie alte Volkstänze oder entwickeln Sie eigene Tanzrituale. Oder bilden Sie eine Gruppe, die ein bestimmtes Thema in eine tänzerische Form bringen soll, wo jeder einen Teilaspekt des Themas tanzt.

Man kann fast alles in Bewegung und Tanz umsetzen: Tanzen Sie Ihre Freude, Ihre Liebe, Ihre Angst, den Tod, das Leben, die Sonne, den Mond, die Geburt, ein Tier . . .

Lassen Sie sich tanzen, wie beispielsweise die Indianer sich von Ihrem Tierverbündeten* tanzen lassen.

Tanzen Sie einfach Ihr Leben; betrachten Sie das ganze Leben als Tanz, wie dies die Schamanen tun, wenn sie sagen: »Tanze Deinen Traum wach.«

Runenmeditation

Alte Schriftzeichen können gut als Wegweiser in unsere Mitte verwendet werden. Für unseren Kulturkreis bieten sich dazu vor allem die Runen an, die alten Schriftzeichen der Germanen.

Das Wort Rune bedeutet Geheimnis, Rat, geheime Beratung. Bei den Germanen, die wie die Kelten eine hohe Achtung vor der Macht des geschriebenen Wortes hatten, waren die Runen deshalb viel mehr als bloße Schriftzeichen. Sie wurden vor allem für religiöse bzw. magische Zwecke eingesetzt; erst im späteren Verlauf der Geschichte verloren die Schriftzeichen

---

* Das ist der Geist eines Tieres, das jedem Menschen als Schutzgeist zur Seite steht und hilft.

ihre vorrangige Bedeutung als Kommunikationsmittel zwischen Götterwelt und Menschen.

Aus dieser Vermittlerfunktion zwischen Himmel und Erde, zwischen Göttern und Menschen ergab sich die Verwendung der Runen als Hilfsmittel bei der Befragung des Orakels. Laut Edda, der Mythensammlung der Nordgermanen, ist das Orakeln mit Runen so alt wie die Welt selbst. Es wird dort erzählt, wie drei alte weise Frauen, die Nornen, an den Wurzeln des Weltenbaumes Yggdrasil sitzen und mit Hilfe von Runen-Orakeln das Schicksal der Welt bestimmen.

»Eine Esche weiß ich, sie heißt Yggdrasil,
die hohe, umhüllt von hellem Nebel;
von dort kommt der Tau, der in Täler fällt,
immergrün steht sie am Urdbrunnen.
Von dort kommen Frauen, vielkundige,
drei, aus dem Born, der beim Baume liegt:
Urd hieß man eine, die andre Werdandi –
sie schnitten ins Scheit –, Skuld die dritte;
Lose lenkten sie, Leben koren sie
Menschenkinder, Männergeschick.«

All jene, denen sich durch Meditation der Zugang zum intuitiven Wissen auftut, werden das Wesen der Runen eindringen können. Ihnen »raunen Runen rechten Rat«. Man muß ins Reich des Unbewußten eintauchen, um den archetypischen Bedeutungen der Runen zu begegnen.

Es gibt eine Vielzahl von Möglichkeiten, um mit Runen zu meditieren. Eine davon ist eben das **Runenorakel**: Unsere Vorväter hatten die Runen auf Buchen-Stäbe geritzt (daher kommt auch unser Wort Buchstabe). Sie warfen diese Holzstäbe, und aus der Lage der Runen lasen sie Anweisungen und Weissagungen, die ihr Leben betrafen.

Sie können sich nun ebenfalls Ihre eigenen Runen herstellen: Ritzen Sie die Schriftzeichen in Holzstäbe der Steine oder malen sie auf Kärtchen. Sie können sie aber auch als Beilage eines Runenbuches kaufen.*

Nachdem Sie Ihre Runenzeichen vorbereitet haben, beginnen Sie mit deren Betrachtung. Sehen Sie sich die Form an, prägen sie sich ein, versuchen Sie, das Zeichen mit Ihrer Körperhaltung nachzustellen, fühlen und horchen Sie dabei in sich hinein. Lesen Sie auch die entsprechenden Interpretationen der jeweiligen Runen und nehmen Sie sie in Ihre Meditation mit.

Erst, wenn Sie sich mit jeder einzelnen Rune befaßt haben, über jede wenigstens einmal meditiert haben, versuchen Sie sich im Orakeln.

Dazu legen Sie Ihre Runensteine verdeckt vor sich hin. Schenken Sie ihnen Ihre ganze Aufmerksamkeit und machen vielleicht eine Atemübung. Wenn Sie dann in meditativer Stimmung sind, mischen Sie die Steine mit den Runen. Berühren Sie dabei jeden einzelnen Stein wenigstens einmal, damit sich Ihre und seine Energie vermischen können. Dann nehmen Sie die linke, die empfangende Hand und lassen Sie sich von den Steinen »rufen«. Versuchen Sie, genau zu erspüren, welche Rune von Ihnen gewählt werden will. Auf diese Art nehmen Sie drei Runensteine auf.

Der erste Stein steht für die Vergangenheit, das Fundament, auf dem Sie nun aufbauen müssen. Hier zeigt sich die Beschaffenheit Ihrer »Wurzeln«, Ihre Standfestigkeit. Nur der Baum, der fest und sicher im Boden wurzelt, kann hoch hinaus in den Himmel wachsen.

Der zweite Stein gibt Ihnen Auskunft über die Gegenwart, den momentanen Stand der Dinge, der zum Handeln auffordert.

Die dritte Rune zeigt mögliche Folgen für die Zukunft. Versuchen Sie, nachdem Sie über die drei Runen meditiert haben, die dreigeteilte Botschaft zu vereinen. Bilden Sie aus den

---

* In dem Buch von Zoltan Szabo »Buch der Runen« finden Sie sehr gute Interpretationen der einzelnen Runen, und dem Buch liegen auch die 18 Runensteine, die Sie brauchen, bei.

Runen ein Wort, sprechen Sie die einzelnen Laute aus und horchen Sie, wo sie Sie berühren. Meist ist die Erkenntnis um so richtiger, je einfacher sie ist. Bedenken Sie auch, daß es häufig das erste Gefühl, der erste Eindruck, der erste Gedanke ist, der den richtigen Weg zur Interpretation zeigt.

Stellen Sie eine Verbindung her zwischen den Runen, die Sie gewählt haben und dem Schicksal, das Sie gewählt haben. Versuchen Sie herauszufinden, in welcher Form Ihnen vielleicht genau diese Runenzeichen schon öfters begegnet sind, als Namen oder deren Anfangsbuchstaben, Worte, Zeichen, Körperhaltungen, in Träumen... Schenken Sie Ihrem Orakel so lange Ihre Aufmerksamkeit, bis Sie glauben, der Ur-Bedeutung der Runenzeichen ganz nahe gekommen zu sein.

Eine weitere Möglichkeit, Runen als Eingang in Ihre innere Welt zu verwenden, wäre die Berechnung Ihrer Geburtstagsrune, der sogenannten Lebensrune. Sie können auch die Runen Ihres Vornamens, Nachnamens und Ihres Geburtsortes errechnen.* Verbinden Sie dann die einzelnen Zeichen, ergibt sich Ihre Schicksalsrune, die ein symbolisches Abbild Ihrer Kräfte und Möglichkeiten darstellt.

Lassen Sie sich beim Umgang mit Runen vor allem von Ihrer Intuition leiten, und finden Sie Ihre eigene Art, damit umzugehen. Sie werden staunen, wie viele neue, Ihnen entsprechende Möglichkeiten Sie dabei entdecken werden.

Rückverbindungsmeditation

Legen oder setzen Sie sich dazu bequem an Ihren Meditationsplatz. Geben Sie sich wieder genug Zeit, um am Ort Ihrer Reise nach innen anzukommen. Spüren Sie die Unterlage, die Sie trägt, die Sie mit dem Unten, der Erde verbindet, und geben

---

* Genaue Anleitungen finden Sie in dem Buch von Robert Griesbeck und Peter Orzechowski »Die Kraft der Rätsel. Weisheitsspiele der Welt«, München 1986.

Sie allen Ballast des Alltags an die Erde ab, so daß Sie immer mehr loslassen und geschehen lassen können. Seien Sie ganz im Hier und Jetzt, wo es keine Vergangenheit und keine Zukunft gibt, nur das Jetzt, hier in diesem Augenblick, keine Zeit ist mehr, die ohnehin zur Illusion, ein Schleier der Maya ist. Und so liegen oder sitzen Sie da, Ihr Körper wird immer schwerer und sinkt immer tiefer, verschmilzt immer mehr mit der Unterlage und weiter mit der Erde, und Ihr Atem wird gleichzeitig immer weiter und freier, ohne daß Sie etwas dazutun müssen, Sie lassen einfach alles kommen und gehen, geschehen, was geschehen will und mag. Wenn Sie dann ganz in der Ruhe Ihrer Mitte angelangt sind, wenden Sie sich Ihren inneren Bildern zu. – Da tauchen eine Pflanze, eine Blume, Gräser oder ein Baum vor Ihrem inneren Auge auf, zu dem Sie sich besonders hingezogen fühlen. Betrachten Sie diese Pflanze genau, wie sie da steht, fest oder locker im Boden verankert, stabil oder biegsam, wie sie sich im Wind wiegt oder ihm standhält. Sie gehen immer mehr und weiter zu dieser Pflanze, bis Sie in sie hineinschlüpfen können, selbst diese Pflanze sind, die auch schon *Ihr* Muster des Lebens enthält, Ihrem Wesen entspricht. Spüren Sie ganz genau, wie es sich anfühlt, dieses Pflanzenwesen zu sein, und lassen Sie sich genug Zeit dazu, bis Sie glauben, sich in der Pflanze begriffen zu haben, bis Sie alle Gemeinsamkeiten zwischen ihr und Ihnen erfaßt haben.

Dann langsam taucht in Ihren inneren Bildern ein Tier auf, und bei näherem Hinsehen und -fühlen bemerken Sie, daß auch das Tier viele Wesenszüge mit Ihnen gemeinsam hat, ja daß dieses Tier Teil von Ihnen ist. Und auch dieses Tier kann Ihnen viel über das immer wiederkehrende Muster Ihres Lebens mitteilen. Betrachten Sie das Wesen, das Verhalten und die Aufgaben, die dieses Tier in der kosmischen Ordnung zu erfüllen hat, nehmen Sie es als einen Lehrmeister beim Auffinden Ihres Platzes in der kosmischen Ordnung. Werden Sie wieder ganz dieses Tier, das in Ihnen ist, auch als Geist, der Sie mit der Kraft des Instinktes beschützt, Ihnen Ihren Weg zeigt, und suchen Sie wieder nach den Gemeinsamkeiten, die sie verbinden.

Allmählich taucht dann das Bild von Ihnen selbst auf, und Sie begegnen Ihrem Tier und Ihrer Pflanze und sind gleichzeitig doch eins mit ihnen, spüren die Urkraft der Natur, die dadurch noch in Ihnen lebt und die die Basis dafür ist, daß Sie in den Himmel wachsen können, sich dem Oben, dem Geist zuwenden können. Genießen Sie dieses Gefühl der Verbundenheit dankbar, bevor Sie diese Meditation beenden, indem Sie ein paarmal tief atmen, sich bewegen und die Augen öffnen.

Sanduhr-Meditation

Besorgen Sie sich zu dieser Meditation eine Sanduhr, möglichst eine größere, die wenigstens eine Viertelstunde läuft, zur Not genügen auch kleinere, wie sie etwa als Eieruhren zu haben sind. Besser wären dann allerdings schon jene Modelle, die in Saunen Verwendung finden und bis zu 20 Minuten laufen. Ideal wäre eine richtige Sanduhr, die aus geblasenem Glas besteht, zwei identische Bäuche hat, die durch die typische Enge verbunden sind, und die Sie vor sich aufstellen können. Zu Beginn drehen Sie die Uhr um, so daß der ganze Sand in der oberen Hälfte ist. Setzen Sie sich aufrecht und gerade hin, den Blick mühelos auf die Sanduhr gerichtet und durch nichts anderes abgelenkt. Am stimmigsten wäre ein dunkler Raum, in dem nur die Sanduhr beleuchtet ist und Sie selbst den Strom der Zeit aus dem Dunklen beobachten. Nehmen Sie sich einige (Minuten) Zeit, einfach zu schauen, den Sandkörnern folgend, wie sie durch die Enge in die andere Hälfte ihrer Wirklichkeit rieseln und das Verrinnen der Zeit im wahrsten Sinne des Wortes darstellen.

Und dann lassen Sie die Gedanken kommen, so wie sie

gerade aufsteigen, angeregt von dem Abbild der Vergänglichkeit vor Ihnen. Bei allem bleibt der Blick auf der Sanduhr – er ruht mehr auf ihr, als daß er starr ausgerichtet ist. Sie sind konzentriert, aber entspannt und betrachten im Strom der Sandkörner den Strom der Zeit und im Strom der Zeit den der Gedanken und Bilder. Die Bilder mögen symbolisch oder konkret sein, vom Wandel der Zeiten zeugen, in Gestalt des Tag-Nacht-Rhythmus oder des Jahreslaufs. So wie der Abend den Tag beendet und der Morgen die Nacht, beendet der Winter den Herbst und dieser den Sommer. Der Sommer aber den Frühling, und der Frühling den Winter, und ewig so weiter fließt der Strom der Zeit. Und so wie der Tod das Leben beendet, beendet die Geburt die Nacht des Todes und so weiter und so fort.

Und wichtige Phasen aus Ihrem eigenen Leben mögen auftauchen in ihrer Zeitfolge, Prüfungen, die Lernabschnitte beendeten, Altes zurückließen und Neues hervorbrachten, das irgendwann auch wieder zum Alten wurde, abfiel und davontrieb im Fluß der Zeit.

Und das Rinnen der Sandkörner wird Ihnen auch das Verrinnen der Lebensenergie spiegeln und die Sanduhr so zum Symbol des Lebens werden, und Ihnen wird klar, in welcher Phase Ihres Lebens Sie gerade jetzt sind. Ist mehr oder weniger als die Hälfte Ihrer Zeit schon verflossen?

So kann es gut sein, daß zwischendurch oder in einer anderen eigenen Meditationssitzung mit Ihrer Sanduhr Ihr Leben noch einmal abläuft synchron zum Lauf der Sandkörner. Das Umdrehen der Sanduhr, das den unteren Sand nach oben kehrt, entspricht dann der Geburt, bei der Sie sich ja auch umdrehen mußten, um kopfüber in die polare Welt zu rutschen. Säuglingszeit und Kindheit werden folgen, die Pubertät als Ende der Kindheit und Anfang der Jugend usw. bis zum letzten Sandkorn.

Eine vom Thema her sehr ähnliche Meditation können Sie mit einem Metronom ausführen. Der gleichmäßige Ton des

Metronoms wird dann zum Symbol für den Fluß der Zeit und die Vergänglichkeit alles Irdischen. Das Metronom können Sie an die gleiche Stelle wie die Sanduhr stellen und aus dem Dunkel des Raumes dem symbolischen Fluß der Zeit lauschen.

Sie können natürlich auch beide Methoden kombinieren und während Sie auf die Sanduhr schauen, zugleich dem Schlag des im Hintergrund aufgestellten Metronoms zuhören. Wenn Sie in Ihrem dunklen Raum dann noch Weihrauch verbrennen und sich in harten, die Haut reizenden Stoff kleiden, haben Sie die wichtigsten Sinnesorgane auf das Prinzip des Saturns ausgerichtet, das ja den Steinbock regiert. Dann werden innen ganz von selbst Bilder und Symbole dieses Prinzips auftauchen, denn das Innen entspricht dem Außen und jede Form transportiert ihren Inhalt.

Natürlich ließe sich eine Meditation über den Fluß der Zeit auch gut an einem wirklichen Fluß machen. Suchen Sie sich dafür einen geschützten und bequemen Platz an einem Fluß- oder Bachufer, wo Sie das Wasser vorbeifließen sehen und vielleicht auch noch das Gurgeln und Sprudeln hören. Eine sehr schöne Beschreibung solch einer Meditation finden Sie in Hermann Hesses »Siddharta«. Besonders zur Meditation geeignet ist auch die Schallplatte »Hesse Between Music«, auf der Peter Michael Hamel das entsprechende Stück aus Siddharta vertont hat.

Satipatthana-Meditation

Diese buddhistische Meditation stammt aus Burma, wo Satipatthana schon im Kindergarten unterrichtet wird. Sie löst Automatismen, und zwar dadurch, daß sie jede Handlung bewußt macht. Mit Satipatthana lernt man, seine Gedanken, Gefühle, Absichten, Vorurteile und Einstellungen zu erkennen und intensiver zu erleben. Indem wir uns unseres täglichen Handelns völlig bewußt werden, lösen wir uns von mechanistischen Verrichtungen und entdecken eine übergeordnete Kraft, deren Rhythmus in allen Aktivitäten steckt. Wir verlieren die Oberflächlichkeit und stoßen in tiefere Schichten des Erlebens vor.

Satipatthana beginnt mit speziellen Übungen. Später bedarf es solcher Techniken nicht mehr. Jede Aktivität wird bewußt ausgeführt, jedes Ziel konzentriert angesteuert.

Die erste Übung findet im Meditationssitz statt. Schließen Sie Ihre Augen und achten Sie ganz bewußt auf Ihren Atem. Wenn Sie einatmen, denken Sie:»Jetzt atme ich ein.« Wenn Sie ausatmen, denken Sie:»Jetzt atme ich aus.« In den Atempausen konzentrieren Sie sich auf Ihre Sitzhaltung. Bewußt nehmen Sie wahr, welche Muskeln eingesetzt sind, wo sie den Boden berühren.

Die zweite Übung beschäftigt sich mit dem Gehen. Ihre Aufmerksamkeit ist auf die Füße gerichtet. Sie bewegen sich im Zeitlupentempo und machen sich die Absicht bewußt, die vor jeder Bewegung stehen muß. Unhörbar formulieren Sie jeden Abschnitt des Gehens:»Jetzt verlagere ich das Gewicht auf den linken Fuß.« – »Ich hebe das rechte Knie an, die Muskeln im Oberschenkel spannen sich.« – »Ich bewege den linken Fuß nach vorn«, usw.

Die dritte Übung findet im Alltag statt. Beginnen Sie sofort nach dem Aufwachen damit. Sagen Sie sich:»Ich bin mir aller Dinge, die ich tue, völlig bewußt.« Begleiten Sie dann jede Ihrer Absichten, indem Sie sie verbalisieren:»Jetzt stehe ich auf. Dazu werde ich gleich mein rechtes Bein aus dem Bett schwingen«, – usw.

Alle Dinge, auch die kleinsten und alltäglichsten, nehmen Sie bewußt wahr. Sie tun alles mit Aufmerksamkeit. Nichts geschieht mehr, ohne daß Sie Ihre Gedanken, Ihre Vorstellungen und Gefühle beobachten.

In einer späteren Phase des Satipatthana brauchen Sie nicht mehr alles innerlich zu verbalisieren, was Sie tun. Ihr Bewußtsein wird dann von allein so aufmerksam sein, alles zu beachten und vieles zu verstehen. Wenn Sie sich trotzdem noch bei einer unbedachten Handlung oder einem anscheinend unkontrollierten Wort ertappen, sagen Sie sich »STOP« und gehen zurück zu dem Punkt, den Sie als letzten bewußt wahrgenommen haben.

Sonnenaufgangsmeditation

Die Sonne ist Licht- und Lebensspender.

Begrüßen Sie sie in einer Ihrer Meditationen:

Stehen Sie sehr früh am Morgen auf, noch bevor sich die Sonne am Horizont zeigt, und suchen Sie sich einen ruhigen Platz, am besten irgendwo draußen in der Natur, von dem aus Sie den Sonnenaufgang am besten beobachten können. Bleiben Sie in der Hara-Stellung stehen oder sitzen Sie in der von Ihnen bevorzugten Meditationsstellung. Konzentrieren Sie Ihre Aufmerksamkeit auf die Sonne, die zunächst nur ihre Strahlen über den Horizont schickt. Singen Sie, summen Sie, seufzen Sie. Die Geräusche brauchen keine Bedeutung zu haben, lassen aber Ihre Energien in Richtung Sonne fließen.

Mit Ihrer Lobpreisung auf das Zentralgestirn unseres Sonnensystems begleiten Sie aktiv den Sonnenaufgang. Ihr Körper darf sich bei dieser Meditation bewegen, Sie wiegen ihn hin und her. Den ruhigen Rhythmus der Bewegung steuern Sie nicht, sondern lassen ihn geschehen, während sich Ihre Aufmerksamkeit auf die Sonne richtet. Beenden Sie diese Übung, sobald die Sonne völlig aufgegangen ist.

Spiele als Meditation

Spiele waren zu keiner Zeit ausschließlich für Kinder da, auch wenn Kinder ihnen am besten gerecht werden. In vielen Spielen zeigen sich zentrale Lebensbereiche abgebildet und auf ihre Symbolik reduziert. Nicht nur ein so durchsichtiges, modernes Spiel wie Monopoly, auch das altehrwürdige Schach macht das deutlich. Der esoterische Charakter und Ursprung wird in vielen Spielen, besonders kleiner Kinder, deutlich, wenn wir etwa an »Himmel und Hölle« denken, aber auch in Erwachsenenspielen kommt er noch oft zum Ausdruck. So gehen fast alle gebräuchlichen Kartenspiele auf das Tarot zurück, das ursprünglich den Einweihungsweg im ägyptischen Tempel beschrieb, weshalb auch manchmal noch die Rede von den Tarotsäulen ist. An jeder Säule des Tempels hing wohl eine der archetypischen Abbildungen und enthüllte den an ihnen vorbeigeführten Schülern die Symbolik der nächsten Entwicklungsstufe.

Besonders am kindlichen Spiel können wir ablesen, worauf es beim Spielen ankommt. Das kleine Kind geht völlig im Spiel auf. Es nimmt es für Wirklichkeit, bzw. das Spiel ist seine Wirklichkeit, und so ist das Kind automatisch ganz im Augenblick. Vergangenheit und Zukunft verschwimmen und kommen zusammen in diesem einen Punkt des Hier und Jetzt. Auch der Raum wird ja durch fast alle Spiele neu definiert, sei es durch Spielbretter oder andere Pläne und damit in greifbare Nähe gerückt. Das Hier und Jetzt ist aber das erklärte Ziel fast aller Meditationen. Es geht eben gerade um den ewigen Augenblick und die eigene Mitte. Kinder sind beim Spielen praktisch immer in dieser Mitte oder ihr wenigstens sehr nahe, was wir schon daran sehen, daß sie über dem Spiel alles andere vergessen, selbst die für uns Erwachsenen viel wichtigeren Dinge wie Essenszeit und Schulaufgaben. Dieses »in die eigene Mitte finden« und Aufgehen in der Tätigkeit des jeweiligen Moments ist es, was wir Erwachsene wieder lernen müssen und im Spielen lernen können.« So Ihr nicht wieder werdet wie die Kinder, ins Himmelreich könnt Ihr nicht kommen ...«

Noch etwas anderes, Wesentliches, schaffen Spiele: Sie öffnen uns im übertragenen Sinne. Bei allen Regeln ist ihr Ausgang doch ein grundsätzlich offener. Ihr Ziel ist zwar prinzipiell festgelegt, aber die Art und Weise, wie es erreicht wird, mit welchen persönlichen Eigenarten, ist weitgehend offen. Insofern sind Spiele grundsätzlich Abbildungen des Lebens, dessen Ziel ja auch (mit dem physischen Tod) feststeht, dessen Weg zu diesem Ziel aber ein ebenso offener ist. Darin liegt wohl auch der Grund, warum Spiele oft in eine so todernste Stimmung umschlagen. In diesem Zusammenhang sprechen die Inder von Lila, dem kosmischen Spiel. Unser Wort »Spielraum« zeigt uns genau diesen Sachverhalt, läßt es doch einen Raum offener Möglichkeiten.

Mit diesen wenigen Vorausgedanken können Sie fast jedes beliebige Spiel zu Ihrer Meditation machen. Achten Sie nur einmal beim nächsten »Mensch ärgere Dich nicht« darauf, wo Sie mit Ihren Gedanken sind, wie Sie die Spielentwicklung aufnehmen, wenn Sie kurz vor dem Ziel hinausgeworfen werden usw.

In all diesen Spielsituationen spiegeln sich archetypische Lebenssituationen wider, und mancher Vater, der sich nur den Kindern zuliebe zum »Mensch ärgere Dich nicht« *herabgelassen* hatte, erlebt in dem fünften Hinauswurf kurz vor dem Ziel seine eigene Sisyphus-Lebenssituation wieder und verliert alle Lust am Weiterspielen. Meistens aber neigen Erwachsene, vielleicht aus dieser Angst vor der tiefen Symbolik, dazu, sich gar nicht einzulassen. Das macht sie für Kinder leicht zu Spielverderbern. Nicht aus der eigenen Mitte spielend, kommen sie selbst nicht in den Augenblick und verderben dann alles mit Redewendungen wie: »Jetzt mach aber zu, du mußt ins Bett.«

Insofern können wir Erwachsenen am Spiel nicht nur sehr viel lernen, sondern auch viel erleben.

Eine passende Bilder-Meditation aus dem Spiele-Bereich wäre auch die kontemplative Betrachtung der Tarot-Karten. Lassen Sie dazu einfach Ihre Assoziationen hochkommen und Bilder in sich aufsteigen.

Spannungs-Meditation

Schließen Sie die Tür ab, setzen Sie sich in Ihrer bevorzugten Meditationsposition auf ein Kissen, atmen Sie richtig und suchen Sie Ihren Schwerpunkt. Lassen Sie Ihre Spannungen in dieser Meditation nicht von sich abfallen, im Gegenteil: Suchen Sie Ihre Spannungen, körperliche wie seelische. Verstärken Sie diese Spannungen. Werden Sie wütend darüber, aber bewegen Sie sich nicht. Geben Sie der in Ihnen tobenden Spannung kein Ventil. Halten Sie den Druck aus, bauen Sie ihn weiter auf. Sie fühlen sich wie ein Druckkessel kurz vor der Explosion. Aber Sie dürfen nicht explodieren – 15 Minuten lang.

Bleiben Sie dann still sitzen – mit all den Spannungen und Verkrampfungen in sich. Achten Sie darauf, was passiert. Nach einigen Minuten lassen Sie die Spannungen aus sich herausströmen, so, als öffneten Sie ein Ventil. Bleiben Sie dabei aber ruhig und still. Toben Sie nicht herum, behalten Sie alles unter Kontrolle. Wenn Sie sich wieder entspannter fühlen, atmen Sie mehrfach tief ein und aus, bewegen sich leicht, rekeln sich und öffnen die Augen.

Sonnenmeditation

Dem Frühlingsbeginn im Zeichen des Widders entspricht der Tagesanbruch. Der Sonnenaufgang am Morgen ist deshalb die Zeit des Widder-Prinzips. Versuchen Sie folgende Meditationsübung.

Stehen Sie sehr früh am Morgen auf, noch bevor sich die Sonne am Horizont zeigt, und suchen Sie sich einen ruhigen Platz, am besten irgendwo draußen in der Natur, von dem aus Sie den Sonnenaufgang am besten beobachten können. Bleiben Sie in der Hara-Stellung stehen oder sitzen Sie in der von Ihnen bevorzugten Meditationsstellung. Konzentrieren Sie Ihre Aufmerksamkeit auf die Sonne, die zunächst nur ihre Strahlen über den Horizont schickt. Singen Sie, summen Sie, seufzen Sie. Die Geräusche brauchen keine Bedeutung zu haben, lassen aber Ihre Energien in Richtung Sonne fließen.

Mit Ihrer Lobpreisung auf das Zentralgestirn unseres Sonnensystems begleiten Sie aktiv den Sonnenaufgang. Ihr Körper darf sich bei dieser Meditation bewegen, Sie wiegen ihn hin und her. Den ruhigen Rhythmus der Bewegung steuern Sie nicht, sondern lassen ihn geschehen, während sich Ihre Aufmerksamkeit auf die Sonne richtet. Beenden Sie diese Übung, sobald die Sonne völlig aufgegangen ist.

Sonnengebet

Das Sonnengebet (»Surya Namaskars«) ist eine indische Yoga-Übung, die aus zehn Abschnitten besteht, welche sehr schnell hintereinander – aber ohne Eile – mehrfach wiederholt werden. Mit seiner Hilfe werden körperliche Bewegungen und der Geist zu einer Einheit verschmolzen.

Achten Sie beim Sonnengebet besonders aufmerksam auf Signale Ihres Körpers. Speziell Schmerzen sind ein Hinweis darauf, daß Sie sich zuviel zumuten. Brechen Sie dann die Übungen ab, und verkürzen Sie in den nächsten Tagen die Übungszeiten. Wenn Sie sich etwa zehn Minuten nach dem Sonnengebet nicht frisch, wach und entspannt fühlen, haben Sie etwas falsch gemacht. Müdigkeit und Muskelkater sind ein Signal dafür, daß Sie die Übung langsamer angehen sollten.

Für das Sonnengebet brauchen Sie ein quadratisches Tuch

von etwa 55 Zentimetern Kantenlänge. Breiten Sie das Tuch auf dem Boden aus. In Augenhöhe und in Blickrichtung hängen Sie ein Bild an die Wand, das Ihnen besonders viel bedeutet. Es kann ein Porträt, eine Fotografie oder ein beliebiges Gemälde sein. Sie können sich auch selbst, etwa mit der Methode des meditativen Malens, ein Bild herstellen. Wenn möglich, sollten Sie sich für diese meditative Übung eine Stelle in Ihrem Meditationsraum suchen, die von der Sonne beschienen wird.

Beginnen Sie das Sonnengebet in der Hara-Stellung. Entspannen Sie sich, richten Sie Ihre Aufmerksamkeit auf den Schwerpunkt und atmen Sie richtig mit Unterstützung des Zwerchfells.

Erste Stellung: Stellen Sie sich aufrecht mit geschlossenen Füßen und Knien vor das Tuch. Ihre Zehen berühren die Tuchkante. Legen Sie die Hände zusammen wie im Gebet. Die Ellbogen sind leicht angewinkelt, die Daumenballen liegen auf dem Brustbein. Heben Sie die Brust und ziehen Sie den Leib so weit wie möglich herein und nach oben. Konzentrieren Sie sich nun auf Ihren Körper, und beginnen Sie, sich von den Zehen bis zum Scheitel zu versteifen. Vollziehen Sie diese Anspannung zunächst mit dem Bewußtsein, und lassen Sie dann Ihre Muskeln folgen. Dabei atmen Sie ein und halten die Luft an. Wenn Sie alle Körperpartien angespannt und dabei das Gesicht erreicht haben, lächeln Sie. Ihr Blick ruht auf dem Bild an der Wand. Empfinden Sie Ihren Körper in dem Bewußtsein, daß Ihnen Gutes geschieht.

Zweite Stellung: Lassen Sie die Hände mit durchgedrückten Knien (am Anfang dürfen Sie die Knie auch leicht beugen) zu Boden sinken, und legen Sie sie parallel zu den Kanten des Tuchs auf das Tuch. Versuchen Sie, mit der Nase oder mit der Stirn die Knie zu berühren. Atmen Sie dabei heftig und vollständig alle verbrauchte Luft aus.

Dritte Stellung: Ihre Hände liegen unverrückbar auf dem Tuch. Sie atmen tief ein und halten die Luft an. Lassen Sie sich nun auf Ihr rechtes Knie nieder, und recken Sie den Kopf so hoch wie irgend möglich. Der Oberschenkel des rechten Beins steht senkrecht. Sie stützen den Fuß mit den Zehen am Boden ab. Den linken Oberschenkel ziehen Sie waagerecht an Ihren Leib. Das Knie berührt die Brust. Die Zehen des linken Fußes berühren den Rand des Tuchs. Sie hocken in einer Art Startstellung am Boden. (Beim zweiten Durchgang wechseln Sie die Beine: Das linke stützt Sie ab, das rechte berührt Ihren Leib. In der dritten Runde ist es wieder umgekehrt usw.)

Vierte Stellung: Sie halten immer noch die Luft an. Die Hände ruhen fest in ihrer Ausgangsposition auf dem Tuch. Jetzt heben Sie den Körper und stellen das Bein, das gegen Ihren Leib gepreßt war, neben das andere Bein. Dann strecken Sie sich wie ein umgekehrtes V nach oben. Fußflächen und Handflächen bleiben fest am Boden. Diese Stellung entspricht einer Art nach oben gestrecktem Liegestütz.

Fünfte Stellung: Die Hände bleiben auf dem Tuch, und Sie lassen Ihren Körper flach auf den Boden fallen. Dabei atmen Sie aus. Stirn, Nase, Brust, Knie und Zehen berühren den Boden, nicht aber Hüften oder Unterleib. Die Ellbogen ragen neben dem Körper nach oben.

Sechste Stellung: Nun machen Sie die Arme gerade. Ihr Oberkörper richtet sich auf. Sie atmen ein, werfen den Kopf in den Nacken und blicken nach oben.

Siebte Stellung: Sie recken das Gesäß nach oben, ziehen den Kopf ein und bilden wieder das umgekehrte V aus der Stellung vier. Sie halten den Atem an.

Achte Stellung: Sie nehmen ein Bein nach vorn, die Zehen berühren das Tuch. Auf dem anderen Bein knien Sie. Diese Stellung entspricht der Stellung drei. Sie halten den Atem noch immer an.

Neunte Stellung: entspricht der zweiten Stellung. Sie atmen aus.

Zehnte Stellung: ist gleichzeitig wieder die erste Stellung. Sie atmen ein.

Diese zehn Stellungen des Sonnengebets wiederholen Sie zu Beginn etwa 15mal. Sie benötigen dazu etwa fünf Minuten. Später, wenn Sie mehr Übung haben, sollten Sie hintereinander in etwa zehn Minuten 40 ganze Sonnengebete ausführen können.*

Spiegelmeditation

Setzen Sie sich in einem dunklen Raum vor einen Spiegel. Zünden Sie eine Kerze an, deren Schein nur Ihr Gesicht erhellt. Im Spiegel darf die Flamme nicht zu sehen sein. Entspannen Sie sich, atmen Sie bewußt und richten Sie Ihre Aufmerksamkeit auf Ihren Schwerpunkt. Starren Sie dann 40 Minuten lang unentwegt in Ihre Augen im Spiegel. Blinzeln Sie nicht, auch wenn die Augen zu schmerzen beginnen und Ihnen Tränen kommen. Starren Sie weiter in den Spiegel.

Diese Übung sollten Sie täglich wiederholen. Schon nach zwei bis drei Tagen stoßen Sie auf ein seltsames Phänomen: Ihr Gesicht bewegt sich im Spiegel, nimmt neue Formen an. Manchmal wird es ganz verändert aussehen, und Sie erkennen sich im Spiegelbild nicht wieder. Dennoch sind alle diese Masken ein Bild Ihrer Persönlichkeit, Projektionen, die aus Ihrem Unterbewußtsein aufsteigen.

Nach drei bis vier Wochen täglicher Spiegelmeditation geschieht bei vielen Menschen etwas, was noch viel seltsamer ist: Auf einmal ist der Spiegel leer, sie sehen gar kein Gesicht mehr. Das ist der Moment, in der Sie der Transzendenz nahekommen. Vor Ihnen öffnet sich die totale Leere, in der alles enthalten ist. Schließen Sie in diesem Augenblick die Augen.

Nach der 40minütigen Spiegelmeditation atmen Sie tief ein und aus, blinzeln wieder mit den Lidern, schneiden ein paar

---

* Näheres finden Sie in dem Buch: »Das Sonnengebet« von Rajah von Aundh; darin finden Sie u. a. auch Abbildungen der einzelnen Stellungen.

Grimassen, rekeln und strecken sich. Dann kehren Sie zurück in den Alltag.

Manche Meditationslehrer empfehlen, diese Meditation stur durchzuhalten und die Grenzen zum Unbewußten gleichsam zu sprengen. Wenn diese Meditation aber eine zu große Qual wird oder beginnt, Sie zu sehr zu erschrecken, brechen Sie die Übung ab.

Kleinere innere Widerstände sollten Sie jedoch ertragen, denn nur, wenn Sie diese überwinden, können Sie in tiefere Bereiche Ihrer Persönlichkeit vorstoßen. Wie stark Sie sind und wie weit Sie gehen wollen, müssen Sie selbst entscheiden. Im Laufe Ihrer meditativen Übungen wird es Ihnen mit der Zeit ohnehin immer leichter fallen, immer tiefer in Ihr Unterbewußtsein vorzustoßen.

Schreib-Meditation

Das Schreiben ist eine Form der analytischen Wahrnehmung. Beim schriftlichen Fixieren von Sachverhalten, beim Notieren von Psychogrammen erfährt man oft eine neue, tiefere Klarheit. Diese Erkenntnis wird in der Technik der Schreib-Meditation genützt. Schreiben findet nie losgelöst von der Personalität, findet nie im luftleeren Raum statt. Es kann nie objektiv sein, sondern beinhaltet immer Subjektivität und spiegelt unbewußte Inhalte Ihre Psyche wider.

Setzen Sie sich in Ihrer bevorzugten Meditationsposition nieder und halten Sie einen Block und ein Schreibgerät bereit. Es kann ein weicher Bleistift, ein dicker Faserschreiber, ein Pinsel oder ein schöner Füllfederhalter sein. Entspannen Sie sich, suchen Sie Ihren Schwerpunkt und achten Sie auf Ihren Atem. Sobald Sie in einer meditativen Grundstimmung sind, können Sie eine der folgenden Möglichkeiten realisieren.

Erste Möglichkeit: Schreiben Sie ganz langsam einen Text ab, der Ihnen etwas bedeutet, Sie tief in Ihrem Innersten angerührt hat. Das kann ein Gedicht sein, ein Psalm, ein Liedtext, Beschreibungen der Tarot-Karten, ein Märchen oder ein Orakelspruch aus dem chinesischen Weisheitsbuch »I Ging«. Schreiben Sie ganz bewußt, beobachten Sie jeden Buchstaben mit aller Aufmerksamkeit, nehmen Sie die Aufstriche, die Abstriche, den Fluß der Schrift wahr.

Zweite Möglichkeit: Beschäftigen Sie sich mit einem Thema, das Ihnen wichtig ist. Das kann ein Phantasie-Thema sein oder etwas sehr Reales. Formulieren Sie, was Ihnen zu diesem Thema einfällt. Ordnen Sie Ihre Gedanken noch nicht, lassen Sie einfach in Ihr Schreibwerkzeug fließen, was aus Ihnen kommt.

Dritte Möglichkeit: Entspannen Sie sich. Alle Gedanken, die kommen, akzeptieren Sie, analysieren aber nicht und werten nicht. Sie lassen die Gedanken fließen, halten nichts fest, wollen nichts erreichen. Beobachten Sie Ihren Bewußtseinsstrom aufmerksam, so werden Sie bemerken, daß sich manche Gedanken wiederholen. Wie in einem Kreisverkehr ziehen sie immer wieder an Ihrem inneren Auge vorbei. Solche Gedanken schreiben Sie auf.

Vierte Möglichkeit: Öffnen Sie sich Ihrem Unterbewußtsein mit Hilfe Ihrer Träume. Schreiben Sie Träume auf, an die Sie sich erinnern können. Notieren Sie alles, auch Kleinigkeiten, und schreiben Sie nicht nur Stichworte auf.

Fünfte Möglichkeit: Meditieren Sie mit geschlossenen Augen. In Ihrem Schoß liegt ein Schreibblock, Sie halten einen Stift in der Hand. Alles, was an Ihrem inneren Auge vorbeifließt, schreiben Sie auf, ohne die Augen zu öffnen.

Schreib-Meditation geht vor allem in Gruppen gut. Wenn Sie allein Schwierigkeiten damit haben sollten, empfiehlt es sich, einen Partner zu suchen.

Seinen Platz finden

In vielen Kulturen galt es als ganz selbstverständlich, seinen eigenen Platz zu haben. Bei den alten Indianern war die Suche des persönlichen Kraftplatzes ein wesentlicher Schritt bei der Visionssuche, jener Suche nach dem individuellen Sinn des Lebens, der den Indianern in Form einer Vision offenbart wurde. Wenn man an diesen persönlichen Kraftplätzen meditierte, konnte man sich ihrer Meinung nach besonders gut für die Welt, die jenseits der materiellen liegt, dem Nagual, wie diese bei ihnen heißt, öffnen. Man verband sich an diesem besonderen Ort mit einer Energie, die einem selbst entsprach, und damit symbolischer Ausdruck des eigenen Platzes im kosmischen Gefüge ist.

Die instinktive Gabe, den richtigen Platz im kosmischen Organismus zu erkennen, ist den Menschen weitestgehend verloren gegangen. Nach Ansicht der Indianer, die sich eine Verbindung mit diesem uralten Wissen bewahrt haben, besitzen diesen Instinkt, der zum harmonischen Funktionieren des kosmischen Gefüges notwendig ist, vor allem die Tiere, die mit einer inneren Sicherheit in völligem Einklang mit dem übergeordneten Ganzen handeln. Für ein Tier gibt es kein Zögern oder Abwägen, es erfüllt seine Aufgabe einfach aus ganzem Herzen, aus seiner Mitte heraus und weiß eben, wo sein Platz ist, während wir Menschen uns meist wie Sand im Getriebe der Welt verhalten. Unser Traum von Friede und Harmonie (als venusische Qualitäten auch dem Stierprinzip zugeordnet) kann erst in Erfüllung gehen, wenn jeder mit Freude und aus ganzem Herzen seinen Platz in der Schöpfung annimmt. Das beinhaltet vor allem eine Neuorientierung in bezug auf die Wertsysteme, mit denen wir zur Zeit leben, die natürlich auch unser eigenes Selbstwertgefühl bestimmen (ebenfalls ein Stier-Thema). Wir müssen erkennen, daß alles gleichwertig und gleichgültig ist. Im Tierreich kämen wir gar nicht auf den Gedanken, einem Vogel mehr oder weniger Wert beizumessen als einem Hund. Das Wesentliche ist, daß jeder an *seinem* Platz steht und dort die Verantwortung für seine Aufgabe als Teil des Ganzen trägt. Diese Gewißheit, eingebettet zu sein in die kosmische Ordnung, ein Teil dieses großartigen Schöpfungsplanes zu sein und seinen Platz darin zu haben, kann dem Stierprinizip jene Sicherheit und Geborgenheit geben, die ihm Mut zu mehr Beweglichkeit gibt.

Die Suche nach einem persönlichen Kraftplatz in der konkreten Welt kann auf verschiedene Arten geschehen:

Sie können zum einen in Ihrer Wohnung nach Ihrem Platz suchen, was den Vorteil hat, daß Sie ihn oft aufsuchen werden, zum Beispiel, wenn Sie meditieren. Falls Sie nicht schon Ihren (Lieblings-)Platz in Ihrer Wohnung haben, warten Sie eine Zeit ab, in der Sie alleine sind, und gehen Sie ganz langsam durch alle Räume und versuchen Sie alle Gefühle, Empfindungen und Gedanken bewußt wahrzunehmen und lassen sie konkret werden, indem Sie sie laut aussprechen. Nehmen Sie dabei auch Ihre Hände zu Hilfe und formen mit der linken Hand eine zum Boden hin geöffnete Schale. Die linke Hand ist die empfangende, und Sie können mit ihr die Erdenergie besser wahrnehmen. Die rechte Hand legen Sie auf Ihren Bauch, knapp unter dem Nabel. Gehen Sie so durch Ihre Wohnung und »hören« Sie auf Ihren Bauch. Lassen Sie sich einfach von Ihrem Platz »rufen«. Es lohnt auch, wenn Sie Ihre Wohnungseinrichtung umstellen müssen, um an Ihren Platz ranzukommen, denn er kann ein hervorragender Kraftspender für Sie werden.

Wenn Sie Ihren Platz gefunden haben, können Sie ihn, wie es die Indianer tun, räuchern. Dazu nehmen Sie eine feuerbeständige Schale oder zum Beispiel auch eine schöne Muschel. Geben Sie etwas getrockneten Lavendel, Thuja und Salbei in die Schale und zünden Sie die Kräuter an. Besorgen Sie sich auch eine möglichst große Feder, mit der Sie die angebrannten Kräuter anfachen und den Rauch in den Raum fächeln. Gehen Sie dann mit der Räucherschale dreimal *im* Uhrzeigersinn um

Ihren Platz: einmal, um ihn zu reinigen (das ist Aufgabe des Salbei), einmal, um ihn zu weihen (das macht der Lavendel), und einmal, um ihn mit Kraft aufzuladen (das bewirkt Thuja).

Wann immer Sie meditieren oder einfach Ruhe suchen oder in Ihrer Mitte sein wollen oder wenn Sie nachdenken, suchen Sie Ihren Kraftplatz auf. Vielleicht ist es sogar möglich, daß Sie Ihren Kraftplatz zu Ihrem Arbeitsplatz machen.

Sie können die Kraftplatzsuche in Ihrer Wohnung auch noch durch eine Imaginationsreise erweitern.

Sandbildmeditation

Die Grundlage dieser Meditation ist eine Art lebendiges und abstraktes Stilleben. Das scheint nur auf den ersten Blick ein Widerspruch. Die unter dem Namen *Miracle pictures* bekannt gewordenen lebenden Meditationsobjekte sind all das in einem. Verschiedenfarbige Sandarten sind in einer speziellen Flüssigkeit zusammengebracht. Durch ihr unterschiedliches spezifisches Gewicht gehen die verschiedenen Sandarten farblich und strukturell reizvolle Mischungen ein, was jedoch einige Zeit in Anspruch nimmt. Man sucht sich einen Meditationsplatz, ca. einen Meter von dem an der Wand hängenden Sandbild entfernt, und setzt sich in Meditationshaltung, am besten mit geradem Rücken aufrecht, hin, so daß die Augen in Bildhöhe des Meditationsobjektes sind. Das Sandbild ist auf einer kleinen Drehscheibe an der Wand montiert und sollte leicht mit der Hand zu erreichen sein. Es wird nun zum Zentrum unserer meditativen Betrachtung. Der Blick ruht weich auf dem ganzen, sich in Ruhe befindenden Bild. Alles Starren und Fixieren von Einzelheiten ist zu vermeiden, es geht darum, ständig das Ganze ohne Anstrengung zu betrachten. »Schauen« ist das Schlüsselwort. Sobald Verspannungen um die Augen oder ein Anstrengungsgefühl auf der Stirn auftreten, ist es sinnvoll, diese Verkrampfungen zu lösen, indem man sich mit seinem Bewußtsein der betreffenden Stelle zuwendet. Allein diese Zuwendung wird das Problem lösen. Es geht gerade nicht darum, etwas Bestimmtes in dem Sandbild zu erkennen; es gibt nichts zu entdecken und nichts zu deuten. Alles »Ach, das sieht ja aus wie ein...« ist bereits Ablenkung des Intellekts, und sobald so etwas auftritt, ist es einfach Zeit, mühelos und schnell zum absichtslosen Schauen zurückzukehren. Diese Art des »Schauens« wird vor allem dann wichtig, wenn später Bewegung in das Bild kommt.

Nachdem wir das Bild einige Zeit in Ruhe betrachtet haben, wenden wir es vorsichtig im Uhrzeigersinn um 90°, ohne dabei unsere Meditationshaltung im wesentlichen aufzugeben. In die Ruhe des Bildes kommt nun allmählich Bewegung, die immer mehr zunimmt, sich zu einer Lawine entwickelt und dann allmählich wieder abflaut. Wir werden nun Zeuge einer typischen Schöpfungswelle. Aus der Ruhe entsteht Bewegung, die sich aufbaut bis zu einem Höhepunkt, um dann allmählich wieder zu verklingen und wieder in die Ruhe überzugehen. Während dieses ganzen Wellenprozesses lassen wir unseren Blick weich und anstrengungslos auf dem Sandbild ruhen und verfolgen das Geschehen, ohne irgend etwas zu interpretieren. Es schadet nicht, wenn wir verstehen, was für eine Symbolik vor unserem Auge abläuft, das Entscheidende aber ist das Muster, das sich unserem Inneren ganz direkt und ohne alle intellektuellen Gedanken mitteilt. Wir bleiben mit dem Prozeß, bis wieder absolute Ruhe eingekehrt ist, und auch dann noch einige Zeit. Wieviel objektive Zeit während solch einer Welle verstreicht, hängt von der Größe unseres Sandbildes ab und ist relativ unwichtig. Wenn wir einige Minuten Zeuge der neu eingetretenen Ruhe geworden sind, können wir den ganzen Vorgang wiederholen und einen neuen Schöpfungszyklus ablaufen lassen. Dieser Vorgang läßt sich beliebig oft wiederholen, es geht aber nicht darum, möglichst viele Zyklen hinter sich zu bringen, sondern der Schwerpunkt liegt auf dem bewußten, anstrengungslosen Dabeisein. Der vor uns ablaufende Rhythmus hat seine Entsprechung auf vielen Ebenen auch in uns. »Leben ist Rhythmus«, formulierte Rudolf Steiner, und wir können diese Wahrheit vom Herz- bis zum Atemrhythmus nachvollziehen. Dabei sei noch einmal betont, daß es nicht um das bewußte Nachvollziehen des Rhythmus geht, sondern um das absichtslose Zeuge-Sein. Wir bleiben ganz bei dem Geschehen, legen unseren Blick sozusagen darauf ab und lassen einfach alles in uns herein. Es ist wichtig, sich nicht durch Augenzwingern abzulenken, sondern ganz da und offen zu sein. Augenzwinkern ist immer ein kurzes Sichverschließen vor der Welt. Das Bild kann dann ja nicht zu uns herein. Wir werden ganz ohne unser Dazutun Zeuge des kosmischen Rhythmus.

Gegen Ende der Meditation drehen wir das Bild nicht weiter, sondern verschließen nach einigen Minuten der Kontemplation in Ruhe die Augen und erleben nun, wie derselbe Rhythmus in uns weiterschwingt.

Diese Meditation wird mit häufigem Üben leichter und auch wirksamer; vor allem wird dann das Weiterdrehen des Sandbildes unsere meditative Haltung immer weniger beeinträchtigen.

Sicherlich eignen sich Sandbilder für verschiedene Arten der Meditation. Der besondere Bezug zum Krebs-Prinzip liegt hier im rhythmischen Geschehen des Kommens und Vergehens. Dieser Bezug läßt sich noch verstärken durch eine entsprechende Farbwahl des Bildes. Vor allem kommen hier Silber und Weiß in Frage, in der Mischung mit allen Wasserfarben und dem Grün pflanzlicher Vegetation.

Samadhi-Satori-Tank

»Samadhi« ist ein indisches Wort und steht für einen Zustand von Erleuchtung und Befreiung. Dieser Zustand entzieht sich im wesentlichen der Beschreibung durch Worte. In einem aber sind sich alle einig, die ihn erlebt haben: Er ist von einer unbeschreiblichen Glückseligkeit, von einem bis dahin nicht gekannten Gefühl von Freiheit, Ungebundenheit und Frieden. Samadhi bedeutet geradezu Frieden mit sich und mit der Welt. Es hat ebenso mit der absoluten Leere, dem Nirwana der Buddhisten, wie auch der absoluten Fülle, dem unbegrenzten menschlichen Potential zu tun. In der Meditation ist es die Erfahrung der Transzendenz. Wer je diesen Zustand erlebt hat, wird ihn nie vergessen, und nicht selten verändert solch eine Erfahrung unser Leben nachhaltig. Das Wort »Satori« meint etwas sehr Ähnliches, wenn nicht das gleiche, nur kennen wir es vor allem aus der Zen-Tradition, und dort betont es besonders den Augenblick, das Blitzartige dieser Bewußtseinserfahrung im »Hier und Jetzt«.

Ein Samadhi-Tank ist ein schalldichter Raum, gefüllt mit Salzwasser. Durch die fast perfekte Außenreizabschirmung und durch die Salzlösung, in der der Körper gleichsam schwebt, verliert man sehr bald das Gefühl für die sonst ständig auf uns wirkende Schwerkraft. Es ist, als wäre man wieder in die schützende Gebärmutter zurückgekehrt und triebe schwerelos im Urmeer, dem Fruchtwasser. Die Bittersalzlösung ist von einer Zusammensetzung und Temperatur, die uns auch praktisch alle taktilen Reize auf der Haut sehr schnell verlieren lassen. Durch die »hermetische« Abgeschlossenheit des Tanks und das zusätzliche Augenschließen erreichen uns bald auch keinerlei optische Reize mehr. Schließlich verhindert die Schallisolation auch noch die akustischen Außenkontakte. Solcherart von allen äußeren Reizen, die sonst unser Leben bestimmen, abgeschirmt, richtet sich das Bewußtsein nach innen. Das Fehlen praktisch aller Sinneseindrücke kann zu einer unvergleichlichen Entspannung führen, einer Entspanung, die noch unendlich tiefer als jene des tiefen Schlafes sein kann. Voraussetzung dafür ist allerdings Angstlosigkeit vor dem Allein- und Abgeschlossensein und Vertrauen in die Situation.

Das eigentliche Feld des Samadhi-Tanks aber, zu dem er ja auch ursprünglich gebaut wurde, liegt im psychischen Bereich. Durch die völlige Ausschaltung aller Ablenkungsmöglichkeiten von außen werden wir frei für innere Erfahrungen, für Reisen in unsere ebenso unbekannte wie geheimnisvolle Innenwelt. Ohne alle ständigen äußeren Licht- und Tonreize entsteht ganz von selbst ein Zustand von Meditation. Ohne äußere Eindrücke fällt plötzlich aller äußerer Druck von uns, das Gefühl für die Zeit verschwindet und mit ihm alle Hetze und Getriebenheit – Zeitlosigkeit aber fühlt sich an wie Ewigkeit. Durch das schwerelose Schweben kann es auch sein, daß nicht nur die Bindung an die Zeit, sondern auch jene an den Raum verschwindet – grenzenlose Ungebundenheit ist die Folge. In diesen Erfahrungsmöglichkeiten liegt das eigentliche Geheimnis des Tanks, von diesen Erlebnissen hat er seinen Namen bekommen. In jenen gelösten Bewußtseinszuständen kann es geschehen, daß jetzt, wo alle äußeren Bilder abgeschaltet sind, die inneren Bilder in großer Klarheit und Eindringlichkeit aus uns aufsteigen. In der ungewöhnlich tiefen Ruhe und Gelöstheit mobilisieren wir auch unbewußt große Regenerations- und Heilungskräfte aus den Tiefen unserer Seele und bekommen wieder Kontakt mit unserer inneren Stimme, unserer Intuition.

Todesmeditation

Vor dieser Meditation sollten Sie sich etwas Zeit nehmen, um sich mit der Binsenweisheit anzufreunden, daß auch Sie, wie jeder andere Mensch, irgendwann einmal sterben müssen. Ja, wir können feststellen, daß nichts so sicher ist wie unser Tod. Viele Kulturen und alle esoterischen Traditionen sehen einen großen Wert darin, sich dieser Gewißheit bewußt zu stellen, anstatt sie zu verdrängen, wie es etwa in unserer Kultur geschieht. Die verschiedenen Totenbücher, deren bei uns bekannteste Vertreter das tibetische und das ägyptische sind, zeugen von dieser Auseinandersetzung, und besonders das tibetische Totenbuch bringt auch für westliche Menschen geeignete Meditationen zum Sterben und der Reise danach.

In unserer Todesmeditation wollen wir uns allerdings dem Zeitraum vor dem Tode zuwenden. Dazu sollten Sie sich einen ungestörten Platz suchen und sich lang ausgestreckt hinlegen. Sie können entsprechende Räucherstäbchen entzünden oder Weihrauch verbrennen und eine passende Musik hören. In Frage kommen alle getragenen Meditationsmusiken, wie etwa »Windharfe« von Wolf-Dieter Trüstedt* oder die klassischen Oratorien, wie etwa das von Mozart.

Dann stellen Sie sich vor, daß Sie *nur* noch ein Jahr zu leben haben oder *noch* ein ganzes Jahr. Spüren Sie zuerst einmal das Gefühl, wenn Sie dieses Urteil hören, etwa von einem Arzt. Und dann schauen Sie sich an, was jetzt für Sie wichtig ist. Was tun Sie, oder tun Sie überhaupt etwas? Was ist noch wichtig, und was wird wichtig? Was dagegen wird gänzlich unwichtig und fällt von Ihnen ab? Nehmen Sie sich eine halbe Stunde Zeit, um dieses letzte Jahr anzuschauen.

Die Zeit können Sie natürlich variieren und sich etwa auch eine ganze Stunde Zeit nehmen. Außerdem können Sie auch den Zeitraum, über den Sie meditieren, variieren und sich vorstellen, daß Sie noch 10 Jahre, oder 1 Monat, 1 Woche, 1 Tag, 1 Stunde zu leben haben.

Tantra

Die Wurzel für Tantra liegt im indischen Raum. Aus ihr ist eine ganze Reihe meditativer Praktiken entstanden, die eine grundlegende Gemeinsamkeit haben: Es geht um die Verwandlung von sexueller in spirituelle Energie. Ein Tantriker erweckt alle

---

* Edition Neptun, München.

Kräfte seines Körpers, seines Geistes und seiner Gefühle, um so der Erleuchtung näherzukommen.

In den westlichen Ländern wird meist nur ein winziger Teil der gesamten Tantra-Methode betrachtet. Es ist der Teil, der sich mit der Sexualität des Menschen befaßt. Der Tantra-Weg geht jedoch weit über diesen Aspekt hinaus. Im Kontext eines umfangreichen methodischen Systems spielt die Sexualität, ihre Verwirklichung und Überwindung, eine Rolle, die nicht überschätzt werden darf. Ziel des Tantra ist nicht der alles auslöschende Orgasmus, sondern die Öffnung des Bewußtseins und der Vorstoß zu neuen Bereichen einer kosmischen Gesamtschau.

Die detaillierten praktischen Anweisungen für Tantra-Sex mögen zwar das eigene Sexualleben bereichern, sind aber für sich genommen auf dem Weg zu einer geistig-seelischen Weiterentwicklung nutzlos.

Voraussetzung für den Weg des Tantra ist die Beherrschung ausgeklügelter meditativer Methoden, die denjenigen Techniken sehr ähnlich sind, die auch beim Raja-Yoga praktiziert werden. Atem- und Körperkontrollen, Konzentration und Leeren des Bewußtseins sind Bestandteil der Tantra-Meditation.

Sexualität gilt im Tantra als wichtige spirituelle Erfahrung. Im Tantra wird nicht Askese gefordert, sondern Vergnügen und Weiterentwicklung schließen sich hier nicht aus. Im Geschlechtsverkehr, der allerdings strengen Regeln unterworfen ist, sieht der Tantriker die Vereinigung der beiden Polaritäten Mann und Frau als Shiva und Shakti, Yin und Yang. Der Tantra-Weg wird gerade durch die Bejahung der Sexualität, durch ihre Strukturierung und die Kanalisierung der Leidenschaften zu einem der schwierigsten und gefährlichsten Pfade der Weiterentwicklung. Nach Ansicht von erfahrenen Tantra-Lehrern ist es ein Balance-Akt quasi auf des Messers Schneide, bei dem man gleichzeitig noch mit einem unter tödlicher Hochspannung stehenden elektrischen Kabel hantieren muß. Es erscheint deshalb verständlich, daß allgemein davor gewarnt wird, den Tantra-Weg allein und ohne erfahrene Unterstützung durch einen Meister zu beschreiten.

Tai Chi

Tai Chi ist eine alte chinesische Bewegungskunst, die im Westen gern mit »Schattenboxen« übersetzt wird. Sie ist sowohl Heilgymnastik als auch Meditation und Selbstverteidigung. Tai Chi ist ein sehr vielfältiges Bewegungssystem, das langer Praxis bedarf, bis es vollständig beherrscht wird. Die harmonisierenden Wirkungen machen sich jedoch schon bemerkbar, auch wenn es noch unvollständig beherrscht wird.

Grundprinzip des Tai Chi ist die geduldige, kreisförmige, niemals endende, ausgeglichene Bewegung. Ihr Symbol ist deshalb der aus zwei in sich verschlungenen Halbkreisen, einem hellen und einem dunklen, zusammengesetzten Kreis, der das Yin- und Yang-Prinzip repräsentiert.

Es geht dabei um ständigen Wandel, ausgedrückt in dynamischen und doch ruhigen, runden Bewegungen, um die Harmonie der Energieströme.

Als Heilgymnastik führt Tai Chi zu Harmonie des Körpers. Als Selbstverteidigung ist Tai Chi eine passive, gewaltfreie Form des Widerstandes. Sie weicht Angriffen flexibel aus und nutzt die somit sinnlos gewordene Energie des Gegners, um ihn zu Boden zu zwingen. Ziel des Tai Chi ist es immer, den Angreifer nicht zu verletzen. Als Meditation versucht Tai Chi, durch Umwandlung aus den Energien des Körpers und der kosmischen, alles durchdringenden Kraft eine Einheit herzustellen.

Diese Einheit wird jedoch erst einmal vom Körper ausgehend erfahren. Zunächst lehrt Tai Chi, den Körper, seine Funktionen und seine Energieströme zu erkennen. Daraus entwickelt sich das Gewahrwerden der alles umfassenden Einheit. Im Mikrokosmos wird der Makrokosmos erfahren.

Der erste Schritt im Tai Chi ist das Wahrnehmen. Meister Al Chuang-liang Huang sagte dazu: »Siehst du die Stühle, siehst du den Boden, siehst du die Person neben dir? Halte auch die Ohren offen. Hörst du das Scharren der Füße? Hörst du die Gespräche nebenan? Hörst du den eigenen Atem und den der Person neben dir? Halte diese Wachsamkeit rundum lebendig, ohne dein Zentrum zu verlieren. Das ist Tai Chi-Meditation.« Der nächste Schritt ist das Vergessen. Wer alles wahrnehmen kann, kann auch das Nichts, die Leere wahrnehmen und erfahren.

Traummeditation

Nachts, wenn der Mond seine Herrschaft antritt, reisen wir in die Bilderwelt der Träume, wir tauchen ein ins Meer des Unbewußten und überschreiten die Grenzen von Raum und Zeit. Ein Drittel unseres Lebens verbringen wir dort, wo unser Bewußtsein nicht an die Gesetze der materiellen Welt gebunden ist. Erstaunlich, daß wir einen so großen Teil unseres Lebens mit Bemerkungen wie »Träume sind Schäume« abtun und nur, was uns unsere sechs Sinne »vorgaukeln«, für wahr nehmen. Wir müssen wieder lernen, diesem Teil des Lebens genausoviel Bedeutung beizumessen wie jenem Bereich, den wir im allgemeinen für die einzige Realität halten. Denn wie wir das Weibliche mißachten, Mutter Erde mißbrauchen, die rechte Gehirnhälfte zugunsten der linken ein Schattendasein führt, so haben wir auch die Verbindung zu den unsichtbaren Welten unserer Seele verloren. Die Träume sind Brücken in diese geheimnisvolle Welt, in der alles möglich ist.

So wie Erlebnisse des Wachbewußtseins unsere Träume beeinflussen, so sollten auch die Träume unser Wachbewußtsein beeinflussen dürfen, beinhalten und zeigen sie doch Teile unserer Persönlichkeit, die auch gelebt werden müssen, wenn wir *ganze*, heile Menschen sein wollen. Die Indianer betrachten das ganze Leben als Traum; Nachttraum und Tagbewußtsein bilden für sie eine untrennbare Einheit, wie beide Hälften des Gehirns. Ihre Aufforderung »Tanze deinen Traum wach!« meint, daß wir unser Höheres Selbst, das in jener immateriellen Welt, wo auch die Träume wohnen, im Nagual, wie sie es nennen, beheimatet ist, in unserem Leben auf der Erde wirken lassen, daß wir unser wahres Selbst verwirklichen.

In vielen alten Kulturen war es ganz selbstverständlich, daß man auf der Suche nach dem Traum seines Lebens die Träume der Nacht zu Hilfe nahm. In den sogenannten »Großen Träumen« empfing man Visionen, die die Lebensaufgabe offenbarten und die man zu erfüllen hatte. Es waren Geschenke des Nagual, um die man demütig bitten mußte und denen man große Bedeutung beimaß. Die Großen Träume erkannte man daran, daß sie in mehreren aufeinanderfolgenden Nächten immer wiederkehrten und äußerst intensiv erlebt wurden. Der Träumende befindet sich dabei in einem Bewußtseinszustand, der sowohl Schlaf als auch ein Wachzustand ist, das heißt, man träumt und weiß aber gleichzeitig, daß man träumt, kann jedoch trotzdem nicht in das Traumgeschehen eingreifen, da man sich mitten im Traum befindet. Große Träume beinhalten auch oft Warnungen, Informationen für neue Lebensabschnitte, Einweihungen oder Berufungen, die man beachten sollte, zumindest sollte man das Traumerlebnis symbolisch nachvollziehen, es wie ein Theaterstück durchspielen und die Wurzeln herauszufinden suchen.

Eine gute Möglichkeit, um Träume verstehen zu lernen, ist, sie in die tägliche Meditation einzubeziehen. Dazu ist es natürlich nötig, sich an das Traumgeschehen zu erinnern. Um das Erinnerungsvermögen zu steigern, gibt es einige unterstützende Maßnahmen: Nehmen Sie sich vor dem Einschlafen, kurz bevor Sie in den Traum hinübergleiten vor, daß Sie den Traum im Gedächtnis behalten werden. Morgens beim Aufwachen bewegen Sie sich erst dann, wenn Sie sich das Traumgeschehen ganz ins Bewußtsein geholt haben. Führen Sie auch ein Traumtagebuch, das Sie griffbereit neben Ihrem Bett haben.

Am besten ist es, wenn Sie den Traum gleich als Thema für Ihre Morgenmeditation verwenden. Nehmen Sie Ihre Meditationsstellung ein, nachdem Sie ein Räucherstäbchen entzündet haben, und machen Sie eine vorbereitende Atemübung. Dann erleben Sie Ihren Traum in der Meditation noch einmal. Achten Sie dabei auf alle Einzelheiten, jede Kleinigkeit kann von großer Bedeutung sein. Lassen Sie Ihre innere Stimme bei der Interpretation zu Wort kommen.

Beachten Sie besonders immer wiederkehrende Symbole oder Traummotive. Beenden Sie die Meditation, wenn Sie das Gefühl haben, daß Sie die Botschaft des Traumes erreicht hat. Sie können dann noch Ihre Erkenntnis in Ihrem Traumtagebuch notieren, um Puzzlestein für Puzzlestein zu einem Bild Ihrer Seele zusammenzufügen.

Tastsinnübung

Da wir in der Regel mit unserem Bewußtsein und mit unserer Aufmerksamkeit nicht bei der Sache sind, die wir mit unseren Händen tun, ist eine Tastsinnübung eine gute Möglichkeit, um den Automatismus auf diesem Gebiet zu mildern.

Grundsätzlich wäre es natürlich das beste, die Aufmerksamkeit ständig auf jene Dinge zu richten, die man gerade tut oder berührt. Immerwährende Bewußtheit, das bewußte Sein im Hier und und Jetzt ist ja »Ziel« von Meditation. Versuchen Sie also so oft wie möglich *wirklich* zu fühlen, was Sie in Händen halten oder berühren.

Um das zu lernen, können Sie auch folgende Übung machen: Nachdem Sie sich zehn bis zwanzig verschieden geformte Steine gesucht und Sie auf Ihrem Meditationsplatz vor sich ausgebreitet haben, bereiten Sie sich auf die innere Reise vor: Zünden Sie sich ein Räucherstäbchen an, entspannen Sie sich, machen Sie eine der Atemübungen, die schon beschrieben wurden, und richten Sie dann Ihre ganze Aufmerksamkeit auf die Steine. Betasten und befühlen Sie jeden einzelnen, einen nach dem anderen. Versuchen Sie durch die Berührung auch das Wesen jeden Steines zu erfassen, denn auch Steine sind Lebewesen. Wenn Sie alle Steine befühlt haben, schließen Sie die Augen und nehmen jeden Stein nochmals in Ihre Hände und prüfen Sie, ob Sie ihn wiedererkennen. Vielleicht ist Ihnen auch einer der Steine besonders sympathisch oder »ruft« Sie, dann nehmen Sie ihn in Gedanken mit in Ihre Meditation. Lassen Sie sich seine Geschichte erzählen, wie das für die Indianer selbstverständlich war. Für sie nämlich sind die Steine unsere »Brüder«, unsere ältesten Verwandten. Ihrem Glauben nach ist in den Steinen die Evolutionsgeschichte der Erde eingeprägt, sie sind so das Gedächtnis der Welt und werden mit besonderer Ehrfurcht behandelt. Nach Ansicht der Indianer hat jeder Mensch einen Verbündeten im Reich der Steine, der dem Menschen als Hilfe in seinem Leben zur Seite steht.* Es wäre also durchaus möglich, daß Sie bei dieser Übung Ihren Steinverbündeten gefunden haben.

Ton modellieren

Meditativ-imaginatives Gestalten ist geeignet, die in jedem Menschen vorhandene Kreativität zu fördern und letztendlich transzendentale Erfahrung zu ermöglichen. Es geht dabei nicht um gezieltes künstlerisches Arbeiten, sondern darum, die Spaltung des Menschen in seinen vernunft- und seinen gefühlsbetonten Teil zugunsten einer einheitlichen Personalität aufzuheben.

Diese meditative Übung bereiten Sie vor, indem Sie sich Ton

---

* Näheres zu diesem Thema finden Sie in Lu Lörlers Buch »Die Hüter des alten Wissens«.

besorgen und Musik bereitlegen, die Ihnen besonders sympathisch ist. Sie soll beim eigentlichen meditativen Modellieren leise im Hintergrund erklingen. Falls Sie das Gefühl haben, besonders gestreßt und verspannt zu sein, ist es empfehlenswert, wenn Sie sich zunächst abreagieren. Beginnen Sie dann mit der Entspannungsphase. Verwenden Sie eine der Übungen, die wir im Kapitel »Die Praxis der Meditation« beschrieben haben. Achten Sie auf Ihren Atem. Zentrieren Sie sich und werden Sie Ihres Schwerpunkts gewahr.

Starten Sie nun die von Ihnen gewählte Meditationsmusik und nehmen Sie einen Klumpen Ton in die Hände. Schließen Sie die Augen und fühlen Sie den Kontakt mit der kühlen Masse. Kneten Sie den Ton, ohne ein Ziel dabei zu haben. Sie können nichts falsch machen und nichts richtig, denn Ihr Modellieren hat keinen Zweck, da Sie keinen Gebrauchsgegenstand herstellen wollen. Sie fühlen den Ton und spüren dabei eine neue taktile Erfahrung. Machen Sie sich dieses Fühlen ganz bewußt. Ihre völlige Aufmerksamkeit ist in Ihren Händen. Lassen Sie sich in Ihren Bewegungen von der Musik aus dem Hintergrund tragen. Formen Sie den Ton entsprechend den Tönen der Musik. Spüren Sie, wie befreiend dieses Gefühl sein kann und wie Sie sich von der Überbetonung des Intellekts lösen. Genießen Sie diesen Zustand.

Sie können in einem weiteren Schritt dieser Meditation den von Ihnen geformten Gegenstand zum Ziel meditativer Betrachtungen machen. Öffnen Sie die Augen und sehen Sie auf die Form, die Sie geschaffen haben. Lenken Sie Ihr Bewußtsein, Ihre Aufmerksamkeit auf diese Form. Nehmen Sie jede Einbuchtung, jede Erhöhung wahr, fühlen Sie innerlich das Material Ton, ein Produkt der Erde. Spüren Sie, wie diese Erfahrung Ihnen wohltut.

Traumreise – Reisetraum

Da sich innen und außen entsprechen wie oben und unten, können Sie ein äußeres Reiseziel auch als Ausgangspunkt für eine innere Bildreise nehmen.

Am besten, Sie wählen ein schönes Foto eines Ihrer Traumreiseziele, das viel von Landschaft und Kultur jenes Ortes enthält. Stellen oder hängen Sie sich dieses Bild an Ihren Meditationsplatz, machen vielleicht noch leise im Hintergrund Musik, die aus diesem Kulturraum kommt, und begeben Sie sich dann in Ihre Meditationshaltung im Sitzen. Lassen Sie Ruhe in sich einkehren, geben Sie sich ganz dem Moment hin, spüren Sie die Unterlage, die Sie trägt, lassen los von allem Alltagsgeschehen, lassen sich fallen in diesen Augenblick, in einen Zustand der Ruhe. Und wenn Ihr Körper immer schwerer wird und tiefer sinkt, werden Ihr Atem und Ihre Gedanken und inneren Bilder immer leichter und freier. Sie betrachten nun das Bild vor Ihnen mit »weichem« Blick, nehmen alles ganz genau wahr und lassen es auf Sie wirken. Und so allmählich nähern Sie sich in Gedanken immer mehr diesem äußeren Bild, und bald vermischen sich äußeres und inneres Bild, es ist, als könnten Sie jenes Bild vor Ihnen betreten und sind auf einmal dort. Und so gehen Sie durch diese fremde Landschaft, treffen auf Menschen, die dort leben, hören ihre Sprache, beobachten ihre Lebensgewohnheiten, riechen den Geruch, der dort herrscht, sind einfach ganz dort.

Sie können im Verlauf dieser Meditation auch Ihre Augen schließen und die Bilderreise in Ihrem Inneren weitererleben. Lassen Sie sich ganz ein auf Ihre Traumreise, so als wären Sie wirklich dort.

Wenn Sie diese Meditation dann beenden wollen, atmen Sie wieder ein paarmal tief, bewegen Ihren Körper und öffnen dann Ihre Augen.

Verschwinden

Bhagwan Shree Rajneesh beschreibt diese uralte Meditationsform, die heute noch in einigen tibetanischen Klöstern praktiziert wird.

Setzen Sie sich in Ihre Meditationsstellung. Stellen Sie sich dann vor, daß Sie immer durchsichtiger werden. Schlüpfen Sie aus Ihrer Haut heraus, und beobachten Sie, wie Sie langsam verschwinden, bis der Platz leer ist, auf dem Sie gesessen haben. Sie sind einfach nicht mehr da. Wie wäre die Welt ohne Sie? Was würde sich ändern?

Sie können diese Meditation öfter am Tag versuchen. Jedesmal einige Sekunden sind schon genug.

Bhagwan sagt zu dieser Meditation: »Wenn dir immer mehr bewußt wird, daß die Welt auch ohne dich ganz wunderbar weitergeht, dann wirst du bald einen anderen Teil deines Wesens kennenlernen, den du sehr lange, viele Leben lang, vernachlässigt hast. Und das ist die empfängliche Seinsweise. Du läßt einfach alles ein, du wirst zu einer Tür.«

Vokalatmen

Ganz Ähnliches gilt für das sogenannte Vokalatmen. Auch Töne sind ja Schwingungen und können durchaus heilende Wirkung entfalten, wie wir aus zahlreichen Ritualen von den Schamanen bis zur christlichen Kirche wissen.

Beim Vokalatmen beginnt man am besten wie schon beim Farbatmen mit einer Entspannung, an die sich tiefes Atmen anschließt. Beim Ausatmen öffnet man dann den Mund, und der Ausatemstrom formt den Vokal A, wobei der im Körper mitschwingende Bereich deutlich zu spüren ist. Nun läßt man einige Minuten »A« erklingen, das nur durch die kurzen Einatemphasen unterbrochen wird. Diese Meditation macht noch mehr Spaß, wenn man sie zu mehreren erlebt. Dann entsteht ein ununterbrochenes Schwingungsfeld, das nicht einmal durch das Luftholen unterbrochen wird, da die verschiedenen Teilnehmer zu unterschiedlichen Zeiten einatmen. Auf das »A« folgt sodann das »E«, und wir erleben, daß nun ein ganz anderer Bereich unseres Körpers ins Mitschwingen gerät. Ähnliches gilt für die folgenden Vokale »I«, »O« und »U«. Natürlich kann man die einzelnen Töne auch ineinander übergehen und so eindrucksvolle Klangmuster wachsen lassen. Besonders in der Gruppe kann diese Meditationsart zu einem tiefen und lange anhaltenden Erlebnis werden.

Vergangenheitsmeditation

Der Blick zurück in die Vergangenheit und die Sehnsucht nach der Geborgenheit und dem Schutz im »Reich der Mütter« kann Ausgangspunkt für eine Meditation sein:

Setzen oder legen Sie sich in Ihrer bevorzugten Meditationshaltung hin, nachdem Sie sich eine geborgene Atmosphäre geschaffen haben. Leiten Sie dann die Meditation mit einer Entspannungsübung ein: Beginnen Sie mit Ihrem Gesicht – entspannen Sie Ihre Gesichtsmuskulatur, Augen, Mund, Bakken, Kiefer, Stirn. Wenn Sie alle Spannungen gelöst haben, stellen Sie sich vor, die Essenz dieses Entspannungszustandes sammelt sich in einem Wassertropfen, den Sie langsam in Ihr Gehirn fließen lassen, bis auch dort sich absolute Entspannung ausbreitet. Der Tropfen fließt dann weiter in Ihre Füße, und von dort steigt dann sanfte Ruhe und Entspannung durch den ganzen Körper auf. Genießen Sie diesen Zustand eine Weile, und lassen Sie dann langsam Bilder aus Ihrer Vergangenheit aufsteigen. Hilfreich ist es, wenn Sie sich einen bestimmten Zeitraum dafür setzen, zum Beispiel ein Vorleben, die Zeit vor Ihrer Geburt, Ihre frühe Kindheit, das letzte Jahr, oder einfach nur den letzten Tag. Beachten Sie alle Einzelheiten, die an Ihrem inneren Auge vorbeiziehen, und lassen Sie

sie auf sich wirken. Beobachten Sie die vielen Augenblicke und Ereignisse ganz genau, beschreiben Sie für sich deren Wirkung auf Sie, auf Ihre Gefühle, Ihre Emotionen, Ihr Denken. Betrachten Sie die vielen Situationen der Freude, des Kummers, des Zornes, der Wärme. Betrachten Sie in gleicher Weise sowohl Spitzenerlebnisse als auch die scheinbar grauen und unbedeutenden. Versuchen Sie dabei möglichst neutral zu sein und nichts zu bewerten. Alles ist einfach gut, weil es so ist, wie es ist. Versuchen Sie die Botschaften der Vergangenheit, die für Ihre Gegenwart und wahrscheinlich auch Ihre Zukunft wichtig sind, zu entschlüsseln. Wenn Sie, ohne zu urteilen, zu werten, zu rationalisieren und zu etikettieren, beobachtet haben, dann entlassen Sie die Bilder aus Ihrer Vergangenheit. Lassen Sie sie zu Tropfen werden, die in einen frischen sprudelnden Bach fließen, der sie fortträgt, bis sie irgendwann wieder im Urmeer ankommen, wo alle Erinnerungen und alle Zukunft wohnen. Lassen Sie dabei auch alle Schuldgefühle, Gewissensbisse, Ärger und Versäumnisse mit dem Bach wegfließen. Das Wasser als Symbol der Reinigung kann alles fortnehmen, was Sie hindert, den nächsten Tag wie neugeboren zu erleben.

Wenn Sie diese Meditation beendet haben, atmen Sie ein paarmal kräftig ein und aus, bewegen Ihren Körper und öffnen dann Ihre Augen.

Wirbelmeditation

Auf Bewegungen um ein Zentrum baut die folgende dynamische Wirbelmeditation der Sufi-Derwische auf. In ihrer rasenden Drehbewegung um einen einzigen Punkt vereinigen sich Dynamik und Stille, wie beim Rad: Während sich der Reifen rasend dreht, steht die Nabe quasi still. Im Bild des Rades sind die beiden Pole vereint. Die Wirbelmeditation der Derwische ist deshalb ein Weg, seine Energien in einer Form zu verausgaben, die im Zentrum zu tiefer Ruhe führt. Körper, Geist und

Seele verschmelzen zu einer erlebbaren Einheit. Transzendente Gipfelerlebnisse werden in einem tranceartigen Zustand möglich.

Voraussetzung für die Wirbelmeditation ist, daß Sie einige Stunden vorher weder essen noch trinken und möglichst auch nicht rauchen. Kleiden Sie sich bequem in weite, nicht beengende Gewänder, und tragen Sie keine Schuhe.

Beginnen Sie in der Hara-Position und suchen Sie Ihren Schwerpunkt, der unterhalb des Nabels in der Körpermitte liegt. Versuchen Sie, mit Hilfe des Zwerchfells zu atmen, und entspannen Sie sich. Drehen Sie sich dann auf der Stelle im Uhrzeigersinn im Kreis. Ihre Augen sind offen und schauen ins Leere. Der rechte Arm ist leicht erhoben, die Handfläche öffnet sich nach oben. Der linke Arm zeigt mit leicht angewinkeltem Ellbogen nach unten, die Handfläche ist in Höhe der Hüfte zum Boden geöffnet.

Die Drehbewegungen beginnen langsam im Rhythmus einer gleichmäßigen und lebendigen Musik. Langsam steigert sich dann die Geschwindigkeit des Drehens. Drehen Sie sich immer schneller, aber werden Sie dabei nicht hektisch. Die Bewegung muß Ruhe nach außen und nach innen ausstrahlen. Richten Sie Ihre Aufmerksamkeit auf das Zentrum Ihres Schwerpunkts im Hara, und Sie werden feststellen, daß Sie dort ganz ruhig sind – wie die Nabe des Rades. Beobachten Sie, wie sich diese Ruhe immer mehr konzentriert, wie im Zentrum des Wirbels eine sehr stille innerliche Zone entsteht. Genießen Sie dieses Gefühl.

Wirbeln Sie so lange weiter, bis Sie von selbst zu Boden gleiten. Das kann am Beginn schon nach wenigen Minuten erfolgen; sobald Sie mehr Übung haben, dauert es länger. Bleiben Sie dort liegen, wo Sie zu Boden gefallen sind, stehen Sie nicht gleich wieder auf, sondern berühren Sie mit ihrem entblößten Nabel in Bauchlage den Boden. Fühlen Sie, wie Sie im Boden versinken, und bleiben Sie mindestens 15 Minuten lang so liegen.

Wunscherfüllungsmeditation

Legen oder setzen Sie sich bequem hin, entspannen Sie sich, indem Sie langsam mit Ihrer Aufmerksamkeit, beginnend bei den Füßen, Körperteil für Körperteil von seinen Anspannungen befreien. Lassen Sie los, lassen Sie sich fallen, geben Sie sich ganz der Unterlage hin, die Sie trägt. Wenn Sie dann einen Zustand großer Ruhe erreicht haben, stellen Sie sich vor, in welcher Lebenssituation Sie in drei Monaten leben wollen. Beginnen Sie mit der Vorstellung, wie Sie Ihren Körper, Ihr Aussehen, Ihre Ausstrahlung gerne hätten; dann stellen Sie sich vor, in welchem seelischen und mentalen Zustand Sie sich befinden möchten. Stellen Sie sich auch die materiellen Dinge vor, die Sie glauben für Ihr Wohlbefinden zu benötigen. Denken Sie dabei nicht, wie schön es wäre, wenn Sie das alles hätten, sondern gehen Sie davon aus, daß Sie es haben. Sie wünschen sich nicht, Sie stehen inmitten Ihres verwirklichten Wunschbildes. Fühlen Sie, daß Sie den Wunsch bereits erfüllt haben. Wenn Sie dann meinen, daß Sie sich alles plastisch und real genug vorgestellt haben, beenden Sie Ihre Meditation mit dem Gefühl der Sicherheit, daß Sie erreicht *haben*, was Sie erreichen *werden*.

Sie werden staunen über die Kraft Ihrer Gedanken, mit der Sie vieles verwirklichen können. Wichtig bei dieser Übung ist aber, daß Sie sich bewußt darüber sind, daß Sie immer, wenn Sie etwas nehmen, auch etwas dafür geben müssen. So wie früher die Menschen für eine gute Ernte den Göttern geopfert haben, so fordert das Schicksal auch heute noch seine Opfer, zum Beispiel in Form von Lernschritten, die man vollziehen muß.

Außerdem sollten Sie bei dieser Übung über jenen weisen Satz meditieren, der warnt: »Bedenke, worum du bittest, es könnte dir gewährt werden.« Suchen Sie nach Beispielen aus Ihrem Leben, wo Sie erfahren haben, daß ein Wunsch, den Sie unbedingt erfüllt haben wollten, Ihnen dann, als er erfüllt worden war, als Unglück erschien, das Sie nun möglichst schnell wieder los sein wollten, weil es Ihnen wohl ähnlich ergangen ist wie dem Zauberlehrling in Goethes Ballade, der die Geister, die er rief, nicht mehr los wurde.

Wissensmeditation

Höheres Wissen und Weisheit sind dem Verstandes-Prinzip zugeordnet. Gemeint ist damit nicht jenes Wissen, das heute in Schulen, Büchern und Massenmedien als Information verbreitet wird, sondern jenes Urwissen über die Sinnzusammenhänge des Lebens, das in allen esoterischen Traditionen weitergegeben wurde und wird. Es ist das Wissen, das tief aus uns kommt, das im kollektiven Unbewußten (wie C. G. Jung es nannte) gespeichert ist oder in der Akashachronik (wie es im Osten heißt).

Dieses Wissen, das Weisheit meint, ist immer da, und jeder, der sich dazu Zugang verschafft, kann dieses Wissen erlangen.

Ein erster kleiner Schritt dazu ist es, sich in Meditation von der Flut des vordergründigen »Informationswissens« zu lösen, nach innen zu gehen und die innere Stimme hören zu lernen. Üben Sie das also in der folgenden Meditation:

Legen oder setzen Sie sich an Ihren Meditationsplatz und tauchen Sie ein in einen Zustand tiefer Ruhe und Meditation, wie schon vorher beschrieben. – Wenn Sie dann das Gefühl haben, in Ihrer Mitte zu ruhen, richten Sie Ihre Aufmerksamkeit auf Ihr Drittes Auge, das sich an der Nasenwurzel zwischen Ihren Augenbrauen befindet. Es ist dies der Sitz des 6. Charkas, des Ajna-Zentrums, dessen Erweckung den Zugang zu allumfassendem Wissen, zur Akashachronik ermöglicht. Jeden Einatem holen Sie nun hoch in dieses Energiezentrum und bleiben mit Ihrer Aufmerksamkeit auch dort, während Sie ausatmen. Nachdem Sie neunmal auf diese Weise geatmet haben, stellen Sie eine Frage, auf die Sie eine Antwort suchen, in den »Raum« Ihrer Meditation. Öffnen Sie sich für das Aufsteigen der Antwort, in welcher Form dies auch geschieht, ob sie als Bild, als Gefühl, als eine Stimme oder konkret als Wort erscheint. Vertrauen Sie Ihrer Intuition und Ihrer inneren Stimme und nehmen Sie sie für wahr.

Mit öfterem Üben werden Sie bemerken, daß die Antworten auf Ihre Fragen wirklich alle in Ihnen sind, daß alles Wissen, das Sie draußen suchen, auch in Ihnen ist.

Wiederholen Sie diese Meditation öfter und beenden Sie sie auf die übliche Weise: tief atmen, den Körper bewegen, die Augen öffnen.

Wasser-Imaginationen

Beginnen Sie alle diese Meditationen mit den Formeln des autogenen Trainings:

Ich liege ganz schwer und entspannt auf dem Boden. – Ich fühle meinen Körper ganz bewußt und intensiv. Ich fühle, wie schwer ich bin. Ich bin gelöst und ruhig. Meine Hände und Arme sind schwer. Mein Nacken und meine Schultern sind ganz schwer. Meine Füße und Beine sind ganz schwer. – Mein Gesicht ist entspannt und gelöst. – Ich lasse alles los und gebe alle Spannungen ab. – Ich bin ganz ruhig und entspannt...

Im nächsten Schritt lassen Sie sich von Ihren Imaginationen forttragen. Wählen Sie eine der folgenden Imaginationen. Sie können passend dazu eine Meditationskassette mit Wassergeräuschen (das Wogen des Meeres, das Plätschern einer Quelle) abspielen.

Das erste Imaginationsbeispiel: *Ich liege ganz entspannt auf dem Rücken. Das Wasser eines klaren Sees trägt mich. Fast habe ich kein Gewicht mehr. Ich spüre leichte Wellen und*

Vibrationen. Eng schmiegt sich das Wasser an meinen Körper an. Ich weiß, daß alles Leben aus dem Wasser kommt, und spüre, wie ich von diesen Lebenskräften durchströmt werde. Das Wasser ist mein Verbündeter. Es umhüllt mich, es trägt mich. Ich fühle eine tiefe Ruhe in mir...

Das zweite Imaginationsbeispiel: *Ich stehe am Rand des Meeres. Die Wellen tragen weißen Gischt auf den Sand. Gleichmäßig kommen und gehen die Wogen, wie mein Atmen. In der Hand halte ich einen Zauberstab. Er ermöglicht es mir, in das Meer hineinzuschreiten. Ich beginne langsam zu gehen. Ich fühle die Feuchtigkeit, als eine erste Welle meinen Fuß umschmeichelt. Tiefer gehe ich in das Meer hinein. Der Sand am Grund des Meeres ist weiß. Er ist hell um mich herum. Ich sehe alles. Ich sehe die Tiere und Pflanzen des Meeres. Ich spüre das Wasser, wie es mich umhüllt, wie es mir hilft, mein Gewicht zu tragen. Es befreit mich von allen Lasten dieser Welt. Ich bin leicht und frei. Ohne Angst gehe ich weiter. Ich sehe einen großen Fisch, der langsam durch das Wasser schwimmt. Nur leicht bewegen sich seine Flossen. Vor mir liegt eine wunderschöne Muschel am Meeresgrund. Ruhig öffnen und schließen sich ihre Schalen. Alles ist ein Rhythmus: die Energien, die das Wasser durchströmen, das Öffnen und Schließen der Muschel, mein Atem. Ich möchte die Muschel zart berühren, in die Hand nehmen. Verbirgt sich in ihr ein großes, wundersames Geheimnis? Ich beuge mich nach vorn und berühre die Muschel...*

Yogi-Vollatmung

Die Yogi-Vollatmung gilt als eine der Grundlagen der Atemübungen im Yoga. Sie können diese Übung im Stehen, Sitzen oder Liegen durchführen. Entspannen Sie sich und suchen Sie Ihren Schwerpunkt im Hara. Richten Sie Ihre Aufmerksamkeit auf den Atem. Fühlen Sie ihn und folgen Sie seinem Rhythmus. Atmen Sie nun aus und langsam durch die Nase wieder ein. Zählen Sie beim Einatmen in Gedanken bis 8 und versuchen Sie dabei quasi in einer geschmeidigen Wellenbewegung, Bauchbereich, mittleren Brustbereich und den oberen Teil der Lungenflügel ganz zu füllen. Danach beginnen Sie mit der Ausatmung. Lassen Sie zuerst den Bauch einsinken, ziehen Sie dann die Rippen zusammen und senken Sie am Schluß die Schultern. Lassen Sie die Luft durch die Nase vollständig ausströmen. Verharren Sie nun einige Sekunden lang und beginnen Sie dann wieder mit dem ruhigen, wellenförmigen Einatmen, das Ihre Lungen von unten nach oben gleichförmig füllt.

Durch diese Atmung werden Sie einen Zustand ausgeglichener Ruhe, der Harmonie, der Sicherheit und des Friedens erreichen.

Zazen

Zazen ist eine der vielfältigsten Formen der Zen-Meditationen, zu denen die Kunst des Bogenschießens, Teerzeremonien, Ikebana, Judo und Karate gehören. Zazen jedoch gilt als die Königin all dieser Techniken. Das Wort Zen hat sich aus dem indischen »dhyana« bzw. dem chinesischen »ch'an« entwickelt. Es bedeutet »Meditation« und in einem übertragenen Sinn »eins mit Gott«.

Zazen, die Meditation des puren Sitzens, wurde vor etwa 1500 Jahren von dem Inder Bodhidharma verbreitet und beruft sich auf die Tradition des Yoga.

Zazen gilt als die reinste und wirksamste aller Zen-Meditationen.

■ Einsicht und intuitive Erkenntniskraft wachsen,
■ das körperliche Wohlbefinden verbessert sich,
■ seelisches Gleichgewicht und innere Ruhe entstehen.

Zazen besteht aus einer Kombination von drei Faktoren: der Sitzhaltung, dem Atmen und der inneren Haltung.

Die Sitzhaltung: Beste Position für Zazen ist der Lotos-Sitz. Man läßt sich auf einem etwa fünf bis zehn Zentimeter hohen runden Kissen auf dem Boden nieder. Der rechte Fuß liegt auf dem linken Oberschenkel, der linke Fuß auf dem rechten Oberschenkel. Oberkörper und Kopf sind gerade aufgerichtet, dabei aber vollkommen entspannt. Die Augen sind ein wenig geöffnet und auf einen Punkt etwa einen Meter entfernt am Boden gerichtet. Wir haben diese Position in ihrer gemilderten Form bereits im Kapitel »Die Praxis der Meditation« beschrieben.

Das Atmen: Im Zazen wird grundsätzlich durch die Nase geatmet. Atmen Sie ruhig und tief in einem Vierertakt: ein Takt einatmen, drei Takte ausatmen, keine Pausen dazwischen. Wichtig ist die Zwerchfell-Atmung.

Die innere Haltung: Zazen kennt weder einen Meditationsgegenstand noch ein Thema der Konzentration, sondern es geht darum, das Nicht-Denken zu denken. Wir richten unsere Aufmerksamkeit weder auf die Gedanken, die uns durch den Kopf gehen, noch auf den Rhythmus unseres Atmens. Wir sitzen – das ist alles. Der Zen-Meister Sogaku Harada versucht, diesen Zustand zu beschreiben: »Das Zazen ist ein so massives Gefühl, als ob das Sitzkissen zum Erdball geworden sei und das Weltall den Unterleib ausfüllte. Denke das Nicht-Denken, das ist der Schlüssel zum Zazen, das ist sein Lebensnerv.«

Im Nicht-Denken soll dem Menschen bewußt werden, daß alles, was existiert, auch in ihm ist. Im Christentum wird diese Erkenntnis »Gott« genannt, im Buddhismus »Buddha-Natur«. Immer handelt es sich um die übergreifende, unumstößliche Wahrheit aller Wirklichkeit, um die kosmischen Gesetze und Regeln, die alles ordnen. Im Zazen führt das zu der Erkenntnis, daß das Ego nur Teil und gleichzeitig Quell dieses allumfassenden göttlichen Bewußtseins ist. Das Ich erweist sich als Illusion, als Beschränkung. Diese Beschränkung gilt es im Zazen zu überwinden.

Ohne Lehrer ist das kaum möglich. Zazen kann nicht theoretisch weitergegeben werden, sondern wird von einem Meister gelehrt.*

Zeitmeditation

Besorgen Sie sich dazu eine Uhr, die nicht zu klein sein sollte, und stellen Sie sie an Ihren Meditationsplatz, etwa einen halben Meter vor sich, so daß Sie sie gut betrachten können. Begeben Sie sich nun in ihre Meditationshaltung und lassen Sie sich Zeit, hier am Ort Ihrer inneren Reise anzukommen. Atmen Sie ein paarmal tief ein und aus, spüren den Kontakt mit der Unterlage, die Ihren Halt gibt. Und mit jedem Einatmen werden Sie ruhiger und entspannter, lassen sich mit jedem Ausatmen tiefer sinken in die Unterlage, lassen immer mehr los von allem äußeren Geschehen, lassen los von allem, was Sie machen und halten wollen, werden immer weiter und freier, bis vollkommene Ruhe in Sie eingekehrt ist. Und auch den Fluß der Gedanken lassen Sie kommen und gehen, halten nichts fest, geben sich dem ständigen Fließen hin und nehmen dazu den Atem als Ihren Führer, der auch in ständigem Fluß ist und kommt und geht. Und allmählich, wenn Sie ganz erfüllt sind von Ruhe und Ausgeglichenheit, richten Sie Ihre Aufmerksamkeit auf das Ziffernblatt der Uhr vor Ihnen. Konzentrieren Sie sich ganz darauf, aber starren Sie nicht, sondern betrachten es mit »weichem« Blick. Beobachten Sie die Zeiger, wie sie sich langsam bewegen, immer weiterwandern, ständig im Kreis gehen. Wenn Sie von Ihrem Konzentrationsobjekt abschweifen, lenken Sie Ihr Bewußtsein immer wieder sanft dahin zurück. Nach etwa zehn Minuten schließen Sie die Augen. Lassen Sie nun alle Gedanken und Empfindungen zu, die das Beobachten der Uhr in Ihnen ausgelöst hat. Versuchen

* Wer sich für Zazen näher interessiert, sollte das grundlegende Werk »Zen-Meditation für Christen« von H. M. Enomiya-Lasalle lesen.

Sie nun in sich zu erleben, wie sehr Ihr Zeitempfinden von
Ihren Gefühlen abhängt, wie lang eine Stunde dauern kann,
wie kurz sie wiederum in anderen Situationen ist. Machen Sie
sich bewußt, wie relativ Zeit ist, obwohl sie andererseits ein so
strukturiertes und genaues Meßinstrument darstellt. Überlegen Sie auch, welche Rolle Zeit in Ihrem Leben spielt; wie oft ist
die Zeit Herr über Sie, statt daß Sie Ihre Zeit beherrschen.
Machen Sie sich klar, daß Sie von allem, was Sie ersehnen und
erreichen wollen, nur durch Zeit getrennt sind. Versuchen Sie
in den Meditationen eine Ahnung davon zu bekommen, daß
Zeit eine Illusion ist, nur ein Teil des Spieles des Lebens in
unserer Welt der Polarität, daß eigentlich in jedem Moment
immer alles enthalten ist, daß in jedem Augenblick, in der
Gegenwart, Vergangenheit und Zukunft aufeinandertref-
fen... Wenn Sie die Meditation beenden wollen, tun Sie das
auf die übliche Weise, tief atmen, sich bewegen und zum
Schluß die Augen öffnen.

Zen-Koan

Die Denk-Meditationen der Koan-Technik sind eine der vielen
Formen des Zen. Koans sind kurze Texte, die einen Widerspruch oder ein Paradoxon enthalten.

Mit dem Intellekt kann ein Koan nicht gelöst werden. Im Zen
gibt es etwa 1700 Koans, meist in Frage-und-Antwort-Form,
die auf dem Weg zur Erleuchtung beantwortet werden sollen.
Das gelingt nur, wenn der Schüler fähig ist, die Grenzen des
normalen Verstandes zu sprengen.

Einige Beispiele für Koans:

Ein Mönch fragte den Meister, ob sich das kosmische Bewußtsein auch in einem kleinen Hund zeigt. Der Meister antwortete: »Wu« – Nichts.

Ein Mönch bat den Meister: »Meister, ich bin ein Neuling,
zeige mir den Weg.« Der Meister antwortete: »Hast du schon

dein Frühstück beendet?« Der Mönch bejahte. Darauf der Meister: »Geh und reinige die Eßschale.«

Hakuin, ein japanischer Zen-Meister, klatschte in die Hände. Dann hob er eine Hand und forderte von seinem Schüler: »Höre den Ton der einen Hand.«

Mit dem Intellekt eine Antwort auf Koans zu finden, ist unmöglich. Der Schüler versucht es dennoch und muß feststellen, daß ihn Logik, kausales Denken und Analyse nicht weiterhelfen können. Er versucht, den Intellekt auszuschalten. Das Problem des Koans wühlt in ihm. Er ist voller Zweifel. Immer, wenn er denkt, jetzt sei er der Lösung nahe, erkennt er, daß er weiter entfernt ist denn je zuvor. Überall verfolgt ihn das Koan. Er wird es nicht mehr los. Irgendwann beschleicht den Schüler das Gefühl, nicht im Koan stecke das Problem, sondern in ihm selbst. Das Chaos, das sein vergebliches logisches Denken verursacht hat, bemächtigt sich seiner ganzen Person. Das Ich des Schülers gerät in den Sog und verschwindet. Der Schüler wird zu dem Nichts, von dem der Meister in unserem ersten Beispiel gesprochen hat.

Aber immer noch darf der Schüler nicht aufgeben.

Erste Möglichkeit: Schreiben Sie ganz langsam einen Text ab, der Ihnen etwas bedeutet, Sie tief in Ihrem Innersten angerührt hat. Das kann ein Gedicht sein, ein Psalm, ein Liedtext, Beschreibungen der Tarot-Karten, ein Märchen oder ein Orakelspruch aus dem chinesischen Weisheitsbuch »I Ging«. Schreiben Sie ganz bewußt, beobachten Sie jeden Buchstaben mit aller Aufmerksamkeit, nehmen Sie die Aufstriche, die Abstriche, den Fluß der Schrift wahr.

Zweite Möglichkeit: Beschäftigen Sie sich mit einem Thema, das Ihnen wichtig ist. Das kann ein Phantasie-Thema sein oder etwas sehr Reales. Formulieren Sie, was Ihnen zu diesem Thema einfällt. Ordnen Sie Ihre Gedanken noch nicht, lassen Sie einfach in Ihr Schreibwerkzeug fließen, was aus Ihnen kommt.

Dritte Möglichkeit: Entspannen Sie sich. Alle Gedanken,

die kommen, akzeptieren Sie, analysieren aber nicht und werten nicht. Sie lassen die Gedanken fließen, halten nichts fest, wollen nichts erreichen. Beobachten Sie Ihren Gedankenfluß aufmerksam, so werden Sie bemerken, daß sich manche Gedanken wiederholen. Wie in einem Kreisverkehr ziehen sie immer wieder an Ihrem inneren Auge vorbei. Solche Gedanken schreiben Sie auf.

Vierte Möglichkeit: Öffnen Sie sich Ihrem Unterbewußtsein mit Hilfe Ihrer Träume. Schreiben Sie Träume auf, an die Sie sich erinnern können. Notieren Sie alles, auch Kleinigkeiten, und schreiben Sie nicht nur Stichworte auf.

Fünfte Möglichkeit: Meditieren Sie mit geschlossenen Augen. In Ihrem Schoß liegt ein Schreibblock, Sie halten einen Stift in der Hand. Alles, was an Ihrem inneren Auge vorbeifließt, schreiben Sie auf, ohne die Augen zu öffnen.

Schreib-Meditation geht vor allem in Gruppen gut. Wenn Sie allein Schwierigkeiten damit haben sollten, empfiehlt es sich, einen Partner zu suchen.

Zeitreisen

Setzen oder legen Sie sich bequem an Ihren Meditationsplatz. Spüren Sie die Berührung Ihres Körpers mit der Unterlage, die Sie trägt, und lassen Sie sich mit jedem Atemzug tiefer in sie sinken, lassen damit immer mehr los, alles äußere Geschehen weicht immer weiter zurück. Sie sind einfach nur ganz hier, an Ihrem Meditationsplatz und spüren, wie Sie da liegen und immer noch tiefer sinken, spüren im Kontakt mit der Unterlage die Verbindung mit der Erde, die uns alle trägt. Und Sie gleiten dadurch gleichzeitig auch tiefer in einen Zustand der vollkommenen Ruhe und damit sanft in die Welt der inneren Bilder, in der es weder Zeit noch Raum gibt, in der einfach alles nur *ist*. Und wenn Sie ganz angelangt sind in dieser anderen

Welt, entsteht vor Ihrem inneren Auge ein Tunnel. Tief und dunkel liegt er vor Ihnen, wartet darauf, daß Sie ihn betreten und durch ihn hindurchgehen. Und erst zaghaft, aber doch entschlossen machen Sie sich auf den Weg, treten ein in die Schwärze, die vor Ihnen liegt. Immer weiter tasten Sie sich entlang der kalten Steinwände, gehen weiter und weiter ... bis Sie in der Ferne einen Lichtpunkt wahrnehmen, der mit jedem Ihrer Schritte größer wird, Ihnen den Weg zeigt, der Sie hinausführt aus dem dunklen Tunnel und wo Sie bald in einer anderen Zeit ankommen werden. Auf Ihrem Handgelenk fällt Ihnen plötzlich eine Uhr auf, die Ihnen das Datum anzeigt, an dem Sie nun Ihre Zeitreise beginnen. Bald bemerken Sie auch, wenn Sie an dieser Uhr drehen, können Sie dadurch die Zeiten beliebig verändern. Mit dieser Sicherheit tauchen Sie nun ganz ein in die Bilderwelt dieser anderen Zeit, die Sie sich erwählt haben. Nehmen Sie Kontakt auf mit den Menschen, die Ihnen dort begegnen. Es kann auch sein, daß Sie sich hier selbst antreffen, und Sie können ein Gespräch führen mit diesem anderen Selbst von Ihnen. Lassen Sie sich von Ihren Empfindungen und Eindrücken durch diese Zeit leiten, gehen Sie immer weiter, lassen Sie Geschichte in Ihrer inneren Welt entstehen und erlebbar werden ... Wenn Sie Ihre Reise beenden wollen, genügt ein Gedanke an die Gegenwart, und Sie sind wieder ganz an Ihrem Meditationsplatz, wo Sie ein paarmal tief atmen, sich bewegen und dann die Augen öffnen, um wieder ganz im Hier und Jetzt zu sein.

Zen in der Kunst der Blumenzeremonie

In jedem Kunstwerk vereinigen sich zwei Aspekte: die vernunftmäßige, praktische Ausführung und eine transzendentale Tiefe, die über jeden Intellekt hinausgeht. In der westlich-zivilisierten Welt nähern wir uns der Kunst meist intellektuell, verstandesbetont, im Osten dagegen ist sie schon immer Ausdruck der kosmischen Einheit, und Kunst wird daher meditativ erfahren. Jede fernöstliche Kunstrichtung muß aus diesem Grund vor ihrem mystischen Hintergrund betrachtet werden. Es geht nicht nur um Technik und perfekte Ausführung, sondern wesentlich ist der innere Gehalt.

Zen in der Kunst der Blumenzeremonie war lange Zeit eine geheime, nie veröffentlichte Weisheitslehre, die mündlich vom Meister auf den Schüler übertragen wurde. Erst in unserem Jahrhundert setzte sich ein Lehrer über das Schweigegebot hinweg. D. B. Takeda veröffentlichte in Japan ein bislang noch nicht ins Deutsche übersetztes vierbändiges Werk über »Ikebana«, unter welchem Namen Zen in der Kunst der Blumenzeremonie bekannt wurde. Ikebana bedeutet sinngemäß übersetzt: »lebendige Pflanzen in wassergefüllten Behältern am Leben erhalten«. Es ist in seinem wahren Sinn allerdings etwas ganz anderes als die Blumensteck-Techniken, die an unseren Volkshochschulen gelehrt werden. Hinter dem ursprünglichen, echten Ikebana steht eine intensive meditative Grundhaltung, und die Technik des Blumensteckens ist lediglich der sichtbare Ausdruck dieses Prozesses.

Die Blumenkunst erfordert eine langsame innere Wandlung, eine meditative Erweiterung des Bewußtseins und Zugang zu kosmisch-mystischen Erlebensbereichen. »Es ist keine Schule der Geläufigkeit, keine Fingerübung«, stellt Gusty L. Herrigel in ihrem Buch »Zen in der Kunst der Blumenzeremonie« fest, »sondern Wesenserfahrung. Das Technische ist einzugliedern, doch nicht zu überschätzen. Herzensübungen, harmonische Ganzheit von Leib, Seele und Umwelt sind das Entscheidende.« In der Blumenkunst wird die Dreieinigkeit der Welt aus Himmel, Mensch und Erde symbolisiert. In jedem Arrangement der Äste und Zweige soll sie verdeutlicht werden. Die Form des Gestecks entsteht nicht auf der Grundlage technisch-ästhetischer Vorbereitung, sondern tief in unserem Inneren. Jedes Arrangement entspricht unserer Entwicklung. Ästhetik ist nicht Voraussetzung, sondern Folge. »Die äußere

Form«, sagt der Meister Bokuyo Takeda, »soll man bei der Arbeit von innen her suchen.«

Die Tradition berichtet von zehn Tugenden, die gleichzeitig als Voraussetzung und Ergebnis der Beschäftigung mit der Blumenkunst gelten. Sie lauten sinngemäß:

1. Erweitern Sie Ihr Bewußtsein.
2. Erfahren Sie die kosmische Einheit aus dem »Nichts« und dem »All«.
3. Suchen Sie eine ruhige und klare Gesinnung. Ohne Denken gibt es keine Lösung.
4. Lösen Sie sich von allen Sorgen und Alltagsproblemen.
5. Gehen Sie schonend und vertraut mit den Pflanzen um. Sie symbolisieren das Wesen der Natur.
6. Achten und lieben Sie alle Menschen.
7. Füllen Sie den Raum mit Harmonie und Ehrfurcht.
8. Im Blumenstecken lebt eine religiöse Erfahrung im Sinne einer Rückbesinnung auf das Wesentliche. Öffnen Sie dafür Ihren Geist.
9. Stellen Sie Einklang zwischen Körper und Seele her.
10. Ihre Individualität steht nicht im Mittelpunkt. Seien Sie frei von allem Bösen.

Die Technik des Blumensteckens können Sie als Ikebana-Kurs an fast jeder Volkshochschule lernen. Der meditative Gehalt dieser Kunst wird Ihnen dort allerdings nur sehr selten vermittelt. Ihn müssen Sie selbst mitbringen und entwickeln, dann wird Zen in der Kunst der Blumenzeremonie für Sie vielleicht zu einem Weg in der Transzendenz.*

Doch werden Sie auch nach Lektüre dieses Buches die ganze Tiefe des Ikebana allein kaum ausloten können. Dazu bedarf es eines Meisters, der Sie führt.

Sie können die Grundidee des Zen in der Kunst der Blumenzeremonie jedoch erahnen, wenn Sie als Vorübung eine Pflanzen-Meditation versuchen. Legen Sie sich einige Zweige bereit

---

* Nähere Informationen über diesen Weg finden Sie in dem erwähnten Buch von Gusty L. Herrigel: »Zen in der Kunst der Blumenzeremonie«.

und sammeln Sie sich in Ihrer bevorzugten Meditationsstellung. Atmen Sie bewußt und werden Sie sich Ihres Schwerpunkts gewahr, wie wir es im Kapitel »Die Praxis der Meditation« beschrieben haben. Erkennen Sie in den Zweigen das Wesen der Natur und arrangieren Sie ein Kunstwerk, in dem sich Ihr innerstes Wesen und die innere Ausstrahlung der Pflanze vereinigen. Gehen Sie sensibel mit den Zweigen um, versuchen Sie, deren Spannung und Stärke, deren Nachgiebigkeit und sanfte Flexibilität zu erspüren. Dafür müssen Sie nicht visuell beobachten. Erfühlen Sie die Pflanze mit Ihren Händen und Fingern, mit Ihrem Innersten. Erkennen Sie sich in den Zweigen wieder, die ebenso ein göttliches Symbol auf dieser Erde sind wie Sie.

Zen in der Kunst des Bogenschießens

In der Zen-Kunst des Bogenschießens wird eine Technik entwickelt, die dem Schützen die Richtung seiner Entwicklung anzeigt. Es geht dabei allerdings nicht um eine sportliche Betätigung, sondern um eine geistige Übung, die hilft, den Zustand der Versenkung zu erreichen. Das Schießen mit Pfeil und Bogen ist eine Angelegenheit auf Leben und Tod. Der Pfeil, auf ein Ziel gerichtet, wird zur tödlichen Waffe. Im übertragenen Sinn, in einem meditativen Kontext, steht er für die Auseinandersetzung des Schützen mit sich selbst.

In der Zen-Technik des Bogenschießens findet der Schutz auf einer nichtmateriellen, geistigen Ebene statt. Pfeil und Bogen sind lediglich Hilfsmittel, die in einem späteren Stadium der Bewußtseinserweiterung überflüssig werden. Wie in allen meditativen Bereichen kommt es auch hier nicht auf das Wie der Meditation an. Letztendlich geht es darum, das kosmische Bewußtsein zu erreichen, das alle technischen Fertigkeiten überflüssig macht. Auf dem Weg dorthin kann die Zen-Kunst des Bogenschießens eine Hilfe sein.

Die Technik muß überschritten werden. An einer bestimmten Stelle auf dem Weg zur letzten Wahrheit erwächst das Können nicht mehr aus dem Bewußtsein, sondern aus dem Unbewußten. Vor dem inneren Auge des Schützen öffnet sich der Kosmos der Einheit. Er wird gewahr, daß beim Bogenschießen Schütze und Ziel nicht mehr zwei entgegengesetzte Pole einer dualen Welt sind, sondern das eine das andere in einem dynamischen Prozeß durchdringt und bedingt. Im Bogenschießen des Zen *wird* der Schütze zum Ziel. Mit jedem Schuß richtet er geistig den Pfeil auf sich selbst. Das kann nur gelingen, wenn dieses Selbst aus den Fesseln des Bewußtseins und des Irdischen befreit ist.

Praktisch handelt es sich bei der Zen-Kunst des Bogenschießens um eine Technik der Bewußtwerdung, inneren Läuterung und spirituellen Entwicklung. Entscheidender Faktor dieser Technik sind Atemübungen. Mit dem Ein- und Ausatmen werden kosmische Energieströme bewußt gemacht, die zu Ruhe und Konzentration verhelfen, ohne die das Bogenschießen von vornherein zum Scheitern verurteilt wäre.

Wem es gelingt, sein Denken und sein Ego zugunsten einer kosmisch-universalen Sicht der Dinge zurückzustellen und damit sein wahres Selbst zu erkennen, der ist zum Zen-Meister geworden; Pfeil und Bogen haben dann ihre Schuldigkeit getan.

Alle Erklärungen zu diesem Komplex müssen abstrakt bleiben. Wir begeben uns hier auf ein Gebiet, in dem der Intellekt nichts mehr auszurichten vermag. Zen in all seinen Spielarten kann nicht beschrieben, sondern muß erfahren werden.*

---

* Wer sich näher dafür interessiert, sollte Eugen Herrigels Buch »Zen in der Kunst des Bogenschießens« lesen.

III

Heilfasten

Was bedeutet Heilfasten?

Die Popularität des Fastens

Fasten macht schlank, das ist unbestreitbar. Und Fasten dient, wenn man es richtig anstellt, der Gesundheit, auch daran läßt sich nicht deuteln. Eigentlich könnte sich bereits daraus seine stetig steigende Popularität erklären lassen:

- Schlankheit gilt schier unausrottbar als wesentliches Element des Schönheitsideals des abendländischen Kulturkreises einschließlich der Neuen Welt.
- Gesundheit – gleich viel ob als rein organische, psychische oder gar als ganzheitliche – ist heute sogar wieder zu einem der beherrschenden Ziele unseres Lebens geworden, das oft sogar als eine Art Sinnersatz herhalten muß.

Damit aber nicht genug; zwei weitere Gesichtspunkte kommen hinzu, die das Fasten gleichsam als Vehikel des Zeitgeistes selbst erscheinen lassen:

- Im psychischen Bereich, so wird berichtet, entfaltet es heilsame Wirkungen, führt zu mehr Selbstbewußtsein und zur gleichsam selbsttätigen Bewältigung von allerlei Komplexen und verdrängten Problemen;
- obendrein ist es eine natürliche oder naturgemäße Methode; jedenfalls wird es so von namhaften Experten (Medizinern) angepriesen.

Mit diesem Gütesiegel »naturgemäß« paßt das Fasten in den allgemeinen Trend zu alternativen Lebens- und Vorgehensweisen, in dem sich unser Unbehagen über die Auswirkungen eines ungehemmten technischen und technologischen Fortschritts ausdrückt. Fasten erscheint als plausible Alternative zu chemischen Appetitzüglern und stoffwechselbeschleunigenden »Turbopillen« bzw. zu den Gesundheit oder psychische Ausgeglichenheit versprechenden Präparaten der pharmazeutischen Industrie.

Es ist also wirklich kein Wunder, wenn eine so vielseitig wirksame, gut beleumundete und dazu noch kostengünstige Methode, Schlankheit, Gesundheit und mehr Lebensglück zu erlangen, sich stürmisch wachsender Beliebtheit erfreut – jedenfalls in der Theorie. Das nämlich ist das Eigenartige: Fast alle finden es gut, aber vergleichsweise wenige tun es. Woher kommt das? Gibt es da vielleicht einen Haken? Oder hat Fasten diese erstaunlichen Wirkungen, die ihm zugeschrieben werden, gar nicht?

Die Antwort lautet: Die Wirkungen des Fastens – vorausgesetzt, man macht es richtig und beachtet die Gegenanzeigen – sind tatsächlich so vielschichtig und so erstaunlich wie allgemein behauptet und sorgen für seine theoretische Popularität.

Das Hindernis »praktische Durchführung«

Was seiner praktischen Popularität im Weg steht, ist die praktische Durchführung! Fasten ist ja keine Pille, die man nur zu schlucken braucht, und auch kein Trick, den man nur kennen muß, um in den Genuß der beschriebenen Wirkungen zu kommen.

Fasten ist konkretes Handeln
Und dieses Handeln ist
- hart, unbequem, langwierig
- in den ersten Tagen ein Full-time-Job
- schwer durchzuhalten, ein Kraftakt des Willens
- phasenweise Quälerei
- bittere Medizin
- voller lästiger Begleiterscheinungen und unbequemer Anforderungen

- für die Psyche ein Wechselbad
- für die Mitmenschen ein Ärgernis
- für Partnerschaften und Liebesbeziehungen die »Stunde der Wahrheit« – die sich über Tage und Wochen hinzieht
- für die Familie eine Notstandssituation
- und für den Fastenden, der es dennoch tut, die Konfrontation mit sich selbst

Diese Liste ist nicht gerade motivierend. Dabei ist sie nicht einmal eine Übertreibung, die womöglich vom Fasten abschrecken soll. Das kann schließlich nicht Sinn dieses Buches sein. Aber ebensowenig ist es sein Sinn, Sie als Leser mit Beteuerungen, wie kinderleicht und mühelos Fasten sei, zu diesem Schritt zu überreden. Ich halte sehr viel vom Fasten, und ich weiß aus eigener und fremder Erfahrung, daß man viel mehr dabei gewinnen kann als Schlankheit, gestärkte Gesundheit und mehr Selbstvertrauen. So bietet das Fasten – insbesondere das Heilfasten, wie es in diesem Buch beschrieben ist – eine reale Chance, den stupiden Kreislauf von Hunger nach Leben und Liebe, Jagd nach Kompensation (z. B. über Erfolg, Besitz, Essen), Frustration, noch größerem Hunger, noch hektischerer Jagd, noch gründlicherer Frustration und so fort – diesen wirklich stumpfsinnigen Kreislauf, der an unserer Lebenskraft zehrt, zu durchbrechen.

Gerade deshalb aber bin ich bestrebt, beide Seiten der Medaille Fasten darzustellen. Sich blauäugig, also ohne zu ahnen, was tatsächlich auf einen zukommt, in ein solches Unternehmen zu stürzen, heißt, sein Scheitern vorzuprogrammieren: Die Enttäuschung ist dann zwangsläufig, und in den allermeisten Fällen bricht man ab. Dann ist die Chance vertan – wahrscheinlich für lange Zeit.

Die andere Seite des Fastens

Es gibt allerdings, abgesehen von den erstaunlichen Wirkungen, auch eine erfreuliche Seite der praktischen Durchführung des Fastens: Fast jeder Punkt meiner Negativliste wandelt sich während des Fastenvorgangs von selbst; er trägt sein Gegenteil bereits in sich. (Das wird in späteren Kapiteln im einzelnen deutlich werden.)

Allgemein läßt sich sagen, daß die Zeit des Fastens

- angefüllt ist mit intensiven Erlebnissen und überraschenden (positiven) Erfahrungen
- ein starkes Element sinnlichen Erlebens enthält und wachsende Intimität mit dem eigenen Körper vermittelt
- Schritte der Annäherung an die eigene Person beinhaltet, vor allem an das, was ihr eigentlicher Kern ist
- tiefgehende Erfolgserlebnisse, Phasen von Hochstimmung und Augenblicke überraschender Einsicht und Erkenntnis beschert

Die Zeit des Fastens ist wie Leben in einer geschützten Nische, das vieles zuläßt, was uns sonst kaum möglich ist: sich fallen lassen, ganz zur Ruhe kommen, sich anvertrauen, sich dem inneren Geschehen hingeben und sich selbst ganz wichtig nehmen, wichtiger als alles andere.

Jedenfalls *kann* die Zeit des Fastens dies alles beinhalten. Voraussetzung dafür ist die richtige Einstellung und das Wissen darum, daß Fasten auch noch eine andere Seite hat, nämlich die harte, unbequeme.

Um die erwähnte richtige Einstellung zum Fasten gewinnen zu können, ist es erforderlich, genaue und nüchterne Vorstellungen davon zu haben, was das Wesen des Fastens eigentlich ausmacht. Dazu gehört auch die Überprüfung seines Gütesiegels »Naturgemäßheit«.

Ist Fasten naturgemäß?

Da sich gegenüber den Erzeugnissen der pharmazeutischen Industrie in uns ein tiefsitzendes − allerdings recht verschwommenes − Mißtrauen eingenistet hat, räumen wir allem, was aus der Natur kommt oder als »naturgemäß« eingestuft werden kann, einen Vertrauensbonus ein. (Inwieweit das sachlich gerechtfertigt ist, soll hier dahingestellt bleiben.)

Diese gefühlsmäßige Hinwendung zu allem Natürlichen ist jedenfalls angesprochen, wenn uns in der öffentlichen Diskussion das Fasten mit dem Hinweis auf seine Naturgemäßheit schmackhaft gemacht werden soll. Fasten − so wird argumentiert − sei ein ganz natürlicher Bestandteil des menschlichen, ja sogar des tierischen Lebens; tags esse der Mensch, nachts faste er; und auch wenn er krank sei, habe er keinen Appetit und lehne feste Nahrung ab (zumindest Kinder täten das, die noch ein natürliches Empfinden, einen Instinkt dafür hätten, was ihnen guttut). Genauso verhalte sich das Tier: Wenn es krank sei, nehme es keine Nahrung zu sich bzw. verweigere das Fressen, faste also instinktiv, aus einem natürlichen Bedürfnis heraus.

Zwar sind die Aussagen dieser Argumentation durchaus richtig und lassen sich jederzeit belegen, nur − mit *Fasten* haben sie nichts zu tun. Sie beziehen sich auf *Nichtessen*, und Nichtessen ist noch keineswegs Fasten!

Fasten als bewußte Entscheidung

Fasten beinhaltet eine *bewußte* Entscheidung gegen die (vorhandene!) Möglichkeit, etwas zu essen, und gegen das Bedürfnis, etwas zu essen.

Wer Fasten einfach als das Gegenteil − oder den anderen Pol − von Essen (bzw. Fressen) verstehen will, verkennt oder verleugnet das Wesen des Fastens und reduziert es auf seinen äußerlichsten und oberflächlichsten Aspekt. Dabei geht gerade das verloren, was es zu einer menschlichen – und das heißt immer auch: zu einer kulturellen – Handlung oder Verhaltensweise macht: die Dimension des *Bewußtseins*, der bewußten Willensentscheidung.

Unter diesem Blickwinkel ist es einfach unsinnig, die Essenspause nachts, während der Zeit des Schlafens, als Fasten zu bezeichnen: Wer schläft, *kann* nicht essen, er hat keine Möglichkeit, sich dafür oder dagegen zu entscheiden. Dieses Nichtessen ist also durchaus kein bewußter Willensakt, es ist eine simple Notwendigkeit.

Ähnlich verhält es sich mit der Ablehnung fester Nahrung im Krankheitsfall aus Appetitlosigkeit. Diese Appetitlosigkeit ist Folge hormonaler Steuerungsmechanismen, ist eine Schutzmaßnahme des Organismus, das Individuum am Essen zu hindern, um von der Verdauungsarbeit freigestellt zu werden.

Die Wirksamkeit dieser Maßnahme nicht gewaltsam zu verhindern (etwa, indem man sich zwingt, etwas zu essen), sondern zuzulassen, ist zwar vernünftig, bedeutet jedoch keineswegs eine bewußte Entscheidung *gegen* ein Bedürfnis des Organismus. Im Gegenteil, man befriedigt ja sein Bedürfnis, Nahrungsaufnahme zu vermeiden! Und auch wer aus irgendeiner psychischen Erregung heraus (Kummer, Ärger, Abscheu, Gram und ähnliches) »keinen Bissen herunterkriegt« und deshalb nichts ißt, der fastet nicht, selbst wenn er dabei bis zum Skelett abmagert. Auch dieses Nichtessen wird von physiologischen Regelmechanismen des Organismus bewirkt und nicht vom bewußten Willen des Individuums. Zum Fasten gehört die bewußte Willensentscheidung unabdingbar dazu.

Deshalb ist auch der Hinweis darauf, daß Tiere dieselben Verhaltensweisen zeigen, nämlich Nichtessen bei Krankheit und psychischer Erregung, kein Argument für die Naturgemäßheit des Fastens: Ein Tier kann nicht fasten, das kann nur der Mensch; nur ihm eignet die Dimension des Bewußtseins, die Nichtessen zum Fasten werden lassen kann.

Von der Natur des Menschen

Ist Fasten in Wirklichkeit also gar nichts Naturgemäßes, sondern im Gegenteil etwas höchst Widernatürliches? Wenn man unter Natur das nur Kreatürliche, Animalische versteht, also Pflanzen, Tiere, Mineralien, Landschaft sowie die rein biologischen Abläufe in unseren Organismen, dann muß diese Frage eindeutig mit ja beantwortet werden. Fasten ist tatsächlich eine Verhaltensweise, ein Handeln, das sich *gegen* die Natur, *gegen* das natürliche Verlangen des Organismus nach Nahrung richtet.

Allerdings bestehen wir Menschen nicht nur aus unserem Organismus und dessen physiologischen Bedürfnissen; sie sind nur *eine* Ebene unserer Natur. Die Natur des Menschen umfaßt zusätzlich die Psyche, den Geist und die Ebene seiner sozialen Beziehungen. Und daß in dieser vielschichtigen menschlichen Natur die körperlich-materielle oder physiologische Ebene durchaus nicht die beherrschende ist, dafür liefern sowohl Alltagserfahrung als auch psychosomatische Medizin zahlreiche Belege. Das beherrschende Element im Zusammenspiel von Körper, Seele, Geist und sozialer Bezogenheit ist das *Bewußtsein*: In der Natur des Menschen gewinnt das Bewußtsein überragende Bedeutung.

Diesem Merkmal der Natur des Menschen nun ist das Fasten durchaus gemäß: Fasten ist ein Verhalten, mit dem wir uns in planvoller, zielgerichteter Weise über das Bedürfnis des Organismus, Nahrung aufzunehmen, hinwegsetzen.

Die Rolle der inneren Haltung

Manche werden diese Differenzierungen für Haarspalterei halten: Ist denn das so wichtig? Ist es in irgendeiner Weise für den praktischen Erfolg eines Fastenvorhabens von Bedeutung, ob man dessen Naturgemäßheit nun so oder so, angeblich richtig oder falsch versteht? – Ja. Jedenfalls weisen die praktischen Erfahrungen darauf hin. Fasten – insbesondere Heilfasten – ist ein viel zu komplexer Vorgang, also nicht nur ein Handeln, als daß es gleichgültig sein könnte, mit welchem Verständnis man an ihn herangeht. Das Verständnis von einer Sache wirkt sich auf die Einstellung, die innere Haltung ihr gegenüber aus, und die wiederum ist in den meisten Fällen ausschlaggebend für Erfolg und Nichterfolg.

Falsche Vorstellungen vom Fasten bewirken zwangsläufig eine innere Haltung, die am Wesen des gesamten Unternehmens vorbeigeht: Die Verweise auf Natürlichkeit, Tierreich und Fasten im Schlaf spielen auf gefühlsmäßige Assoziationen bei uns an, die ein naives Vertrauen in dieses Unterfangen provozieren, die uns Glauben machen wollen, es werde von Mutter Natur höchstpersönlich praktiziert, funktioniere wie von selbst (im Schlaf!), und man könne gar nichts falsch machen dabei, denn selbst die Tiere machen es richtig!

So wichtig und so gerechtfertigt ein grundsätzliches Vertrauen in die positiven Kräfte der eigenen Natur ist, so verhängnisvoll kann es sich auswirken, wenn dieses Vertrauen in falschen Vorstellungen und – daraus resultierend – einer unangemessenen, der Wirklichkeit nicht gerecht werdenden inneren Haltung begründet liegt. Damit nämlich ist die Enttäuschung dieses Vertrauens bereits vorprogrammiert: Fasten geht durchaus nicht wie im Schlaf, und man kann sehr vieles, ja alles falsch machen dabei. Die Enttäuschung hat dann genau die Unsicherheiten und Ängste zur Folge, die vermieden werden sollten.

Unterschwellige Bedenken

Mit der Vorstellung, Fasten sei »das Natürlichste von der Welt«, sollen Bedenken oder gar Ängste ausgeräumt werden, Fasten könne dem Organismus schaden, Mangelerschei-

nungen oder allgemeine Schwächung hervorrufen. Der Satz
»Iß, damit du groß und stark wirst« klingt wahrscheinlich
vielen von uns, die Zeiten echten Mangels erlebt haben, auf
ewig in der Seele nach. Und deshalb wird Nicht-Essen häufig mit Sich-Schwächen assoziiert und erzeugt dann — ver-
ständlicherweise — Widerstand und Mißtrauen gegen die
Botschaft, Nichtessen sei gesund und mache stark. Mit Wi-
derständen in der Seele aber läßt sich schlecht fasten, also
müssen sie abgebaut werden. Nur sind es hier die falschen
Mittel, mit denen das versucht wird, und ihre Nebenwirkungen schmälern oder verhindern sogar den praktischen Erfolg des ganzen Vorhabens.

»Nebenbei« fasten?

Wenn man das Fasten als »eigentlich nichts Besonderes«
ansieht, als etwas, das ohnehin Nacht für Nacht geschieht,
dann gibt es auch keinen Grund, ihm innerlich anders zu
begegnen als allem übrigen, es anderen Maximen zu unter-
werfen, als denen, die üblicherweise unseren Alltag bestimmen. Der nun ist beherrscht vom Vorwärtsstreben, Erzwingen-Wollen, von der Jagd nach Erfolg, Anerkennung, Beliebtheit, getragen vom Gefühl des Nichts-entgehen-lassen-Dür-
fens, einem manchmal verzweifelt anmutenden Bemühen um
hautnahes Erleben, wahllos und gierig. »Alles auf einmal, und
zwar sofort!« so formuliert es ein Schlagerrefrain und trifft
damit tatsächlich ins Schwarze. Die Konsequenz daraus ist
das Grundmuster des »Nebenbei«. Wenn möglichst viele
Dinge (Handlungen, Erlebnisse, Genüsse etc.) gleichzeitig und
nebeneinander »erledigt« werden sollen oder müssen, kann
nichts mit voller Aufmerksamkeit, mit voller Hingabe geschehen. Alles geschieht nur nebenbei, unter anderem, auch das,
was angeblich im Vordergrund steht. Verweilen ist bei dieser
Haltung nicht erlaubt und auch nicht möglich.

In dieses Verhaltensmuster das Fasten eingliedern zu wollen, es also nur so nebenbei betreiben zu wollen, ist von vornherein zum Scheitern verurteilt. Was allenfalls nebenbei ginge, wäre das Nichtessen, also einfach das Weglassen fester Nahrung. Aber das ist – selbst wenn es auf einer bewußten Willensentscheidung beruht – noch kein Fasten. Fasten ist tatsächlich untrennbar mit einer inneren Haltung verknüpft, die sich von der eben skizzierten grundlegend unterscheidet.

Wie diese innere Haltung aussieht, was sie beinhaltet und wie sie sich nach außen hin zeigt, wird klar an der eigentlichen Bedeutung des Wortes »fasten«.

In seiner sachlich-nüchternen, engsten Bedeutung heißt fasten: aus freiem Willen über längere Zeit (Tage oder Wochen) keine feste Nahrung zu sich nehmen. Allerdings ist das ein sehr oberflächliches Verständnis des Wortes.

Hier erscheint Fasten tatsächlich als das bloße Gegenteil von Essen, als Nichtessen also oder freiwilliges Hungern und außerdem – bis auf den Entschluß, der ja eine Sache des Bewußtseins ist – als ausschließlich physiologische Angelegenheit.

Geht man der Entstehung des Wortes jedoch nach, wird deutlich, daß in dieser nüchternen Definition (die eben auch das landläufige Verständnis von Fasten prägt) ganz wesentliche Elemente des Vorgangs und der Handlungsweise »Fasten« verlorengegangen sind.

Fasten kommt vom gotischen Wort *fastan* und hatte eine doppelgesichtige, zweiseitige Bedeutung: Es hieß »halten«, und zwar einerseits im Sinne von »festhalten« und andererseits im Sinne von »anhalten«, »Halt machen«, »innehalten«.

Im konkreten Fasten, so wie es durch die Jahrtausende in den verschiedensten Kulturepochen verstanden und praktiziert wurde, ist ebenfalls diese zweiseitige Ausrichtung enthalten:

■ einerseits das bewußte und strenge Festhalten an bestimmten Regeln, was bedeutet, daß Fasten ein planvolles Handeln ist, also eine innere Haltung der Aktivität, und Konsequenz erfordert;

- andererseits das Innehalten, die innere Einkehr, also Abkehr von der Betriebsamkeit, Unterbrechung der üblichen Lebensführung, Abkehr vom Alltag und Hinwendung zu sich selbst.

Daß Derartiges nicht nebenbei geht, ist einleuchtend.

Loslassen und Sich-Einlassen

Ein so komplexes Unternehmen läßt sich nur in die Tat umsetzen, wenn man es bewußt in der entsprechenden inneren Haltung angeht. Alles, was dabei getan werden muß und was dabei geschieht (und mit dem man irgendwie zurechtkommen muß, äußerlich und innerlich!), ist konkreter Ausdruck einer bestimmten Einstellung, eben einer inneren Haltung. Sie ist gleichsam das Motto, das über dem ganzen Unternehmen steht, ihm seine Richtung und seinen Rahmen gibt. Das Motto des Fastens, die Fasten-Haltung ist − ebenso wie die Wortbedeutung − doppelgesichtig und läßt sich am treffendsten als »Loslassen« und »Sich-Einlassen« bezeichnen:

- *Loslassen* von der bisher üblichen Lebensführung, vom Alltag, von den Gewohnheiten, den Verpflichtungen, den (angeblichen) Erfordernissen − natürlich auch vom Essen und den damit verbundenen Genüssen! Loslassen aber auch vom andauernden Machen-Wollen, Vorwärtsdrängen sowie von der Jagd nach Ablenkung, Stimulanz und schnellstmöglicher Befriedigung.
- *Sich-Einlassen* auf die Ausnahmesituation Fasten, auf die Regeln, die dort herrschen, die Notwendigkeiten, auf die zu machenden Erfahrungen, auf die Herausforderungen und Anforderungen, die Impulse und auch auf die dort wirksam werdenden Kräfte.

Pauschal kann man sagen, die besondere und einzig angemessene Fasten-Haltung besteht im
- Loslassen vom Alltag und gleichzeitigen
- Sich-Einlassen auf die Fastensituation.

Die Fasten-Haltung als das eigentlich Schwierige

Beide Seiten dieser inneren Haltung stellen uns Heutige vor erhebliche Schwierigkeiten. Sie erfordern Fähigkeiten, die uns ziemlich gründlich abhanden gekommen sind. Wirklich loslassen – wer kann das schon? Ein ganzer Dienstleistungsbereich wächst und gedeiht einzig aufgrund des Versprechens, uns das innerliche Loslassen zu lehren. Um nichts anderes nämlich geht es zunächst einmal in den zahllosen Entspannungs-, Selbsterfahrungs- und Meditationskursen, die sich stetig wachsenden Zulaufs erfreuen.

Fasten verlangt aber genau das von uns. Ohne tatsächliches Loslassen von all den eingeschliffenen Verhaltensweisen und den als erstrebenswert propagierten Zielsetzungen unserer modernen Zivilisation gelingt kein ernsthaftes Fasten, sondern allenfalls eine profane Hungerkur. Fasten verlangt das Loslassen jedoch nicht nur, es fördert es auch. Die körperlichen und seelischen Vorgänge während des Fastens stellen selbst eine Art Loslassen dar, das dann der Fastende nur noch zu unterstützen braucht. Und dafür stehen bewährte Methoden zur Verfügung, die jeder praktizieren kann.

Auch das Sich-Einlassen fällt uns normalerweise schwer; nicht zuletzt deshalb, weil es dem »Nebenbei«, der raschen Erledigung möglichst vieler Dinge gleichzeitig widerspricht. »Alles auf einmal« ist unmöglich, wenn man sich auf eine Sache wirklich einlassen will. Denn sich einlassen, heißt, sich konzentrieren, zur Ruhe kommen, innerlich verweilen. Und genau das ist beim Fasten ebenfalls verlangt.

Loslassen allein reicht nicht. Man muß sich gleichzeitig ganz

bewußt einlassen auf die Ausnahmesituation Fasten samt
ihren Erfordernissen – die sehr viel weiter reichen als bis zum
bloßen Verzicht auf feste Nahrung. Fasten heißt eben auch,
sich an etwas halten, und das beinhaltet Konsequenz und
Disziplin. Allerdings haben beide nichts mit Zwanghaftigkeit
oder Verbissenheit zu tun. Gemeint sind vielmehr eine gelas-
sene Konsequenz und Disziplin, die einfach darin bestehen,
daß man sich der ungewöhnlichen Situation und ihren Gegebenheiten überantwortet: mit Leib und Seele, also ganz. Das
ist sicher nicht leicht. Aber das Fasten bewirkt Vorgänge, die
so augenfällig und auch so überraschend sind, daß sie unsere
volle Aufmerksamkeit auf sich ziehen, wenn wir uns nicht mit
Gewalt dagegen wehren.

Die vier Dimensionen des Fastens

Bereits aus dem, was bisher über das Fasten gesagt wurde,
geht deutlich hervor, daß es nicht ausschließlich eine Angelegenheit des Körpers und Organismus sein kann. Es erschöpft
sich ja keineswegs darin, daß wir eine Zeitlang auf feste
Nahrung verzichten und unser Organismus sich darauf einstellen muß. Diese körperlich-materielle Dimension ist aber
keineswegs die einzige und – genaugenommen – nicht einmal
die beherrschende.

Fasten ist ein Vorgang (ein Handeln und ein Geschehen), der
den ganzen Menschen einbezieht, in allen Bereichen und auf
allen Ebenen (Dimensionen) unserer Persönlichkeit: der körperlichen, psychischen, geistigen (spirituellen) und sozialen.

Es geht eben nicht nur – man kann das gar nicht oft genug
ins Bewußtsein rücken! – um den Verzicht auf Essen, sondern
auch um den Verzicht auf Ablenkung und Stimulanz (psychische Ebene) und ebenso um einen vorübergehenden Rückzug
vom Bekanntenkreis (soziale Ebene) zugunsten einer konzentrierten Hinwendung zu und des Verweilens bei sich selbst.

Daß nichts, was mit uns geschieht, sich ausschließlich auf einer Ebene – etwa der körperlichen – abspielt, wird ja nicht nur in solch außergewöhnlichen Situationen wie der des Fastens erfahrbar, sondern in jeder Minute unseres täglichen Lebens. Im konkreten Leben – gleichviel ob Alltag oder Ausnahmesituation – stehen wir immer als ganze Person, als ganzer Mensch, mit allem, was uns ausmacht. Nichts bewegt uns ausschließlich als funktionierende Organismen oder ausschließlich als Seelenwesen, als denkende Gehirne oder Träger sozialer Funktionen. Konkret sind wir immer und überall alles gleichzeitig: Körper, Seele, Geist und soziales Wesen.

Wechselwirkungen der verschiedenen Dimensionen

Die vier verschiedenen Ebenen oder Dimensionen unserer Persönlichkeit sind eng miteinander verknüpft und voneinander abhängig, stehen also in Wechselwirkung zueinander. Das hat jeder von uns bereits unzählige Male zu spüren bekommen. Am Phänomen Gesundheit, das mit dem Heilfasten inhaltlich deutlich verbunden ist, wird das besonders augenfällig: Wenn der Organismus erkrankt, fühlen wir uns nicht wohl (psychische Ebene) und verhalten uns gegenüber der sozialen Umwelt, gegenüber unseren Mitmenschen anders, als wenn alles in Ordnung wäre. Und auch diese soziale Umwelt begegnet uns anders als sonst. Umgekehrt legen sich uns Störungen im zwischenmenschlichen Bereich (soziale Ebene) »aufs Gemüt« (psychische Ebene) und können sogar »auf den Magen schlagen« (körperlich-materielle Ebene).

Die Psychosomatik liefert seit Jahrzehnten immer neue und eindrucksvollere Beweise dafür, wie vielschichtig psychische oder soziale Gegebenheiten mit organischen Krankheitssymptomen verquickt sind. Dennoch verdrängen wir diese Zusammenhänge meist aus unserem Bewußtsein oder schenken ihnen zumindest keine Beachtung. Wahrscheinlich passen sie nicht so gut in unsere Vorstellung von Ordnung und Überblick, von Organisation und Planung; denn sie sind trotz intensiver Forschung in diesem Bereich letztlich undurchschaubar geblieben. Undurchschaubares, nicht Kalkulierbares aber macht uns Angst. Und so versuchen wir hartnäckig, jedenfalls in unserer praktischen Lebensführung, so zu tun, als käme es jeweils nur auf eine Ebene an. Das Fasten erklären wir deshalb zur Angelegenheit des Körpers, die Depression oder die Hochstimmung zu einer der Seele, und die Verabredung mit Freunden weisen wir der Ebene der sozialen Kontakte zu.

Wer wirklich glaubt, diese säuberliche Trennung ließe sich in der Realität durchhalten, wird unliebsame Überraschungen erleben, die ihm das Fasten durchaus verleiden können. Das wäre schade, denn dann bliebe die ungeheure Chance, die im Fasten liegt – nämlich sich und das Leben in seiner Ganzheitlichkeit zu erfahren – ungenutzt.

Das meint Fasten wirklich

Fasten ist also – das sollten meine langen Erläuterungen deutlich machen – ein Handeln und ein Geschehen, das den ganzen Menschen einbezieht, das sich auf allen Ebenen der Person äußert und Wirkung zeigt. Fasten beinhaltet:

- den bewußten und freiwilligen Verzicht auf feste Nahrung
- die Abkehr vom Alltag und den (vorübergehenden) Rückzug vom sozialen Umfeld
- das innerliche Loslassen von den gewohnten Zielsetzungen und den üblicherweise eingefleischten Verhaltensmustern
- die Hinwendung zur eigenen Person sowohl auf der körperlichen wie auch auf der psychisch-geistigen Ebene
- das Sich-Einlassen auf die Regeln und Gesetzmäßigkeiten der Fastensituation und
- das Zulassen und Unterstützen der ungewöhnlichen Vorgänge in Körper, Seele und geistigem (spirituellem) Bereich

Das Besondere am Heilfasten

Heilung ist das Ziel

Nun handelt dieses Buch allerdings nicht einfach vom Fasten, sondern ausdrücklich vom Heilfasten. Was ist der Unterschied?

Jedes Fasten, das so verstanden und praktiziert wird wie im Vorangegangenen beschrieben, ist Heilfasten. Denn es dient ganz eindeutig – und gleichsam automatisch – der Heilung, Gesundung, dem Heiler-Werden der ganzen Person. In der Bezeichnung Heilfasten wird dieser Zweck noch einmal ausdrücklich ins Bewußtsein gehoben. Das ist eigentlich der ganze Unterschied.

Bei dem vorliegenden Buch kommt noch ein weiterer Aspekt hinzu: In jüngster Zeit wurde eine Fülle von Spezialformen des Fastens entwickelt (zum Teil auf weltanschaulicher Grundlage) und populär gemacht, die bestimmte Nahrungsmittel (etwa Reis, Obst etc.) als Fastenkost zulassen bzw. sogar vorschreiben. Heilfasten im Sinne dieses Buches läßt dagegen überhaupt keine feste Nahrung zu. Es ist totales Fasten und ähnelt darin jener Art des Heilfastens, das von der Naturheilkunde als sehr wirksame Sofortmaßnahme gegen allerlei körperliche Erkrankungen wie beispielsweise Erkältungen eingesetzt wird.

Heilfasten ist die konsequenteste und wirksamste Form des Fastens. Seine Wirkungen zielen alle in Richtung Gesundheit, und zwar auf eine »ganzheitlich« verstandene. Unsere Gesundheit wird ja genau wie das Fasten nicht allein von den Vorgängen in unserem Organismus bestimmt, sondern ebenso von denen in der Seele und im sozialen Beziehungsgeflecht. Genaugenommen kommt dazu noch eine vierte Dimension, die bisher weitgehend unberücksichtigt blieb: die Geistigkeit des Menschen, seine Spiritualität.

Heilfasten ist kein Heilsweg

Mit der Bezeichnung Heilfasten ist auch diese geistige (spirituelle) Dimension angesprochen. Gemeint ist damit diejenige Ebene unserer Existenz, über die wir mit der Transzendenz, dem Ganzen, der Ganzheit, Gott – oder wie immer man das nennen will – verbunden sind. Diese Ebene ist weder unserer Vorstellungskraft noch unseren Sinnen direkt zugänglich und dennoch unzweifelhaft vorhanden. Ihre Existenz bewirkt zum Beispiel die tief in uns verwurzelte Sehnsucht nach Erkenntnis und nach Einssein mit dem Ganzen – dem »Heil«. Auch auf dieser Ebene können wir verletzt werden, treten Störungen auf, und auch von dort her können wir erkranken.

Eine solche Störung auf der geistigen Ebene ist zum Beispiel der Verlust des Glaubens an den Sinn des Lebens, der Gewißheit, daß unser Leben, unsere Existenz, unser Tun und Lassen irgendeinen, wenn auch verborgenen Sinn haben. Die meisten von uns haben mit dieser Problematik zu kämpfen, auch wenn wir das so weit wie möglich aus unserem Bewußtsein verdrängen. Aber das hilft uns wenig, denn diese Störung bringt auf den verschiedensten (Um)Wegen immer wieder unsere *ganze* Gesundheit aus dem Gleichgewicht. Das äußert sich sowohl in psychischen Erkrankungen wie auch in Verhaltensstörungen und organischen Krankheiten.

Heilung in diesem umfassenden Sinn – als Heil-Werden, Ganz- oder Vollkommen-Werden – läßt sich natürlich nicht über eine Fastenkur erreichen. Das ist auch gar nicht ihr Ziel. Heilfasten ist kein Heilsweg! Es kann jedoch, wenn man es in der richtigen Form und der richtigen inneren Haltung durchführt, ein Schritt in diese Richtung sein. Zumindest aber kann es dazu beitragen, diesen Bereich unseres Lebens, die geistige (spirituelle) Ebene, aus der Verdrängung ins Bewußtsein zurückzuholen. Schon das allein hat heilsame Wirkung und kann uns den Zugang zu Kräften ermöglichen, von denen wir heute normalerweise völlig abgeschnitten sind.

Selbständiges Heilfasten – klinisches Heilfasten

Dieses Buch handelt vom selbständigen Heilfasten, also einem Unternehmen, das Sie allein und zu Hause durchführen können.

In der Fachwelt und der einschlägigen Literatur ist die Bezeichnung Heilfasten meist dem Fasten in einer speziellen Fastenklinik unter ständiger ärztlicher Kontrolle und Betreuung vorbehalten. Alles, was man selbständig und zu Hause durchführen kann, wird als Vorbeugefasten, Kurzfasten oder einfach als Fasten bezeichnet. Durch diese Unterscheidung geraten jedoch Heilung, Gesundung und Gesundheit – zumindest verbal – zu sehr in die Zuständigkeit der Fachleute. Diese Zuständigkeit liegt jedoch eindeutig beim einzelnen selbst.

Fachleute (Ärzte) und Kliniken sind dann zuständig, wenn bei akutem oder chronischem Krankheitsbild das Fasten als *gezielte Therapie* eingesetzt werden soll. Dann allerdings ist ein Aufenthalt in einer speziellen Fastenklinik oder zumindest eine ständige ambulante Betreuung durch einen erfahrenen Arzt unbedingt erforderlich.

Therapie und Heilung sind jedoch nicht dasselbe. Therapie bedeutet Hilfestellung oder helfendes Begleiten. Heilung dagegen ist der Prozeß, der sich im Erkrankten selbst abspielt, der unterstützt und gelenkt (oder behindert), aber niemals von außen »gemacht« werden kann. Der weitaus größte Teil aller Heilungsprozesse verläuft ohne Therapie, ohne helfende Begleitung durch einen Arzt. Damit ich nicht falsch verstanden werde: Natürlich ist ärztliche Hilfe in vielen Fällen unabdingbar. Die Heilung ernsthafter Erkrankungen braucht eine fachkundige Therapie durch kompetente, autorisierte »Heilkundige« (Mediziner bedeutet wörtlich: der das rechte Maß kennt); die eigentliche Verantwortung für Gesundheit und Heilung jedoch liegt beim einzelnen; nur er verfügt über die wirklichen Heilungskräfte. Fasten, das so durchgeführt wird, wie in diesem Buch beschrieben, zielt ganz von selbst auf Heilung, ist also Heilfasten. Dem einzelnen bietet es eine gute Gelegenheit und eine sehr wirksame Methode, die Verantwortung für seine Gesundheit selbständig und konkret wahrzunehmen.

Auswirkungen

Heilfasten wirkt auf die ganze Person des Fastenden, auf seinen Körper, seine Seele (Psyche plus geistiger Bereich) und – auf dem Umweg über die Psyche – auf den Bereich der zwischenmenschlichen Beziehungen.

Körper und Organismus

Verjüngungskur für die äußere Erscheinung

Während des Heilfastens ernährt sich der Organismus aus den körpereigenen Vorräten. Das sind in der Hauptsache Fettdepots, also der Speck, den wir am Leib tragen. Er wird abgebaut und aufgebraucht; er muß die Energie liefern, die der Organismus ja trotz des Fastens für seine Lebensvorgänge, für Arbeitsleistung und ständige Erneuerung benötigt.

Das führt zu deutlicher und rascher Gewichtsabnahme und zum sichtbaren Abspecken, also zu einer schlankeren Figur. Hinzu kommt, daß sich aufgrund von Entschlackung und Entwässerung gleichzeitig Haut und Bindegewebe straffen. Heilfasten wirkt also vom ästhetischen Gesichtspunkt her wie eine Verjüngungskur.

Dieser Effekt, Schlankheit und jugendfrisches Aussehen, ist sicher auch das häufigste und ausschlaggebende Motiv, sich auf das Heilfasten einzulassen – und durchaus legitim; sogar von zwei Seiten her gesehen: Einerseits nämlich ist Übergewicht (übermäßiges Depotfett) tatsächlich ein Problem körperlicher Gesundheit. Es belastet den Organismus, behindert manche Organe in ihrer Tätigkeit, sorgt für Störungen, bindet Schadstoffe aus der Umwelt und dergleichen mehr. Andererseits belastet es aber auch – jedenfalls solange unser Schönheitsideal eine gertenschlanke Figur vorschreibt – die psychische Gesundheit, beeinträchtigt das Selbstbewußtsein und die Lebensfreude und führt sehr oft zum Konsum von »Tröstern« (Essen und Trinken), die das Problem verstärken. Oder man greift zu medikamentösen Schlankheitskuren von zweifelhaftem Erfolg und garantierter Schädigung der Organe. Heilfasten dagegen bringt garantierten Erfolg und stärkt die körperliche Gesundheit, statt sie zu schädigen – vorausgesetzt allerdings, man macht es richtig.

Aber auch hier gilt, daß Heilfasten sich nicht nur auf das angestrebte Ergebnis – eine schlanke Figur und ein straffes Gewebe – beschränkt, sondern die ganze Person erfaßt, Leib und Seele. Darauf muß man vorbereitet sein, und darauf muß man sich einlassen, auch wenn man eigentlich nur ein bißchen schlanker werden will.

Regeneration des Organismus

Heilfasten animiert den Organismus, sich zu entgiften, zu entschlacken, sich Schritt für Schritt von allem zu befreien, was ihn in seinen Lebensvorgängen behindert, ihn belastet – was eben Ballast ist. Dazu zählt auch das Fett, das äußerlich nicht sichtbar ist, das aber um die und in den Organen lagert. In diesen inneren Fettdepots sitzen allerlei Umweltgifte, die nun wieder freigesetzt und vom Organismus ausgeschieden werden können. Das regeneriert sämtliche Organe, verbessert ihre Elastizität und stärkt ihre Funktionsfähigkeit.

Warum das so ist, weiß niemand genau; daß es so ist, läßt sich beobachten – auch vom Fastenden selbst.

Heilfasten ist auch für die einzelnen Organe, nicht nur für die äußere Erscheinung, so etwas wie ein Jungbrunnen. Es wirkt auf den Organismus wie ein heftiger Reiz, der ihn gleichsam wachrüttelt, ihn aus seiner Überflußlethargie herausreißt und die Selbstheilungskräfte, den sogenannten »inneren Arzt«, auf den Plan ruft.

Dieser innere Arzt heilt nun, das heißt, er versucht in mühevoller Kleinarbeit die Harmonie des ganzen Organismus wiederherzustellen. Dazu gehört das Bekämpfen latenter (verborgener) Infektionen, das Ausscheiden von Giftstoffen, die Produktion von Gegengiften, der Abbau von Störfeldern, der rigorose Abbau von krankem Gewebe, die Stärkung geschwächter Organe, die Regulierung der verschiedenen Kreisläufe, die Überprüfung und Neueinstellung der zahlreichen Regelmechanismen des Körpers.

Heilung von Erkrankungen

Die Aktivität des inneren Arztes, also der Selbstheilungskräfte des Organismus, durch die letztlich *jede* Heilung bewerkstelligt wird, ist während der ganzen Fastenzeit so deutlich erhöht, daß Heilfasten tatsächlich als Therapie im Krankheitsfall (meist im Verbund mit anderen Therapiemaßnahmen) eingesetzt werden kann. Es gilt deshalb auch als der »Königsweg der Naturheilkunde« und wird erfolgreich angewandt bei:

- Erkrankungen der **Verdauungsorgane** (akute Magen-Darm-Verstimmungen, chronische Dickdarmentzündung, Leberleiden, Erkrankungen der Bauchspeicheldrüse)
- Erkrankungen des **Herz-Gefäß-Systems** (Arterienverkalkung, Bluthochdruck, Angina pectoris, Herzrhythmusstörungen, Durchblutungsstörungen)
- Erkrankungen der **Haut** (Schuppenflechte und andere chronische Hauterkrankungen)
- Erkrankungen der **Harn-** und **Geschlechtsorgane** (Ent-

zündungen der Nieren, Nierenschrumpfung, Nierensteine, Myome u. a.)
- Erkrankungen des **rheumatischen Formenkreises** (z. B. chronische Gelenkentzündungen, Arthrosen)
- **chronischen Kopfschmerzen** und **Migräne**
- **akuten Infektionen**
- **grünem Star** (Glaukom)
- **Zahnfleischschwund**
- **Magersucht**

Die meisten dieser Erkrankungen gehören zu den sogenannten ernährungsbedingten Zivilisationskrankheiten. Bei allen hat sich das Heilfasten – meist im Verbund mit anderen Therapiemaßnahmen – als hochwirksame Behandlungsmethode bewährt. Natürlich gilt hier die weiter oben bereits angesprochene Einschränkung: Sobald ein akutes oder gar chronisches Krankheitsbild vorliegt (abgesehen von leichten Infektionen wie einer Erkältung), bedarf es der gezielten Therapie durch klinisches Heilfasten in einer speziellen Fastenklinik, wo ständige ärztliche Betreuung sichergestellt ist.

Aber keine dieser ernährungsbedingten Zivilisationskrankheiten entsteht von heute auf morgen. Sie entwickeln sich langsam, über Jahre oder Jahrzehnte hinweg, im verborgenen, ohne deutliche Symptome. In diesem latenten Stadium der Erkrankungen – das bei »normaler« Wohlstandskost und unter »normalen« Lebensbedingungen bei jedem von uns als gegeben angenommen werden kann – hilft auch das selbständige Heilfasten zu Hause, also ohne spezielle medizinische Unterstützung. Es aktiviert den inneren Arzt, also die Selbstheilungskräfte, versorgt ihn mit zusätzlicher Energie und schützt vor Störungen durch Giftzufuhr von außen.

Der innere Arzt wird während des Heilfastens so mobilisiert, daß der Organismus in dieser Zeit beispielsweise gegen Infektionen durch Erkältungs- oder Grippeviren gefeit ist. Die Abwehrkräfte sind so aktiv, daß Viren keine Chance haben.

Steigerung der körperlichen Leistungsfähigkeit

Das Heilfasten wirkt auf die körperliche Leistungsfähigkeit keineswegs mindernd, sondern im Gegenteil stärkend. Im Anschluß an eine Heilfastenkur ist man körperlich fit, elastischer, straffer, insgesamt zu höherer Leistung fähig als vorher. Voraussetzung dafür ist, daß man während des Fastens bewußt für Bewegung und sanfte Anregung der Muskulatur und des gesamten Organismus sorgt. Wie und in welchem Maß das geschehen soll, wird in späteren Kapiteln beschrieben.

Auch während des Fastens kann nicht von körperlicher Schwäche die Rede sein, eher vom Gegenteil. Allerdings ist hier eine Verschiebung festzustellen: Die Reaktionsgeschwindigkeit des gesamten Organismus ist während dieser Zeit etwas herabgesetzt. Der Körper kommt nicht so schnell in Gang wie sonst. Es fehlt die permanente – und für plötzliche Kraftanstrengungen erforderliche – Anspannung, die latente Nervosität. Gott sei Dank fehlt sie, denn Fasten soll ja zur Entspannung führen und bedeutet Loslassen von der andauernden Hochspannung, die Ursache vieler körperlicher und seelischer Erkrankungen ist. Logischerweise gelingen dann spontane Kraftanstrengungen, Spurts, nicht so gut. Man sollte sie auch ganz bewußt meiden; sie widersprechen der Grundstimmung (der Fasten-Haltung) und dem Wesen des Heilfastens.

Anders verhält es sich mit der Fähigkeit zur Dauerleistung: Sie erhöht sich beträchtlich. Das Durchhaltevermögen bei langdauernder Anstrengung verbessert sich spürbar. Man sollte das ruhig nutzen, zum Beispiel indem man – während des Heilfastens! – bergwandert, flotte und ausgedehnte Spaziergänge macht, Waldläufe absolviert und ähnliches.

Anwachsen der
intellektuellen Fähigkeiten

Auch im Bereich der »Kopfarbeit«, der verstandesmäßigen Leistungen – die ja eine Sache der Physiologie sind und nicht mit geistiger, spiritueller Kraft verwechselt werden dürfen –, wirkt sich das Heilfasten positiv aus. Nach dem Fasten ist eine Verbesserung der Konzentrationsfähigkeit, des Gedächtnisses und des Erfassens von logischen Zusammenhängen feststellbar.

Während des Fastens muß allerdings auch hier mit einer Verlagerung der Fähigkeiten gerechnet werden: Die reine Merkfähigkeit und auch die Auffassungsgabe beim Lesen und Zuhören verschlechtern sich. Man spricht dann vom typischen »Fastengehirn«, dem das Aufnehmen und Speichern von Daten und Fakten schwerfällt.

Auch das paßt zur Gesamtsituation des Fastens, die ja eine ganz allgemeine Abkehr vom Außen mit sich bringt. Offenbar sind dem Gehirn diese profanen Leistungen, wie das Aufnehmen und Verarbeiten äußerlicher Daten, nicht so wichtig. Wesentlich wichtiger sind ihm die tieferen, größeren Verstandesleistungen, zu denen es sonst kaum Zeit und Ruhe findet: das Verstehen grundlegender Zusammenhänge, die tiefen Einsichten, das Erkennen sowie das eigenständige, intuitive Denken, das weniger den Regeln der Logik folgt als denen der spontanen Erkenntnis.

Hier verbessert sich die Leistung des Gehirns beträchtlich, und manches wird klar und durchschaubar, was im Alltag zum Verzweifeln kompliziert erschien. Das Ergebnis sind tatsächliche »Einsichten«, die sogar Veränderungen der weiteren Lebensführung mit sich bringen können.

Zusammenfassung der Wirkungen im körperlich-organischen Bereich

Heilfasten, das in der richtigen Fasten-Haltung und konsequent – auch in den begleitenden und unterstützenden Maßnahmen – durchgeführt wird,

- reduziert auf gesunde Weise und in kürzester Zeit eventuell vorhandenes Übergewicht
- führt zu schönerer Haut und strafferem Bindegewebe
- sorgt für gründliche Entgiftung und Entschlackung sämtlicher Körperzellen
- baut krankes und geschädigtes Gewebe ab und beseitigt damit versteckte Störfelder
- läßt unspezifische, an unterschiedlichen Stellen auftretende Schmerzen verschwinden
- stärkt die körpereigene Abwehr und aktiviert die Selbstheilungskräfte des Körpers und der Seele, das heißt den inneren Arzt
- trägt zur Regeneration aller Organe und zur Heilung vieler ernährungsbedingter Zivilisationskrankheiten im latenten Frühstadium bei
- führt zu höherer körperlicher und geistiger Leistungsfähigkeit und beseitigt Konzentrations- und Gedächtnisschwächen

Der innere Arzt, von dem hier immer wieder die Rede ist und der letztlich für die heilenden Wirkungen des Fastens sorgt, ist jedoch keine ausschließlich körperlich-materielle Instanz, wie etwa eine übergeordnete Schaltzentrale oder ein Nervenzentrum. Er ist eine *ganzheitliche* Instanz, die weder eindeutig lokalisierbar noch erschöpfend beschreibbar ist; er ist die Instanz, die die Abwehr- und Selbstheilungskräfte des Organismus und der Seele einsetzt und lenkt. Was diese Instanz aber eigentlich ist, wissen wir nicht. Durch Heilfasten wird sie jedenfalls aktiviert und auf allen Ebenen der Person tätig.

Seele und Geist

Wirkungen auf die Psyche

Heilfasten berührt unseren psychischen Bereich sowohl indirekt (etwa über die selbstbewußtseinsstärkende Wirkung des Abspeckens) als auch direkt. Auch hier werden vielschichtige Prozesse ausgelöst und begünstigt, deren Ergebnis man durchaus mit dem Begriff Heilung in Verbindung bringen kann; der innere Arzt ist auch hier aktiv.

Wenn man sich auf diese Prozesse einläßt und sie durch entsprechende Übungen unterstützt, dann

- baut Heilfasten inneren Streß ab
- befreit Heilfasten vom Gefühl des Gehetzt- und Überlastetseins
- löst Heilfasten seelische Blockaden, so daß die psychischen Energien wieder fließen können.

Das führt zwangsläufig zu mehr Gelassenheit und einer angemessenen Distanz zu den Problemen des Alltags. Es schafft aber auch einen soliden Grund für mehr Selbstvertrauen und fördert die psychische Ausgeglichenheit und Stabilität.

Wirkungen im spirituellen Bereich

Das Heilfasten rückt darüber hinaus jenen Bereich unserer Existenz ins Bewußtsein, der auch psychologisch nicht ganz erfaßbar ist und den wir heute meist aus unserem praktischen Leben verbannen: den geistigen, spirituellen Bereich, also das, was uns noch als Religion geläufig ist.

Offenbar lassen die körperlichen und psychischen Vorgänge während des Heilfastens die innere Bereitschaft wachsen, sich auch diesem Bereich zu öffnen. Das bedeutet aber nicht zwangsläufig die Einstimmung auf Religion. Die spirituelle

Ebene existiert auch außerhalb davon, das heißt ohne Glaubenssätze, Dogmen und für sie zuständige Institutionen. Sie ist einfach eine Dimension unserer Wirklichkeit, deren Kräfte weder meßbar noch beschreibbar sind, sondern nur erfahrbar. Voraussetzung dafür, daß man sie erfährt, ist, daß man sich ihnen nicht verschließt, sondern offen, also empfänglich ist für sie. Das sind wir heute in der Regel nicht mehr. Im hektischen Alltag ahnen wir zwar etwas von diesen geistigen Kräften und gehen auch ständig mit ihnen um, aber meist so unbewußt, daß wir es nicht mehr wahrnehmen. Das Heilfasten macht sie wieder bewußt erfahrbar, spürt oft sogar Quellen solcher Kraft in uns selbst auf und bringt sie zum Fließen. Dieses Fließen macht sich auch nach außen hin bemerkbar und wird vom sozialen Umfeld, von den anderen, durchaus bemerkt.

Soziale Beziehungen

Distanz

Im zwischenmenschlichen Bereich wirkt Heilfasten in erster Linie *indirekt*; jedenfalls wenn man dabei die langfristigen Wirkungen im Blick hat. *Direkt* bedeutet es zunächst einen Rückzug vom sozialen Umfeld, eine Einschränkung der Kontakte auch im ganz engen Kreis, in Partnerschaft und Familie. Und auch die Vorgänge im Fastenden selbst schaffen zu den Mitmenschen eher Distanz als Nähe. Er befindet sich in einer Ausnahmesituation, in der alle Aufmerksamkeit auf die eigene Person gerichtet ist, auf den eigenen Leib und die eigene Seele. Diese Distanz zur sozialen Umwelt ist in den ersten Tagen, in denen die Fastensituation noch etwas Neues und sehr Ungewohntes ist, am größten. Später ist es hauptsächlich eine innere Distanz, die man zu den anderen fühlt, die aber nicht mehr unbedingt konkret ausgelebt werden muß. Dennoch hat man als Heilfastender in der Regel wenig Freude am Zusammensein mit anderen. Ihr Verhalten, ihr Denken und Handeln, ihre Probleme, ihre Hoffnungen und Befürchtungen, ihr ganzer Lebensstil – das erscheint einem alles ziemlich fremd, verwirrend, unverständlich und obendrein recht unwichtig. Also zieht man sich lieber zurück.

Das ist auch anzuraten, denn man ist während der ganzen Heilfastenzeit einerseits zwar recht empfindlich (die Panzerungen um die Seele fehlen weitgehend), andererseits aber durch die Gelassenheit und innere Distanz zu den Alltagsproblemen für seine Mitmenschen nicht ohne weiteres akzeptabel: Man macht nach außen hin einen überlegenen Eindruck. Das mögen die wenigsten, auf die meisten wirkt es wie ein rotes Tuch. Im Grunde haben sie sogar recht: Man fühlt sich auch überlegen (vielleicht ist man es ja sogar) und hat meist noch nicht die Kraft, dieses Gefühl für sich zu behalten, also nicht »heraushängen« zu lassen.

Bereinigung

Nach dem Heilfasten ist – wenn man es richtig gemacht hat – diese Kraft durchaus vorhanden. Allerdings hat die eigene Haltung zum Geflecht der sozialen Beziehungen, in das man eingebunden ist, meist eine Wandlung durchgemacht. Sie rührt von der größeren Unabhängigkeit her, die man während des Fastens gewonnen hat, vom gewachsenen Selbstbewußtsein und von der Neuverteilung dessen, was einem wichtig ist und was nicht. Das wirkt sich natürlich auf die Bekanntschaften und Freundschaften aus, auch auf das Verhältnis zum Partner und/oder zur Familie.

Man kann hier von einer »Bereinigung« der Beziehungen sprechen, vom Erlangen einer eindeutigeren, wahrhaftigeren Haltung den Menschen gegenüber, mit denen man lebt. Die Fähigkeit dazu entsteht aus der Bearbeitung vieler psychischer Konflikte während des Heilfastens. Der größte Teil dieser Konflikte stammt ja aus dem zwischenmenschlichen Bereich und wirkt auch auf ihn zurück. Wenn sich während des Heilfastens die Seele mit solchen Konflikten auseinandersetzen kann, weil wir sie nicht wie üblich gewaltsam aus dem Bewußtsein verdrängen, klärt sich der Blick für ihre tieferen Ursachen und für die eigene Position. Diese Klarheit und Eindeutigkeit in der eigenen Haltung kommt letztlich allen Betroffenen zugute.

Persönlichkeit

Ein anderer Mensch werden?

Alle beschriebenen Wirkungen des Heilfastens zusammengenommen können tatsächlich eine positive Veränderung der ganzen Lebensführung, der Lebenseinstellung wie auch des konkreten Verhaltens, zur Folge haben (siehe Hellmut Lützner / Elisabeth Niggemeyer, *Fasten veränderte mein Leben*). Allerdings kommt das nicht dadurch zustande, daß man in klarsichtigen Stunden der Heilfastenzeit besonders viele gute Vorsätze in sein Fasten-Tagebuch einträgt, gleichsam als neues Programm für später. Voraussetzung dafür, daß sich durch Heilfasten im eigenen Leben etwas dauerhaft ändert, ist eine entsprechende, dauerhafte Veränderung in der eigenen Persönlichkeit. Die Bedingungen für eine solche Weiterentwicklung der Persönlichkeit sind während des Heilfastens sehr günstig. Sämtliche Vorgänge weisen eigentlich in diese Richtung:

- der Organismus reinigt und erneuert sich
- in der Seele finden Umwälzungen statt (Verdrängtes gelangt ins Bewußtsein, Schwelendes wird bearbeitet bzw. aufgelöst)
- die zwischenmenschlichen Beziehungen (das Verhältnis

zum sozialen Umfeld) machen eine Wandlung durch, werden teilweise bereinigt

- und außerdem rückt ein Bereich, eine ganze Dimension wieder ins Bewußtsein, von der man im Alltag weitgehend abgekoppelt war: die geistige, spirituelle. (Gewiß gibt es auch heute noch viele Menschen, in deren Leben diese Dimension als Religion eine wichtige Rolle spielt. Aber das ist nicht der »Normalfall«, auf den ich mich hier beziehe.)

Es entsteht also rundherum ein »neuer Mensch«. Ausschlaggebend für eine Veränderung der Gesamtpersönlichkeit sind dabei ganz sicher die Erfahrungen auf der psychischen und der geistigen (spirituellen) Ebene. Ob sie nachhaltig wirken oder bald nach der Rückkehr ins Alltagsgetriebe wieder verblassen, hängt davon ab, wie bewußt man sie wahrnimmt, wie weit man sie zuläßt, das heißt sich ihnen öffnet, und wie achtsam man mit ihnen umgeht. Völlig selbsttätig, sozusagen vollautomatisch, geschehen solche tiefgreifenden Veränderungen nämlich auch während des Heilfastens nicht. Der Gesamtprozeß wirkt zwar in die beschriebene Richtung, aber mit Ignoranz oder verbissenem Widerstand kann man auch hier diese Wirkungen zunichte machen.

Ausstrahlung und Charisma

Spätestens nach einer Woche reiner Fastenzeit sieht man dem Heilfastenden auch von außen an, daß sich in ihm Energien (nichtphysikalischer Art) entfalten, von denen man als Nichtfastender allenfalls etwas ahnen kann.

Er gewinnt – mehr oder weniger deutlich – jene Art von »Ausstrahlung«, die wir im Alltag meist als Unwiderstehlichkeit, starke Präsenz oder ähnliches bezeichnen – und bewundern –, und die man weder durch Aufmachung noch bestimmtes Gehabe vortäuschen kann.

Stehen Menschen mit einer solchen Ausstrahlung im Rampenlicht der Öffentlichkeit, dann sprechen wir von Charisma bzw. einer charismatischen Persönlichkeit, von der wir uns gern mitreißen lassen. Gern wahrscheinlich deshalb, weil wir ahnen oder uneingestandenermaßen sogar wissen, daß die Kraft, die da ausstrahlt, sich aus Quellen speist, nach denen wir uns insgeheim alle sehnen. Und das sind genau die Quellen geistiger Kraft, von denen hier immerzu die Rede ist und die das Heilfasten wieder zugänglich machen bzw. zum Fließen bringen kann.

Beim längere Zeit Heilfastenden strahlen diese Kräfte nach außen, bei manchen sehr deutlich und »laut«, bei anderen weniger offensichtlich und eher »still«. Otto Buchinger senior, einer der Väter des modernen Heilfastens in Europa, berichtet von den »leuchtenden Gesichtern« seiner Patienten und bringt sogar die »Keim- und Stoßkraft einer Gruppe und der von ihr getragenen Idee« mit ihrer Fähigkeit zum langen, kollektiven Fasten in direkte Verbindung. Hier geht es also genaugenommen nicht mehr bloß um »Kraft«, sondern bereits um »Macht«.

Ausstrahlung, Unwiderstehlichkeit, Keim- und Stoßkraft als nach außen wirkende spirituelle (geistige) Energie werden durch das Heilfasten allerdings nicht verliehen; das muß klar sein. Diese Kräfte stecken von Natur aus in jedem Menschen, nur sind sie bei den meisten verschüttet. Das Heilfasten kann ein Weg sein, diese Kräfte wieder zugänglich und erfahrbar zu machen. Aber auch das hängt ganz wesentlich vom eigenen Bewußtseinsstand, vom individuellen Grad der Bewußtheit und Aufmerksamkeit ab, mit denen man sich den Vorgängen auf der spirituellen Ebene nähert.

Hinzu kommt, daß die Ausstrahlung nach dem Fastenbrechen zunächst wieder verlorengeht. Buchinger spricht vom »Zusammenbruch des Paradieses«, also vom plötzlichen Wieder-abgeschnitten-Sein des Energiestroms, der die Ausstrahlung bewirkte. Freilich muß das nicht so radikal und vollständig geschehen; man kann selbst etwas dafür tun, daß die Verbindung zu diesen Kraftquellen später nicht völlig abreißt.

Diese Seite des Heilfastens ist sicher nicht jedermanns Sache, so daß ich darauf noch einmal in einem gesonderten Kapitel am Ende des Buches eingehen will.

Vorgänge in Körper und Seele

Aufnehmen

Daß wir im materiellen Überfluß leben, ist eine Binsenwahrheit. Und daß wir diesen Überfluß als selbstverständlich hinnehmen, ja eigentlich gar nicht mehr bemerken, sondern ihn sogar eher als Mangel empfinden, da er uns langweilt, ist auch nicht gerade eine neue Erkenntnis. Natürlich weiß auch jeder um die Folgen; sie stehen seit Jahrzehnten im Brennpunkt öffentlicher Zeitkritik: einseitige Betonung materieller Zielsetzungen, Konsumhaltung, Maßlosigkeit, Verschwendung und ähnliches.

Hinter diesen so häufig kritisierten Verhaltensweisen steht ein Prinzip, das mehr und mehr unser ganzes Leben beherrscht: das »Aufnehmen«. Überall wird das Aufnehmen von uns gefordert, auch im nichtmateriellen Bereich: Lernstoff, Informationen, Neuigkeiten und Erkenntnisse werden aufgenommen. Wir halten das inzwischen für normal, ja sogar erstrebenswert: möglichst viel, möglichst schnell.

Auch was das Essen und Trinken angeht, halten wir heute das andauernde Aufnehmen, die nahezu pausenlose Zufuhr von Nahrungsmitteln und Getränken für normal und auch für notwendig. Das Interessante daran: Unser Organismus ist unseren Vorstellungen (unserem Bewußtsein) darin gefolgt. Er hat sich mit seiner Funktionsweise darauf eingestellt, fortwährend und in kaum mehr zu bewältigenden Mengen aufzu-

284

nehmen. Zum Verarbeiten kommt er dabei kaum noch, zur optimalen Ausnutzung des Aufgenommenen erst recht nicht. Statt dessen speichert er, lagert ein, stopft hin, wo immer sich Platz findet. Das Abbauen und Ausscheiden verlernt er dabei fast völlig: Darmträgheit, Verdauungs- und Stoffwechselstörungen sind die weitverbreitete Folge davon.

Daß der Organismus tatsächlich genauso dumm ist wie unser Bewußtsein, zeigt sich, wenn wir die permanente Nahrungszufuhr einmal unterbrechen oder auch nur reduzieren: Er meldet Hunger. Ignorieren wir dieses Signal, weil wir wissen, daß es unsinnig ist, wird er in seinen Forderungen massiv: Das Hungergefühl wird bohrend, Kopfschmerzen stellen sich ein, Schwindelgefühl, Schwäche usw. Erst wenn wir seiner Forderung nachkommen, ihn also weiter überfüttern, gibt er sich zufrieden.

Umstimmen und umschalten

Der Entschluß zum Heilfasten durchbricht diesen schädlichen Kreislauf. Die Entscheidung, innezuhalten, von allen eingefahrenen Essensgewohnheiten einfach loszukommen und in planvoller Weise eine Weile auf Nahrungsaufnahme ganz zu verzichten, läßt auch den Organismus in seinen Gewohnheiten innehalten: Er stimmt sich um auf Selbstversorgung.

Praktisch gesehen ist das völlig unproblematisch: In seinen reichhaltigen Depots, in seinen Zucker-, Fett- und Eiweißspeichern findet er alles, was er zum Leben braucht, auch Vitamine, Mineralstoffe und Spurenelemente. Es ist alles in ausreichender Menge für ein paar Wochen »Leben aus sich selbst heraus« vorhanden.

Sobald wir unserem Organismus mit einer gründlichen und möglichst schonenden Darmreinigung klargemacht haben, daß es uns ernst ist mit unserem Entschluß, beginnt er unverzüglich mit seinem neuen Programm. Er schaltet seine Funktionsweise um und verzichtet seinerseits auf das Signal Hunger.

Wer heilfastet, verspürt nach kurzer Zeit keinen Hunger mehr. Der Organismus weiß, daß er von außen keine Nahrung zu erwarten hat und akzeptiert das.

Reinigen und erneuern

Die Aktivitäten des Organismus beschränken sich während des Heilfastens jedoch keineswegs darauf, sich am Leben zu erhalten.

Da er von der Verdauung und Speicherung aufgenommener Nahrung freigestellt ist, steht ihm die sonst hierfür verbrauchte Energie für andere Tätigkeiten zur Verfügung. Das ist eine nicht unerhebliche Menge, etwa ein Drittel des gesamten Energiebedarfs. Ein überflußgeschädigter Organismus gibt diese freigewordene Energie in die Hand des inneren Arztes, der sie unverzüglich zur »Heilung« nutzt, zur Reinigung und Regeneration:

▧ Ablagerungen in und zwischen den Körperzellen, die die Stoffwechselprozesse behindern, werden abgebaut.

▧ Schadstoffe aller Art werden ausgeschwemmt und abtransportiert.

▧ Altes und geschädigtes Gewebe und Schlacken werden abgebaut und auf jede nur mögliche Weise ausgeschieden.

▧ Zellen werden erneuert und schadhafte bzw. geschwächte Organe ausgeheilt.

Was während der ganzen Heilfastenzeit augenfällig vor sich geht, ist ein gewaltiger und umfassender Reinigungsprozeß, in dem der Organismus sich von allem Ballast befreit. Dazu gehören auch die im Überfluß vorhandenen Fettdepots.

Körperliche Vorgänge

In den großen Reinigungs- und Erneuerungsprozeß sind alle Organe, ja sogar sämtliche Zellen des Körpers miteinbezogen. Und dieser Prozeß vollzieht sich auf unübersehbare, zum Teil sogar recht drastische Weise.

Darm

Womit der Fastende gleich am Morgen seines ersten Fastentages konfrontiert wird, ist die vollständige Entleerung des Darms. Sie wird vom Fastenden selbst durch »Glaubern« oder Einlauf eingeleitet und ist für den Darm das Signal, daß er sich von nun an ganz auf seine Funktion als Ausscheidungsorgan konzentrieren kann: Verdauung wird von ihm nicht mehr verlangt. Er wird sich in der Folgezeit entschlacken und regenerieren. Seine Peristaltik (Muskelbewegungen), die er beibehält, befördert nun endlich Kotreste hinaus, die sich über Jahre in den Darmtaschen angesammelt haben. Die Darmwände erneuern sich und stoßen Schlacken sowie Zell- und Gewebstrümmer ab. Auch die Gift- und Schlackenstoffe aus den Reinigungsprozessen des übrigen Organismus werden größtenteils in den Darm abgegeben und von ihm ausgeschieden.

Blut

Bereits am zweiten Tag des Heilfastens machen sich weitere Veränderungen im Organismus bemerkbar.

Durch die starke Entwässerung infolge des Kochsalzentzugs ist es zu einer geringfügigen Eindickung des Blutes gekommen. Das läßt Bluthochdruck absinken, der Blutdruck normalisiert sich. Wer jedoch zu niedrigem Blutdruck neigt, wird eine leichte Kreislauflabilität verspüren, die jedoch mit einfachen Maßnahmen problemlos aufzufangen ist.

Nicht selten kommt es im Verlauf des Heilfastens sogar zu einer – kaum erklärbaren – Normalisierung des vorher zu niedrigen Blutdrucks.

Bindegewebe

Als erfreuliche Wirkung stellt man bereits am Morgen des zweiten Fastentages eine deutliche Gewichtsabnahme fest. Sie rührt allerdings nicht schon vom Abbau der Fettpolster her, sondern von der Entwässerung des Bindegewebes.

Mit der Entwässerung geht auch eine Entquellung einher: Das Bindegewebe strafft sich. Gleichzeitig werden die dort vorhandenen Schadstoffeinlagerungen aufgelöst und ausgeschwemmt.

Ausscheidungsorgane

Vom dritten Fastentag an ernährt sich der Organismus ausschließlich von seinen Reserven:

- Alle im Blut eventuell noch frei verfügbaren Nährstoffreste sind aufgebraucht.
- Die Leber hat ihre Zuckervorräte vollständig abgebaut und ist nun vor allem mit dem Abbau der Fettdepots beschäftigt, die rapide dahinschmelzen.
- Auf allen verfügbaren Wegen scheidet der Organismus Schadstoffrückstände, Schlacken, Krankheitsstoffe und giftige Abbauprodukte seines Stoffwechsels aus: Leber, Niere, Haut, Schleimhäute und Lunge sind daran beteiligt.

Leber und Nieren

Die wichtigsten Entgiftungsorgane des Körpers, Leber und Nieren, arbeiten auf Hochtouren. Sie binden und scheiden die giftigen Stoffwechselprodukte aus, die nun in verstärktem

Maß vom Blut und anderen Körperflüssigkeiten mitgeführt werden. So ist beispielsweise der Harnsäurespiegel des Blutes während des Fastens erhöht, da überall im Körper verstärkt alte und geschädigte Zellen abgebaut werden. Beide Organe müssen in ihrer Arbeit durch geeignete Maßnahmen unterstützt werden.

Trotz dieser starken Beanspruchung macht die Leber während des Heilfastens einen Regenerationsprozeß durch, wird »schlanker«, straffer und gesünder.

Die Schwerarbeit der Nieren ist augenfällig. Dem Urin, den sie produzieren, merkt man die hohe Giftstoffkonzentration an. Seine kräftige Färbung und sein oft unangenehmer, penetranter Geruch sind jedoch kein Grund zur Beunruhigung, sondern positives Zeichen dafür, daß die Nieren ihrer Entgiftungsaufgabe nachkommen.

Haut und Schleimhäute

Auch die Haut zeigt sich während des Fastens unübersehbar als Ausscheidungsorgan. Der Schweiß, den sie absondert, riecht unangenehm und beweist dadurch, daß auch er Giftstoffe und Abbauprodukte des Stoffwechsels transportiert. Die Haut selbst neigt zu Trockenheit und Unreinheiten. Auch sie scheidet Schlacken aus, reinigt sich und regeneriert. Das Ergebnis zeigt sich nach dem Fasten, wenn man wieder feste Nahrung zu sich nimmt: Die Haut ist rosig, rein und feinporig und fühlt sich angenehm glatt und weich an.

Auch der Mundraum ist während der Fastenzeit durch Ausscheidung und Selbsterneuerung Veränderungen unterworfen: Zähne und Zahnfleisch fühlen sich pelzig an und sind mit sichtbaren Belägen überzogen. Auch die Zunge zeigt einen dicken Belag, der seine Farbe von Grau bis Schwarz, Weiß, Gelb und Grün wechselt, je nachdem, welche Giftstoffe gerade ausgeschieden werden. Mundgeruch tritt auf, der sich auch durch intensive Pflege nicht ganz unterbinden läßt. Hieran wirkt freilich auch der schlechte Atem mit, der gasförmige Abbauprodukte des Stoffwechsels aus der Lunge mit sich führt.

Daß auch die Schleimhäute – wo immer sie sich befinden: in Mund, Nase, Rachen oder Scheide – vermehrt Sekrete absondern, die ebenfalls mit allerlei Schlacken und Schadstoffen angereichert sind, wird bei dieser von Ausscheidung und Entgiftung bestimmten Gesamtsituation nicht mehr verwundern.

Sinnesorgane

Reinigung und Erneuerung beziehen während des Heilfastens auch die Zellen der Sinnesorgane und deren Rezeptoren mit ein. Die Folge davon ist eine deutliche, zum Teil verblüffende Verbesserung der Wahrnehmungsfähigkeit, die bei vielen Fastenden zu bemerkenswerten Sinneserlebnissen führt.

Das Sehen läßt zwar vorübergehend in seiner Schärfe etwas nach, was auf den verminderten Augendruck während des Fastens zurückzuführen ist, die Empfänglichkeit für Farb- und Formeindrücke erhöht sich jedoch beträchtlich: Die Welt wird bunter und von ihrem Formenreichtum her reizvoller. Man hat das Gefühl, mit »Künstleraugen« zu sehen, und staunt, was einem mit dem Alltagsblick alles entgeht.

Der Geruchssinn verfeinert sich auffällig. Die Nase nimmt noch die feinsten Düfte wahr und kann in Wohlgerüchen schwelgen. Eigenartigerweise bedeuten die verlockenden Düfte von Eßbarem keine ernsthafte Versuchung. Man kann sie genießen, sich an ihnen freuen, ohne daß einem das Wasser im Mund zusammenläuft. Die vermehrte Speichelproduktion ist ja eine Maßnahme des Organismus, mit der er sich auf Nahrungsaufnahme und Verdauung vorbereitet. Für den fastenden Organismus aber – auch bei noch so verlockenden

Gerüchen – ist Nahrungsaufnahme und Verdauung im »Programm« nicht vorgesehen, denn das lautet: Leben aus sich selbst heraus.

Auch das Gehör schärft sich. Das hat angenehme wie unangenehme Seiten: Man wird empfindlicher gegenüber disharmonischen Geräuschen des Alltags, vor allem in der Großstadt. Man empfindet sie als störenden Lärm, was den Wunsch nach Abgeschiedenheit verstärkt.

Wie sehr sich die Geschmacksnerven regenerieren, stellt man vor allem nach dem Ende des Fastens fest: Der gewöhnlichste Apfel wird zu einem Geschmackserlebnis ersten Ranges!

Seelische Vorgänge

Vorgänge im seelischen und geistigen Bereich lassen sich generell nicht mit derselben Exaktheit voraussagen und beobachten wie im körperlichen. Dennoch läßt sich feststellen, daß dort während des Heilfastens ganz ähnliche Prozesse ablaufen wie im Organismus, vor allem aber, daß sie von denselben Prinzipien bestimmt sind:

- Umstimmen und Umschalten
- Reinigen und Ausscheiden statt Speichern

Emotionen

Auch die Seele schaltet um, wobei die körperlichen Prozesse während des Fastens sie unterstützen. Die innere Aufmerksamkeit des Fastenden kehrt sich deutlich ab von seinen aktuellen seelischen Verflechtungen mit der Umwelt und den daraus resultierenden – vermeintlichen – Zwängen. Das Eingebundensein, die »Verstrickung«, in die Forderungen und Pflichten des Alltags verliert seine beherrschende Wichtigkeit.

Statt dessen wendet er sich auch innerlich der eigenen Person und deren seelischen Regungen zu. Die Seele geht dazu über, alte Verletzungen, Ängste und verdrängte Emotionen an die Oberfläche zu holen, sie zu bearbeiten und abzubauen.

Träume

Die Träume spielen bei der »Seelenarbeit« eine herausragende Rolle. Man träumt sehr viel während des Heilfastens, und man träumt anders als sonst. Manche Wünsche, deren Erfüllung man sich sonst nicht einmal im Traum gestattet, da sie moralischer und gesellschaftlicher Ächtung unterliegen, melden sich in diesen Fastenträumen plötzlich zu Wort: Gewalt, sexuelle Exzesse, Allmachtsphantasien und ähnliches. Das braucht jedoch niemanden zu erschrecken. Wunschvorstellungen dieser Art sind in jedem Menschen lebendig, auch im sanftesten und moralischsten. Natürlich kann man sie in der Realität nicht ausleben! Das verbietet uns das menschliche Zusammenleben und natürlich die Moral, die wir als wesentlichen Teil unserer Kultur verinnerlicht haben. Die Moral verbietet allerdings bereits den Wunsch nach diesen Dingen, die Regung an sich. Und deshalb müssen wir – wenn wir uns nicht als schlechte Menschen fühlen wollen – solche Wünsche rigoros verdrängen. Vorhanden sind sie dennoch. Wenn wir während des Heilfastens psychisch »durchlässiger« werden, dringen auch diese verbotenen Wünsche wieder mehr an die Oberfläche, setzen sich über die innere Zensur hinweg und werden in Träumen ausgelebt. Dieses Ausleben ist äußerst wichtig für unsere psychische Gesundheit; die wiederum ist von großer Bedeutung für unsere *ganze* Gesundheit.

Natürlich steigen in den Fastenträumen auch andere Dinge aus den Tiefen der Seele auf. Alte Verletzungen oder traumatische Erlebnisse zum Beispiel, die nie ganz bewältigt wurden, da man sie einfach verdrängte; dann Ängste, die man sich im

Alltagsleben nicht eingesteht, da auch sie der gesellschaftlichen Ächtung unterliegen; Komplexe (abgespaltene und eingekapselte Teile der Persönlichkeit, die man verleugnet, da sie nicht in das eigene Bild passen) und anderes mehr.

All das wirkt während des Heilfastens aber nicht bedrohlich. Manches davon dringt sogar bis ins Wachbewußtsein und kann dann bewußt bearbeitet werden. Bearbeiten heißt hier vor allem Zulassen und Annehmen. Während des Heilfastens ist man dazu in der Lage. Das Loslassen der Seele schafft offenbar auch Distanz zu den eigenen Problemen und Komplexen, woraus oft verblüffend einfache Lösungen entspringen.

Das seelische Befinden entwickelt sich während des Heilfastens meist von einer leichten Melancholie zu anhaltend gehobener Stimmung, der eine zunehmende Lebensfreude und Lebensbejahung zugrunde liegt.

Spirituelle Erfahrungen

Fasten wurde durch die Jahrtausende hindurch in allen Kulturen immer wieder mit spiritueller Reinigung in Verbindung gebracht. In allen Weltreligionen – dem Christentum, dem Buddhismus, dem Islam – hat es einen festen Platz. Dennoch hat Heilfasten nicht unbedingt etwas mit Religion zu tun.

Wer sich jedoch während der Fastenzeit aufmerksam beobachtet, wird feststellen, daß er sich auch ohne äußeren Anstoß Gedanken über jene existentiellen Lebensfragen macht, die mit materiellen Zielsetzungen nichts zu tun haben: Fragen nach dem Sinn des Lebens tauchen auf, nach Lebenszielen, nach wirklich befriedigenden Aufgaben und nach Zusammenhängen, die über die eigene Existenz hinausweisen.

Normalerweise beunruhigen uns solche Fragen eher, als daß sie zu einer Auseinandersetzung mit ihnen führen, und deshalb lassen wir uns kaum ernsthaft auf sie ein. Beim Heilfasten beunruhigen sie nicht, im Gegenteil: Es kommt, zunächst völlig unbemerkt, zu einem wie selbstverständlichen Interesse an ihnen und einem Offensein für die ganze spirituelle Dimension des Lebens. Das Heilfasten macht empfänglich für die Wirklichkeit hinter der Wirklichkeit. Es schärft das Gespür für Zusammenhänge, die unserem Denken und unserer sinnlichen Wahrnehmung nicht zugänglich und dennoch unzweifelhaft vorhanden sind. Und es schafft Verbindung zu Kräften in uns, die weder physikalischer noch psychischer Natur sind.

Fastenflauten – Fastenkrisen

Das Wort Fastenflaute ist nicht glücklich gewählt, genaugenommen ist es irreführend: Bei Flaute fehlt der Wind, und deshalb kommen Segelschiffe nicht voran. Dieses Bild paßt aber nicht auf die sogenannten Fastenflauten: Der »Fastenwind« ist hier durchaus vorhanden, und Reinigung und Erneuerung kommen gut voran. Es treten lediglich Schwankungen im Befinden auf. Man fühlt sich nicht immer gleich gut. Am zweiten, dritten oder vierten Tag erleben manche Heilfastende ein Stimmungstief, das von Lustlosigkeit, Trägheit und Müdigkeit geprägt ist. Meist liegt das am Absinken des Blutdrucks und der Umstellung des Organismus auf Reinigung und Anzapfen der Reserven.

Wenn bei Ihnen eine sogenannte Fastenflaute eintritt, sollten Sie folgende Punkte beachten:

- Geben Sie der Müdigkeit und Lustlosigkeit nicht sofort nach. Versuchen Sie zuerst, Ihren Kreislauf anzuregen; machen Sie einen Spaziergang oder ein bißchen Gymnastik.
- Ein sehr wirksames Mittel gegen solche Stimmungstiefs ist auch der Einlauf. Er schwemmt Giftstoffe aus dem Darmtrakt und stellt in den meisten Fällen »schlagartig« das Wohlbefinden wieder her.

■ Wenn das alles nichts bewirkt, dann geben Sie sich Ihrer Müdigkeit und Melancholie ruhig hin. Ziehen Sie sich zurück, lesen Sie, schlafen Sie oder hören Sie eine Tonkassette mit einer geführten Meditation; Meditation stärkt die Selbstheilungskräfte und hilft, das Tief zu überwinden.

Wenn Sie die reine Fastenzeit auf mehr als sieben Tage ausdehnen, kann es auch zu sogenannten Fastenkrisen kommen. Man fühlt sich dann sehr abgeschlagen und leicht depressiv, ähnlich wie bei einer beginnenden Grippe; alte Beschwerden können sich melden. Das alles sind Zeichen dafür, daß besonders viele Schadstoffe in ihrem Blutkreislauf zirkulieren und erst noch ausgeschieden werden müssen.

■ Zwingen Sie sich nicht zu Anstrengungen. Halten Sie Bettruhe und sorgen Sie für Wärme. Auch hier hilft der Einlauf.
■ Auf keinen Fall das Fasten während einer solchen Krise abbrechen!

Heilfasten zu Hause

Voraussetzungen

Gesundheit

Jeder, der sich gesund und einigermaßen kräftig fühlt, kann selbständig heilfasten; Abgespanntheit oder das Gefühl allgemeiner Antriebsschwäche sind keine Hinderungsgründe.

Wer jedoch an einer akuten oder chronischen Krankheit leidet, muß vorher unbedingt mit dem behandelnden Arzt oder seinem Hausarzt sprechen. Wenn diese Ärzte fastenerfahren sind, werden ihr Rat und ihre Empfehlungen ausreichen. Sind sie das jedoch nicht, und stehen sie womöglich der Fastenidee ablehnend gegenüber, sollten Sie sich einen speziellen Fastenarzt empfehlen lassen. Er kann nach gründlicher Untersuchung eine verbindliche Entscheidung treffen:

- ob man zu Hause (gegebenenfalls unter ambulanter ärztlicher Kontrolle) heilfasten darf,
- ob man nur in einer Fastenklinik, also stationär unter ständiger ärztlicher Aufsicht und Betreuung, fasten darf oder
- ob man ganz auf das Heilfasten verzichten muß.

Der Fastenarzt steht dann auch während der Fastenzeit für Rückfragen und kompetenten Rat zur Verfügung.

Nicht heilfasten sollte:

- wer schwanger ist oder stillt,
- wer an einer »auszehrenden« Krankheit leidet (z. B. Basedowsche Krankheit, Tuberkulose, Krebs) oder an Magengeschwüren, chronischer Magen- oder Darmentzündung (Ausnahme: chronische Entzündung des Dickdarms) und
- wer nach schweren Erkrankungen oder Operationen erheblich geschwächt ist.

Beruf

Die ideale berufliche Voraussetzung für das Heilfasten ist der Urlaub: Im Urlaub läßt sich dem Bedürfnis nach Abgeschiedenheit und Loslösung vom Alltag noch am ehesten nachgehen.

Wer keinen Urlaub nehmen kann oder will, sollte eine Zeit wählen, in der er keiner starken Beanspruchung durch seine Umwelt – sei sie beruflicher oder privater Art – ausgesetzt ist.

Zu empfehlen ist das Heilfasten neben der Berufstätigkeit allerdings nicht. Gerade wenn man sich auf alle Ebenen der Fastensituation und des Fastengeschehens einlassen will – um auch alle Ebenen für sich zu nutzen –, dürften die Anforderungen einer Berufsausübung hinderlich sein. Am ehesten lassen sich Heilfasten und Beruf noch miteinander verbinden, wenn man frei arbeitet und sich die Arbeitszeit selbständig einteilen kann. In der »dynamischen«, oft hektischen Atmosphäre eines Büros mit Kollegen und Vorgesetzten ist das kaum möglich. In jedem Fall aber muß man beim Heilfasten neben der Berufsausübung darauf achten, daß es nicht in eine simple Hungerkur abgleitet.

Nicht während der Berufstätigkeit heilfasten sollten all jene, die an gefährlichen Maschinen arbeiten oder auf schnelle Reaktionsfähigkeit angewiesen sind (herabgesetzte Reaktionsfähigkeit während des Fastens), insbesondere wenn davon die Gesundheit anderer Menschen abhängt: Bahn-, Bus- und Taxifahrer, Kranführer, Dreher, Arbeiter und Handwerker am Bau.

Raum

Die wichtigste praktische Voraussetzung für ein erfolgreiches selbständiges Heilfasten ist ein Zimmer oder – noch besser – eine Wohnung für sich allein.

Das Zurückziehen während des Fastens, die Konzentration auf sich selbst, muß sich ohne Krampf und Kampf verwirklichen lassen. Schließlich geht es ja um das Loslassen von den sozialen Beziehungen und nicht um die gewaltsame Abschottung gegen sie.

Wenn man durch die räumlichen Gegebenheiten ständig seinen Mitbewohnern ausgesetzt ist, wird es sehr schwer sein, loszulassen. Man wird sich statt dessen wahrscheinlich ein abweisendes, verschlossenes Verhalten zulegen, das sicher auch nach innen wirkt. Innerlich offen zu sein für neue Erfahrungen und gleichzeitig nach außen abweisend – das gelingt eigentlich nur mit sehr viel Übung.

Wenn man andauernd gewärtig sein muß, mit anderen zusammenzutreffen, wird man auch Scheu haben, seine Stimmungen nach außen dringen zu lassen.

Ähnlich ist es mit der regelmäßigen Gymnastik oder den vielen unterstützenden Maßnahmen, bei denen man sich in der Regel nicht gern zuschauen läßt. Die notwendige, angestrebte Ruhe und Gelassenheit wird sich dann nur schwer einstellen.

Ein Raum, in dem man garantiert ungestört bleibt, in dem man ruhen, nachdenken, meditieren, malen, schreiben und sich freudigen oder/und melancholischen Stimmungen hingeben kann, erscheint mir für ein erfolgreiches Heilfasten unabdingbar.

Zeitpunkt

Für das Heilfasten sollte man eine Zeit wählen, in der – soweit sich das voraussagen läßt – keine aufregenden Ereignisse bevorstehen: also keine Familienfeste, Firmenjubiläen, Umzüge und ähnliches. Das würde nur die Kontinuität des Prozesses unterbrechen und damit den Erfolg zumindest im psychisch-geistigen Bereich gefährden oder erschweren.

Was die Jahreszeiten betrifft, so eignet sich jede letztlich gleich gut zum Heilfasten; welche man wählt, hängt von der persönlichen Vorliebe ab. Am besten aber dürfte wohl die Zeit, die auch von der Kirche dafür vorgesehen ist, geeignet sein: die Wochen vor Ostern und die Adventszeit. Auch vom Jahresrhythmus her bieten sich diese Zeiten für eine Besinnung und ein Innehalten an.

Heilfasten im Überblick

Dauer und Einteilung

Jedes Heilfasten besteht aus drei Phasen:
Phase 1: der **Einstimmungstag,** an dem Sie mit reduzierter Kost Körper und Seele langsam auf die bevorstehende Fasten-

kur vorbereiten. An diesem Tag sollten auch die praktischen Vorbereitungen beendet sein.

Phase 2: die **reinen Fastentage,** an denen Sie außer verschiedenen Kräuter- und Fruchttees, einem Glas verdünnten Fruchtsaft, einem Teelöffel Honig und einem Scheibchen Zitrone nichts zu sich nehmen; zusätzlich – zur Unterstützung der Niere – nur Quell- oder Mineralwasser.

Phase 3: die sich anschließenden **Aufbautage,** in denen Sie Ihren Organismus mit spezieller Kost Schritt für Schritt wieder an die Aufnahme fester Nahrung gewöhnen.

Alle *drei* Phasen gehören fest zu Ihrem Heilfastenprogramm, nicht nur die reinen Fastentage!

Mit besonderem Nachdruck seien Ihnen die Aufbautage ans Herz gelegt: Wenn Sie sie nicht beachten, kann es möglicherweise zu schweren Komplikationen (z. B. Magen- und Darmkrämpfe, Kreislaufzusammenbruch oder gar Darmverschluß) kommen. Zumindest aber schnellt Ihr Gewicht von einem Tag zum anderen drastisch wieder nach oben.

Wenn Sie auf den Einstimmungstag verzichten, laufen Sie Gefahr, das Umschalten des Organismus zu verzögern. Die Fettpolster reduzieren sich dann nicht so rasch wie erhofft, und möglicherweise kommt es doch zu unangenehmen Hungergefühlen während der ersten Tage.

Die Dauer des selbständigen Heilfastens ist in einem Heilfasten-Leitfaden (den Sie gegen Einsendung von DM 6,– in Form von Briefmarken und einem adressierten und frankierten Rückumschlag beim Verlag anfordern können) auf zehn Tage begrenzt.

Die Länge dieser reinen Fastenzeit können Sie je nach persönlicher Situation verkürzen oder verlängern.

▪ Wollen Sie verkürzen, dann höchstens um einen Tag, also auf fünf Tage. Fünf Tage sind erfahrungsgemäß die Minimalzeit für ein wirksames Heilfasten; die Aufbauzeit von drei Tagen und den Einstimmungstag aber unbedingt beibehalten!

■ Wollen Sie die reine Fastenzeit ausdehnen, weil Sie sich phantastisch fühlen und noch ein bißchen mehr Gewicht verlieren wollen, sollten Sie sich am siebten Tag von einem Fastenarzt untersuchen lassen – einfach zur Sicherheit.

Auf keinen Fall aber sollten Sie die reine Fastenzeit eigenmächtig auf mehr als zehn Tage ausdehnen! Es wäre Leichtsinn.

Was ist konkret zu tun?

Was *während* des Heilfastens konkret zu tun ist, gliedert sich in **Unbedingt notwendig,** das Sie auf keinen Fall weglassen oder versäumen dürfen.

Wichtig, das – wenn Sie es durchführen – den problemlosen Verlauf des Heilfastens gewährleistet.

Und **Hilfreich,** das dazu beiträgt, das Heilfasten zu einem angenehmen und tiefgehenden Erlebnis zu machen:

Unbedingt notwendig:	Regelmäßige eingeleitete Darmentleerung; Trinken der Fastengetränke (mindestens zwei Liter pro Tag!); für Menschen mit zu niedrigem Blutdruck: bewußtes, langsames Aufstehen nach jedem Liegen.
Wichtig:	Bewegung; Entspannungsübungen; Atemübungen; zusätzliche Maßnahmen zur Unterstützung des Organismus; erweitertes Körperpflegeprogramm; Besinnung.
Hilfreich:	Gymnastik; Sport; Meditation; kreatives Gestalten; Tagebuch führen.

Genußgifte und Gewohnheitsmedikamente

Genußgifte wie Nikotin, Alkohol, Koffein und die selbstverordneten Gewohnheitsmedikamente wie Kopfschmerztabletten, Entwässerungs- und Abführtabletten, Aufputsch- und Schlafmittel etc. sind während des Fastens besonders schädlich für den Organismus. Sie sollten Sie allesamt weglassen; auf jeden Fall die Gewohnheitsmedikamente. Sie benötigen sie nicht. Ihr Abführmittel ist der Einlauf, der auch gegen Kopfschmerzen wirkt; gegen Schlafstörungen haben Sie Entspannungsübungen.

Wenn Ihnen der Verzicht zum Beispiel auf Zigaretten unmöglich erscheint, schränken Sie den Konsum wenigstens drastisch ein. Die Gesamtsituation hilft Ihnen dabei: Alle Bereiche von Körper und Seele werden so gründlich gereinigt, daß Sie wahrscheinlich die verunreinigende Wirkung des Rauchens ohnehin als störend empfinden. Und wer erst einmal das »Ideal der Reinheit« entdeckt hat, wird vielleicht sogar seine Sucht – wenigstens vorübergehend – ablegen können.

Konkrete Maßnahmen

Um das Heilfasten auch praktisch zu dem werden zu lassen, was es theoretisch verspricht, muß man Körper, Seele und Geist in diesem vielschichten Prozeß mit verschiedenen Maßnahmen, Techniken und Verhaltensweisen unterstützen.

Regelmäßige Darmentleerung

Die meisten Gift- und Schlackenstoffe scheidet der Körper während der Fastenzeit über den Darm aus. Er muß deshalb in regelmäßigen Abständen (mindestens alle zwei Tage) gründlich geleert werden. Der Darm tut das jedoch nicht in ausreichendem Maß von allein: Die Darmentleerung muß von Ihnen eingeleitet werden.

Das muß sein! Bei ungenügender Darmentleerung (Gefahr der Rückvergiftung des Organismus) treten Beschwerden auf: Kopfschmerz, Schwäche, Depression.

Die erste eingeleitete Darmentleerung erfolgt am Morgen des ersten reinen Fastentages. Sie kann auf verschiedene Weise durchgeführt werden.

Einlauf

Beim Einlauf leitet man einen halben Liter lauwarmes Wasser mittels eines Einlaufgeräts (Irrigator) durch den After in den Darm. Er wird dadurch zur Entleerung angeregt und gründlich durchgespült.

- Der Irrigator besteht aus einem Ein-Liter-Gefäß, einem Becher mit Auslauftülle kurz über dem Boden, einem Gummischlauch, einem Zwischenstück mit Absperrhahn und zwei Einführrohren (dick und dünn).
- Als erstes muß der Irrigator aus diesen Einzelteilen zusammengesetzt werden; das Teil mit dem Absperrhahn gehört zwischen Schlauchende und Einführrohr; der Absperrhahn wird geschlossen.
- Danach wird der Becher mit etwas mehr als einem halben Liter körperwarmem, reinem Leitungswasser (ohne irgendwelche Zusätze) gefüllt.
- Man stellt oder hängt den Becher nun so, daß zum Einführrohr am Ende des Schlauchs ein Gefälle entsteht, damit das Wasser abfließen kann.
- Nun wird der Schlauch entlüftet, das heißt, man öffnet den Absperrhahn, bis am Einführrohr Wasser austritt, und schließt ihn wieder.
- Zum eigentlichen Einlauf kann man verschiedene Körper-

haltungen einnehmen: stehend mit leicht gegrätschten Beinen vorgebeugt; Hockstellung; sogenannte »Demutshaltung« auf Knien und Ellbogen abgestützt. Diese Haltung ist die geeignetste.

- Nun wird das Einführrohr (in der Regel das dicke, nur wer sich sehr verkrampft, sollte das dünne benutzen) etwa acht bis neun Zentimeter durch den After in den Darm eingeführt (dabei entspannen und leicht – wie beim Stuhlgang – mit der Darmmuskulatur gegendrücken).
- Jetzt den Hahn öffnen, die Bauchmuskulatur entspannen, ruhig atmen und warten, bis das Wasser vollständig nach 30 bis 45 Sekunden eingelaufen ist.

Nach zwei bis zehn Minuten wird sich ein Gefühl wie Stuhldrang einstellen; dann entleert sich zunächst ein Teil des Wassers. Bis zu einer halben Stunde später stellt sich erneut Stuhldrang ein, und nun erfolgt die eigentliche Entleerung des Darminhalts in jaucheartiger Beschaffenheit. Danach sollte man sich 20 Minuten lang hinlegen, sich warm halten und ausruhen.

Der Einlauf ist die schonendste und gleichzeitig gründlichste Methode der Darmentleerung. Er ist auch zur täglichen (mindestens jedoch zweitäglichen) Anwendung während der reinen Fastenzeit zu empfehlen.

Die Vorgehensweise beim Einlauf wurde deshalb so detailliert beschrieben, damit Sie die (wahrscheinlich vorhandene) Scheu vor dieser Methode verlieren. Alle erfahrenen Fastenärzte halten sie für die beste, wirksamste, gesündeste und sogar angenehmste. Es kann vorkommen, daß sich nach dem Einlauf im Darm überhaupt nichts regt. Wenn das so ist, dann haben Sie in der letzten Zeit wahrscheinlich zu wenig Flüssigkeit zu sich genommen, und der Körper hat die Gelegenheit genutzt, über die Darmwände endlich seinen Durst zu stillen: Er hat das eingelaufene Wasser also einfach aufgesaugt. Wiederholen Sie den Einlauf.

Salinische Darmberieslung

Manche Fastenärzte empfehlen, den Einlauf grundsätzlich durch eine sogenannte salinische Darmberieslung zu ergänzen. Dazu trinkt man *vor* dem Einlauf eine salinische Lösung. Sie besteht aus einem Viertelliter Wasser oder Kräutertee, in dem ein gestrichener Teelöffel Bittersalz oder ein gehäufter Teelöffel F.X.-Passage-Pulver (Fa. Meyer) – beides in der Apotheke erhältlich – aufgelöst sind.

Die salinische Darmberieslung reinigt auch die höher gelegenen Darmbereiche, die vom Einlauf nicht erreicht werden, und entgiftet Magen, Leber und Galle.

Glaubersalz

Beim Glaubern werden 30 Gramm Glaubersalz in einem halben Liter lauwarmem Wasser aufgelöst (besonders große Menschen benötigen 40 Gramm auf drei Viertel Liter Wasser) und dann auf einmal getrunken. Zur Geschmacksverbesserung (der Trunk schmeckt sehr bitter) kann man ein paar Spritzer Zitronensaft hinzufügen. Danach, ebenfalls gegen den bitteren Geschmack im Mund, sollte man Kräutertee trinken.

In den nächsten ein bis drei Stunden kommt es mehrmals zur durchfallartigen Entleerung des Darms. Dabei können Bauchzwicken und leichte Magenkrämpfe auftreten, die aber nicht gefährlich, nur unangenehm sind.

Glaubern bedeutet eine chemische Reizung des gesamten Verdauungstrakts, die nicht gerade als gesund bezeichnet werden kann. Es ist deshalb für die zweitägliche Darmentleerung während der reinen Fastenzeit *nicht* geeignet.

Sauerkrautsaft und Buttermilch

Bei topgesundem Darm, der allerdings selbst bei jungen Leuten sehr selten ist, genügt eventuell die Anregung des Darms mittels einem Achtelliter Sauerkrautsaft oder Buttermilch, morgens nach dem Aufstehen getrunken. – Die Darmentleerung erfolgt nach etwa einer halben Stunde.

Diese Methode – wenn sie funktioniert! – eignet sich zur zweitäglichen Anwendung während der reinen Fastenzeit.

Falls sie jedoch nicht funktioniert, sollte man einen Einlauf vornehmen.

Hinweis: Jede Art der eingeleiteten Darmentleerung kann die Wirkung der Antibabypille beeinträchtigen!

Erweiterte Körperpflege

Auch über die Haut werden während des Fastens auffallend viele Giftstoffe ausgeschieden. Körperpflege gewinnt deshalb an Wichtigkeit und entspricht auch dem eigenen Bedürfnis; außerdem macht es Freude, dem Körper auch in dieser Hinsicht besondere Aufmerksamkeit zu schenken.

Trockenbürstenmassage

Das erweiterte Körperpflegeprogramm beginnt bereits am Morgen vor dem Duschen mit einer Trockenbürstenmassage. Sie bringt Ihren Kreislauf in Schwung. Dazu benötigen Sie eine mittelharte Körperbürste mit Naturborsten oder einen Sisalhandschuh. Gehen Sie gemächlich ans Werk und bürsten Sie in sanft kreisenden Bewegungen; immer von außen zur Körpermitte, dem Herzen zu. Beginnen Sie mit dem linken Bein vom Fuß zum Schenkel hinauf, danach bürsten Sie das rechte

Bein in derselben Weise; wenden Sie sich dann dem linken Arm zu, und zwar vom Handgelenk zur Schulter hinauf, und wiederholen Sie das am rechten Arm. Den Rumpf bürsten Sie, ebenfalls in kreisenden Bewegungen, zum Herzen hin. Jetzt ist die Haut wunderbar durchblutet, und im Körper breitet sich wohlige Wärme aus.

Warm- und Kaltdusche

Sie ist am Morgen unbedingt anzuraten, abends nur, wenn man Lust dazu hat. Seifen Sie sich unter warmem Wasser gründlich ab, und beenden Sie die Prozedur mit einer kurzen kalten Dusche von den Füßen zum Herzen hin.

Wenn Sie vorher trockengebürstet haben, dürfte die kalte Dusche nicht allzuviel Überwindung kosten.

Achtung: Vollbäder über 37° C sind beim selbständigen Heilfasten absolut **verboten**! Sie sind eine zu große Belastung für das Herz.

Körperpflege

Haut: Nach dem Duschen benutzen Sie am besten ein gutes Körperöl auf natürlicher Basis, zumindest aber eine Feuchtigkeitslotion, denn die Haut neigt während des Fastens zu Trockenheit. Nutzen Sie diese Hautpflege, sich einmal richtig durchzuwalken; das fördert auch die Durchblutung.

Ein mildes Deo schadet nicht – es ist nötig!

Gesicht: Reinigen und cremen Sie die Gesichtshaut wie gewohnt, aber besonders sorgfältig. Benutzen Sie möglichst eine Hautcreme auf natürlicher Basis. Während des Heilfastens sollten Sie auf Make-up und Puder verzichten.

Mund und Zähne: Wegen der Beläge auf Zähnen, Zahnfleisch und Zunge sollte man sich die Zähne besonders oft putzen und – wenn man möchte – ein Mundwasser benutzen. Auch die Zunge sollte mit der Zahnbürste bearbeitet werden, um die Beläge, die sich dort bilden und für den schlechten Mundgeruch mitverantwortlich sind, in Grenzen zu halten.

Spröde Lippen, die während des Heilfastens entstehen können, massiert man mehrmals sanft mit der Zahnbürste und behandelt sie anschließend mit einem Pflegestift.

Unterwäsche: Tragen Sie während des Heilfastens unbedingt Unterwäsche aus reiner Baumwolle. Sie saugt die Ausscheidungen der Haut viel besser auf als Wäsche aus Kunstfasern.

Kreislaufstimulationen

Der Blutdruck sinkt während des Heilfastens, und das bedeutet für viele, daß der Kreislauf labil wird. Man sollte ihm in jedem Fall besondere Aufmerksamkeit widmen und sein Verhalten danach ausrichten.

Mit folgenden Verhaltensregeln und Maßnahmen läßt sich der Kreislauf stützen bzw. anregen. Es empfiehlt sich, Gebrauch davon zu machen, auch wenn man von Kreislauflabilität eigentlich nicht viel spürt.

Richtiges Aufstehen aus dem Liegen

▪ Nach dem Aufwachen bleiben Sie zunächst liegen und wecken Ihre Gliedmaßen: Rekeln Sie sich genüßlich, dehnen und strecken Sie Arme, Beine und den ganzen Körper, gähnen Sie laut und stöhnen Sie nach Herzenslust.

▪ Wenn Sie das Gefühl haben, nun sei Ihr ganzer Körper

wach, rollen Sie sich langsam auf die Seite. Dabei atmen Sie tief und ganz bewußt.

- Dann richten Sie sich auf, stellen die Füße auf den Boden und stehen – mit rundem Rücken und vorgeneigtem Oberkörper – auf.
- Nun richten Sie Ihre Wirbelsäule langsam – Wirbel für Wirbel – auf, nehmen die Schultern locker zurück und atmen ein paarmal tief durch.

Diese Art des Aufstehens sollten Sie immer praktizieren, wenn Sie gelegen haben, also auch nach Bodengymnastik, Meditation im Liegen und einfachem Ausruhen (in diesen Fällen freilich ohne Rekeln und Gähnen).

Gymnastik während des Aufstehens

Falls Sie ohnehin unter zu niedrigem Blutdruck leiden, sollten Sie ihn bereits während des Aufstehens mit leichter Gymnastik in Schwung bringen:

- Noch im Bett liegend, heben Sie die Beine und fahren in der Luft Rad.
- Auf der Bettkante sitzend, lassen Sie den Kopf baumeln und rollen ihn dann über die rechte Schulter in den Nacken und über die linke zurück (dreimal).
- Lassen Sie dann die Schultern ein paarmal kreisen, daß es im Schultergürtel richtig schön knackt. Das lockert die Nackenmuskulatur und läßt – neben dem Blut – auch die übrigen Energieströme fließen.

Gymnastik nach dem Aufstehen

Leichte gymnastische Übungen am weitgeöffneten Fenster wirken besonders anregend auf Kreislauf und Laune:

- Kniebeugen: Sie stehen aufrecht, strecken die Arme vor der Brust aus und gehen dann – bei möglichst gerade gehaltenem Oberkörper – soweit wie möglich in die Knie, ohne die Fersen vom Boden zu heben.
- Armekreisen: Strecken Sie die Arme seitwärts aus und beginnen Sie, mit ihnen kleine, allmählich größer und größer werdende Kreise zu beschreiben: höchstens eine Minute.
- Danach laufen Sie noch ein wenig locker auf der Stelle – und dann Richtung Badezimmer.

Dort können Sie die Kreislaufanregung mit Trockenbürstenmassage und Warm- und Kaltdusche fortsetzen.

Verhalten bei Müdigkeit

Wenn Sie sich während des Heilfastens müde und abgeschlagen fühlen, obwohl Sie gut und ausreichend geschlafen haben, dann liegt das wahrscheinlich am Blutdruckabfall.

Legen Sie sich dann möglichst nicht sofort nieder. Versuchen Sie statt dessen, Ihren Kreislauf durch einen Spaziergang oder ein paar Gymnastikübungen anzuregen. Ruhen können Sie ja danach.

Ruhe und Bewegung

Heilfasten ist ein ganzheitliches Geschehen. Das bedeutet einerseits, daß es alle Ebenen unserer Persönlichkeit einbezieht, andererseits aber auch eine Reihe gegensätzlicher Elemente beinhaltet. Zum Beispiel die beiden Seiten der inneren Fasten-Haltung: Loslassen und Sich-Einlassen, die erfreulichen und die unerfreulichen Aspekte der praktischen Durchführung oder auch den Stimmungsgegensatz von Melancholie und Euphorie.

Zu diesen Gegensätzen zählen auch die Elemente Ruhe und Bewegung. Beide spielen eine wesentliche Rolle, und beide sind gleich wichtig: für den Körper ebenso wie für die Seele. Beiden sollte man sich deshalb bewußt zuwenden und dafür sorgen, daß sie zu ihrem Recht kommen. Und beide sollte man genießen; Bewegung macht Spaß, aktiviert den Organismus und hebt die Stimmung. Aber ebenso erquickend und befriedigend kann die Ruhe sein.

Ruhe

■ Nach dem Mittagessen sollten Sie sich für mindestens eine Stunde hinlegen und ruhen oder schlafen. Diese Mittagsruhe sollten Sie, wenn irgend möglich, täglich einhalten. (Für Berufstätige: wenigstens sich zurückziehen und abschalten.)

■ Ebenso wichtig ist die Nachtruhe. Gehen Sie früh zu Bett und vermeiden Sie am Abend auf- und anregende Zerstreuung wie Fernsehen, Kriminalromane lesen, Illustrierte durchblättern und ähnliches. Bereiten Sie sich statt dessen durch Meditation oder Entspannungsübungen oder ein Fußbad auf die Nachtruhe vor. Als Einschlafhilfen empfehlen sich Entspannungsübungen oder Autogenes Training. Falls Sie nachts aufwachen, versuchen Sie herauszufinden, ob ein Traum die Ursache war. Wenn ja, versuchen Sie, sich so genau wie möglich zu erinnern, was in dem Traum geschah, und schreiben Sie ihn auf. Können Sie danach trotz Einschlafhilfen nicht wieder zur Ruhe kommen, nehmen Sie es als Zeichen dafür, daß die Gedanken, die Ihnen durch den Kopf gehen, auch gedacht werden *sollen*. Ihre Seele will es so!

■ Generell gilt: Geben Sie ihrem Ruhebedürfnis, das in den ersten Tagen stark sein könnte, ruhig nach. Aber prüfen Sie, ob nicht der Kreislauf daran schuld ist; dann hilft eher Bewegung.

Bewegung

■ Pflegen Sie ganz bewußt die Bewegung: Mindestens einmal pro Tag sollten Sie einen Spaziergang machen (Länge je nach Bedürfnis).

■ Generell sollten Sie viel gehen und die üblichen Bewegungsverhinderer, wie Lift und Auto, meiden.

■ Wenn Sie täglich Sport, Joggen oder Aerobic betreiben, tun Sie das auch getrost während des Heilfastens; aber verzichten Sie auf Rekordversuche.

■ Zusätzliche einfache Gymnastik, wie im folgenden Kapitel beschrieben, rundet Ihr Bewegungsprogramm ab.

Gymnastik

Durch das Heilfasten wird das Bindegewebe nicht nur entwässert und entschlackt, sondern auch gestrafft.

Mit folgenden Übungen tragen Sie zusätzlich zur Gewebestraffung an Ihren Problemzonen bei, ganz zu schweigen von der Ankurbelung Ihres Kreislaufs. Legen Sie aber – und das gilt besonders für Ungeübte – keinen übertriebenen sportlichen Ehrgeiz in die Übungen, sondern spüren Sie genau hin, wie weit Sie in welchem Tempo gehen dürfen. Richten Sie Ihren Ehrgeiz auf die *Regelmäßigkeit*, mit der Sie Gymnastik treiben.

Halten Sie während der Gymnastik nicht die Luft an; achten Sie auf ein möglichst gleichmäßiges Atmen. Als Faustregel gilt:

- einatmen, wenn Sie die Muskeln anspannen
- ausatmen, wenn Sie sie entspannen

Übungen für eine festere Brustmuskulatur

Diese Gymnastik können Sie schnell einmal zwischendurch machen; sie festigt den Brustmuskel, der bei Frauen verhindert, daß sich die Brust senkt.

- Halten Sie beide Arme locker angewinkelt vor dem Oberkörper. Die linke Hand umfaßt das rechte Handgelenk, die rechte Hand das linke Handgelenk. Nun drücken Sie beide Arme rhythmisch etwa 30mal gegeneinander. Dabei spannt sich im selben Rhythmus der Brustmuskel an.
- Beide Arme werden gerade nach vorn gestreckt, die Handflächen zeigen nach unten. Bewegen Sie Ihre gestreckten Arme abwechselnd 30mal auf und ab, wobei Ihre Bewegungen immer schneller werden.

Übungen für einen strafferen Bauch

- Legen Sie sich flach auf den Rücken und verschränken Sie die Arme im Nacken. Heben Sie Ihren Oberkörper nun langsam an, bis Sie in der Sitzposition sind, und senken Sie ihn wieder, bis Sie liegen. Die Beine sind dabei leicht angewinkelt, um das Rückgrat zu entlasten (wichtig!). Wenn die Bauchmuskeln zu sehr schmerzen, schieben Sie Ihre Füße unter ein geeignetes Möbelstück (Schrank, Sofa). Sollte die Übung Ihnen auch dann noch als undurchführbar erscheinen, verlagern Sie Ihren Schwerpunkt weiter zur Körpermitte hin, indem Sie die Arme vor die Brust oder sogar neben die Schenkel legen – viermal.
- Für die zweite Übung legen Sie sich ebenfalls flach auf den Rücken. Strecken Sie die Arme über den Kopf und greifen

Sie mit den Händen unter ein Möbelstück. Nun heben Sie die leicht angewinkelten Beine langsam in die Senkrechte und senken sie genauso langsam wieder – viermal.

Übungen für schlankere Hüften

■ Knien Sie sich hin; die Fußspitzen sind gestreckt. Die Arme werden locker vor dem Oberkörper ausgestreckt, bevor Sie sich mit Schwung links neben Ihre Fersen setzen, wieder auf die Knie kommen und sich dann rechts neben Ihre Fersen setzen – zehnmal.

■ Sie stellen sich gerade hin und ziehen ein Knie hoch; die Fußspitzen zeigen nach unten. Halten Sie das Knie mit einer Hand fest (mit der anderen können Sie sich an der Wand abstützen, wenn Sie Schwierigkeiten haben, auf einem Bein zu stehen) und führen Sie es zur Seite und wieder zurück vor den Körper. Führen Sie diese Übung mit jedem Bein zehnmal aus.

Übungen für einen festeren Po

■ Setzen Sie sich auf den Boden; die Beine sind ausgestreckt und leicht gegrätscht, die Hände im Nacken verschränkt. Schieben Sie nun abwechselnd das rechte und das linke Bein aus der Hüfte heraus vor. Auf diese Weise bewegen Sie sich – wenn auch im Schneckentempo – vor- und rückwärts durch den Raum. Machen Sie insgesamt 30 »Schritte«.

■ Sie legen sich auf die linke Seite und stützen den Oberkörper auf den linken Ellbogen und Unterarm; mit der rechten Hand stützen Sie sich in Höhe des Bauchs auf dem Boden ab. Nun heben Sie das rechte Bein langsam seitlich an, so hoch Sie können, und senken es genauso langsam wieder. Achten Sie darauf, daß Sie dabei wirklich in der Seitenlage bleiben, das Becken also nicht nach hinten kippt. Wiederholen Sie diese Übung 15mal, bevor Sie sie auch mit dem rechten Bein ausführen.

Übungen für schönere Beine

- Diese Übung trainiert speziell die Schenkel. Setzen Sie sich dazu auf den Boden, strecken Sie die Beine aus und stützen Sie sich mit beiden Händen seitlich hinter dem Körper ab. Nun heben Sie beide Beine etwa einen halben Meter vom Boden ab, spreizen sie weit auseinander, klappen sie mit Schwung wieder zusammen und senken sie zurück auf den Boden – sechsmal.
  Folgende Übungen für schönere Beine lassen sich auch sehr gut in den Alltag integrieren:
- Meiden Sie Rolltreppen und Fahrstühle; steigen Sie Treppen.
- Fahren Sie Rad, entweder auf dem Fahrrad oder imaginär in der Luft.
- Tanzen Sie öfter einmal zu Ihrer Lieblingsmusik.

Sollten Ihnen diese Übungen nicht genügen, besorgen Sie sich ein gutes Gymnastikbuch mit Abbildungen.

Bewußtes Atmen

Auf bewußtes und ruhiges Atmen sollte man während des Heilfastens aus mehreren Gründen besonders achten:
- Es reinigt die Lunge von gasförmigen Giftstoffen.
- Es massiert die Bauchorgane und hilft bei der Entschlackung.
- Es fördert die Durchblutung.
- Es wirkt entspannend und kann als Einschlafhilfe dienen.

■ Es veranlaßt uns – wenn man es erst einmal bewußt wahrgenommen hat – zu einer manchmal nachdenklich stim-
menden Rückbesinnung auf das elementare Grundprinzip
allen Lebens: den Rhythmus.

Diese Wirkungen können Sie durch spezielle Übungen noch
erhöhen.

Rhythmisches Atmen
(entkrampfend)

Bei Spaziergängen in guter Luft (Park, Wald, auf dem Land)
gehen Sie locker und gleichmäßig, nicht hastig; atmen Sie vier
Schritte ein und sieben Schritte aus. Das ist kein Druckfehler:
Das Ausatmen soll tatsächlich länger durchgehalten werden
als das Einatmen. Unser Leben ist normalerweise vom Prinzip
Aufnehmen beherrscht, beim Atmen also vom Einatmen. Es
ist tatsächlich so, daß wir im Alltag kaum noch richtig, das
heißt vollständig ausatmen. Heilfasten bietet die Gelegenheit,
uns diesem vernachläßigten Vorgang des Ausatmens wieder
bewußt zuzuwenden, ihn gewissermaßen zu üben. Aus- und
Einatmen sollten fließend ineinander übergehen.

Reinigungsatmen
(lungenentgiftend)

Sie stehen leicht gegrätscht und atmen normal durch die Nase
ein; während Sie langsam ausatmen, beugen Sie den Oberkörper vor und lassen ihn nach unten hängen; die Arme baumeln.
Schütteln Sie dann kräftig die Schultern und stoßen Sie hörbar
(mit dem Ton »pf, pf, pf...«) den restlichen Atem aus. Beim
Einatmen richten Sie sich wieder auf, Wirbel für Wirbel.
Atmen Sie ein paarmal normal, bevor Sie die Übung wiederholen.

Bauchatmen
(Bauchorgane massierend und beruhigend)

Sie liegen entspannt auf dem Rücken. Legen Sie beide Handflächen so auf Ihren Bauch (unterhalb des Nabels), daß jeweils beide Zeigefinger und Daumen einander berühren und dabei den Nabel umschließen. Atmen Sie tief durch die Nase ein, und zwar dorthin, wo Ihre Hände liegen: Die Bauchdecke wölbt sich nach oben. Ausatmen durch den Mund, wobei Sie den Bauch leicht einziehen und spannen. Beim erneuten Einatmen löst sich die Spannung von selbst. Konzentrieren Sie sich bei dieser Übung auf Ihren Atem, Ihren Bauch und Ihre Hände.

Entspannungsatmen
(als Einschlafhilfe)

Sie liegen auf dem Rücken, die Arme locker neben dem Körper. Lassen Sie Ihren Atem ruhig und bewußt durch die Nase ein- und ausströmen. Mit jedem Ausatmen lassen Sie sich tiefer und tiefer auf die Unterlage sinken. Konzentrieren Sie sich dabei ganz auf das Gefühl der zunehmenden Schwere Ihres Körpers.

Naturheilkundliche Anwendungen

Während des Heilfastens haben Leber, Niere und Haut mehr als sonst an Giftstoffen auszuscheiden. Hier können und sollten Sie zusätzlich zu den bisher beschriebenen Maßnahmen und Übungen mit ein paar einfachen Anwendungen aus der Naturheilkunde, die sich beim selbständigen Heilfasten bewährt haben, gezielte Hilfestellung geben.

Leberwickel oder -packung
(zur Anregung und Durchblutung der Leber)

Sie tauchen ein Frottee- oder Leinenhandtuch zu einem Drittel in heißes, nicht kochendes, Wasser und wringen es aus. Diesen feucht-heißen Teil legen Sie sich in Höhe der Leber auf den Leib (sie befindet sich unmittelbar unter dem rechten Rippenbogen), darauf noch eine gut warme Wärmflasche und den trockenen Teil des Handtuchs. Damit legen Sie sich ins Bett und decken sich gut zu. Bleiben Sie mindestens eine Stunde lang liegen. Der Leberwickel macht meist müde, weshalb Sie ihn am besten (alle zwei Tage) während der Mittagsruhe oder, wenn das nicht geht, abends anwenden sollten.

Trinken über den Durst
(der Niere zuliebe)

Nehmen Sie möglichst viel Flüssigkeit, mindestens zwei Liter pro Tag, zu sich (Tee und Mineralwasser). Das ist das Beste, was Sie für Ihre Niere tun können! Sie erleichtern ihr die wichtige Entgiftungstätigkeit damit ganz erheblich.

Lauwarmes Vollbad
(zur Unterstützung der Entgiftung über die Haut)

Legen Sie sich bis zum Hals in eine Wanne mit lauwarmem Wasser. Die Wassertemperatur darf 37°C nicht übersteigen! (Wenn Ihnen das zu kühl ist, verzichten Sie während des Heilfastens auf Vollbäder lieber ganz!) Bleiben Sie zehn Minuten darin entspannt liegen. Danach stehen Sie auf und seifen sich von Kopf bis Fuß ab. Nun legen Sie sich noch einmal zehn Minuten ins Wasser, duschen danach kurz lauwarm, trocknen sich gut ab und gehen ins Bett.

Ruhen Sie eine halbe Stunde. Das lauwarme Vollbad sollten Sie höchstens zweimal während der gesamten Fastenzeit anwenden. An diesem Tag keinen Leberwickel!

Ansteigendes Fußbad
(zur Stärkung der Selbstheilungskräfte)

Dazu stellen Sie eine knöchelhohe Plastikwanne oder eine andere Schüssel, in der Ihre Füße Platz haben, in die Badewanne und füllen Sie bis zum Rand mit warmem Wasser; zusätzlich halten Sie heißes Wasser bereit. Nun stellen Sie Ihre Füße in die Plastikwanne und gießen während der nächsten zwanzig Minuten immer wieder heißes Wasser nach, so daß die Wassertemperatur allmählich so weit ansteigt, daß Sie es gerade noch ertragen können.

Danach ist Ihr ganzer Körper durchwärmt.

Trocknen Sie Ihre Füße gut ab und gehen Sie sofort ins Bett. Das ansteigende Fußbad macht sehr müde, es entspannt und beruhigt und eignet sich deshalb gut zum Einschlafen.

Übungen für Seele und Geist

Heilfasten bedeutet Loslassen von der gewohnten Lebensführung. Das erhöht die Bereitschaft, sich – zumindest was die Unterstützung der körperlichen und seelischen Vorgänge betrifft – auch weniger bekannten Methoden zuzuwenden.

Die meisten der hier beschriebenen Übungen zielen auf seelische Entspannung, auf das Freiwerden psychischer Energien und auf eine größere Empfänglichkeit für die geistigen Kräfte. Sie machen sich die Untrennbarkeit von Körper, Seele und Geist, also die Ganzheitlichkeit der menschlichen Natur, zunutze und suchen ihr Ziel über körperliche Entspannung und gedankliche Konzentration zu erreichen. Wenn man sich ausreichend Ruhe und Zeit für sie nimmt, sind diese Übungen sehr wirksam.

Einfache Entspannungsübungen

■ Sie sitzen locker auf einem Stuhl, ohne sich anzulehnen; während Sie sich gerade aufrichten, atmen Sie durch die Nase ein, bis Lungen und Bauch mit Luft vollgefüllt sind, und halten die Luft drei Sekunden lang an.
Dann legen Sie die Hände im Schoß locker ineinander, lassen die Luft ausströmen, sagen dabei »Ich bin ganz ruhig und entspannt«, lassen den Oberkörper in sich zusammensinken und mit dem letzten Rest des ausströmenden Atems die Arme seitwärts hinabgleiten. Alle Muskeln müssen deutlich entspannen. Dann wieder durch die Nase einatmen und aufrichten, Luft anhalten und so fort; das Ganze insgesamt zehnmal wiederholen.
Diese Übung löst innere Verkrampfungen und gibt Gelassenheit und seelische Widerstandskraft.

■ Sie sitzen aufrecht, ohne sich anzulehnen, auf einem Stuhl; suchen Sie die Haltung, bei der Ihr Oberkörper in der Senkrechten bleibt, auch wenn Sie alle Muskeln entspannen; das Kinn ist ein wenig gesenkt, so daß Hinterkopf und Rücken eine Linie bilden. Sie verschränken die Hände am Hinterkopf und drücken Kopf und Hände fünf Sekunden lang kräftig gegeneinander. Dann lassen Sie abrupt los und die Arme seitwärts fallen. Gleichzeitig entspannen Sie die Oberkörpermuskulatur bis in den Bauch hinein.
Das plötzliche Loslassen nach der Anspannung lockert Nakken- und Halsmuskeln und schafft Gedankenklarheit.

Übungen aus dem Yoga

Yoga ist ein alter indischer Weg zur Welterkenntnis und Heilsfindung. Es enthält neben vielen anderen auch Haltungsübungen, die den Energiefluß im Körper anregen und zur Harmonie bringen sollen. Diese Übungen tragen zur Selbstheilung und inneren Ruhe bei.

Setzen Sie sich bei diesen Übungen nicht unter Leistungs- oder Zeitdruck. Benutzen Sie eine rutschfeste und weiche Unterlage.

Der Fisch: Sie legen sich auf den Rücken und schieben die Hände mit den Handflächen nach unten unter den Po. Dann drücken Sie mit den Händen und den Unterarmen gegen den Boden, bis sich der Brustkorb vom Boden abhebt. Der Kopf, der in Bodenkontakt bleibt, rutscht dabei in den Nacken. Behalten Sie diese Stellung eine Weile bei.

Die Übung weitet den Brustkorb und erhöht das Lungenvolumen.

Die Kobra: Legen Sie sich auf den Bauch. Die Beine liegen bis in die Fußspitzen ausgestreckt nebeneinander; die Stirn berührt den Boden; die Hände stützen Sie neben den Schultern leicht auf. Während Sie einatmen, heben Sie langsam den Kopf bis in den Nacken. Nun ausatmen und den Oberkörper hochdrücken, wobei der Bauch am Boden bleibt. Dann lassen Sie sich langsam in die Ausgangsstellung zurücksinken. Das Ganze einige Male wiederholen.

Diese Übung kräftigt die Wirbelsäule und massiert die Unterleibsorgane.

Die Unterwerfung: Sie knien sich hin, setzen sich auf Ihre Fersen und kauern sich völlig zusammen, so daß Ihre Stirn den Boden berührt. Die Arme legen Sie dicht neben den Körper nach hinten, so daß die Hände mit den Handflächen nach oben neben den Füßen liegen. Lassen Sie nun die Schultern langsam sinken und atmen Sie ganz ruhig. Verharren Sie eine Weile so.

Diese Übung führt zu tiefer Entspannung.

Übungen aus dem Autogenen Training

Das Autogene Training wurde von dem deutschen Arzt J. H. Schultz als Methode zur Entspannung, Erholung und Leistungssteigerung entwickelt. Es beruht auf der Selbstbeeinflussung des Übenden durch das innere Vorsagen formelhafter Sätze und der intensiven Vorstellung der entsprechenden Bilder, die mit gedanklicher Konzentration auf die angesprochenen Körperteile kombiniert wird.

Die hier beschriebenen Übungen können sämtlich auch von Anfängern zu Hause durchgeführt werden.

Die Übungen bauen aufeinander auf. Erst wenn sich bei Ihnen das Schweregefühl (Ziel der ersten Übung) eingestellt hat, sollten Sie zur nächsten, also der Wärme-Übung, und dann erst zur Sonnengeflechts-Übung übergehen.

Setzen Sie sich auch hier nicht unter Leistungsdruck!

Bei allen Übungen liegen Sie auf dem Rücken, die Beine leicht gegrätscht nebeneinander, die Füße nach außen fallend, die Arme leicht angewinkelt zu beiden Seiten des Körpers; den Kopf legen Sie so, wie es Ihnen bequem ist, Augen und Mund sind geschlossen.

Schwere-Übung

▨ Ruhetönung: Nachdem Sie die beschriebene Haltung eingenommen haben, stellen Sie sich die Formel *Ich bin ganz ruhig* deutlich vor. Damit machen Sie sich das Ziel des gesamten Trainings bewußt.

▨ Gezielte Beeinflussung: Sie konzentrieren sich auf den

rechten Arm, sagen im Geist die Schwere-Formel *Rechter Arm ist ganz schwer* und stellen sich Schwere im Arm vor. Die Formel sechsmal hintereinander wiederholen, dann wieder die Ruhetönungs-Formel *Ich bin ganz ruhig*, danach wieder sechsmal die Schwere-Formel. Diesen Wechsel mehrmals wiederholen.

- Zurücknahme: Die Übung beschließen Sie mit der Formel *Arme fest, tief Luft holen, Augen auf*, ebenfalls nur im Geist gesprochen, also ohne die Lippen zu bewegen. Sie ballen dazu die Fäuste, winkeln die Arme mehrmals an, tun einige tiefe Atemzüge und öffnen die Augen.

Nach mehrmaligem Üben wird sich das Schweregefühl, das sich im rechten Arm eingestellt hat, auch auf den linken Arm und schließlich auf den ganzen Körper übertragen. Sie ändern dann die Formel der gezielten Beeinflussung um in *Beide Arme sind schwer* bis hin zu *Der Körper ist ganz schwer*. Das gleiche gilt für die folgende Übung.

Wärme-Übung

- Ruhetönungs-Formel *Ich bin ganz ruhig* (einmal)
- Schwere-Formel *Rechter Arm ist ganz schwer*, sechsmal innerlich gesprochen
- Ruhetönungs-Formel (einmal)
- Gezielte Beeinflussung: Wärme-Formel *Rechter Arm ist ganz warm*, sechsmal hintereinander; dann einmal die Ruhetönungs-Formel; dann wieder sechsmal die Wärme-Formel usw.
- Zurücknahme-Formel *Arme fest, tief Luft holen, Augen auf.*

Wenn Sie das Schwere- und das Wärmegefühl im ganzen Körper erreicht haben, können Sie zur Sonnengeflechts-Übung übergehen. Das Sonnengeflecht ist ein großes vegetatives Nervenzentrum in der Mitte zwischen Brustbein und Bauchnabel. Es ist wesentlich an der Steuerung der unbewußten Organfunktionen beteiligt.

Sonnengeflechts-Übung

- Ruhetönungs-Formel (einmal)
- Schwere-Formel (sechsmal)
- Ruhetönungs-Formel (einmal)
- Wärme-Formel (sechsmal)
- Ruhetönungs-Formel (einmal)
- Gezielte Beeinflussung: Sonnengeflechts-Formel *Sonnengeflecht ist strömend warm*, sechsmal hintereinander; dann einmal Ruhetönungs-Formel; wieder sechsmal Sonnengeflechts-Formel usw.
- Zurücknahme-Formel *Arme fest, tief Luft holen, Augen auf.*

Geführte Meditation

Die geführte Meditation ist eine von dem (Fasten-)Arzt und Psychotherapeuten Rüdiger Dahlke entwickelte Methode zur Selbstheilung sowohl in körperlicher wie psychischer Hinsicht. Sie hat sich beim Heilfasten seit vielen Jahren bewährt.

Bei der Meditation liegen Sie wie beim Autogenen Training entspannt auf dem Rücken und hören eine spezielle Tonkassette ab (in guten Buchhandlungen erhältlich). Die Stimme von der Kassette – unterlegt mit leiser Meditationsmusik, die die Entspannung fördert – führt Ihre bildliche Vorstellung und regt Sie zu einer Art Innenschau an, die Ihren inneren Arzt mobilisiert.

Sie können dabei diejenigen Bereiche Ihres Organismus und Ihrer Seele herausfinden, die besonderer Zuwendung bedürfen, und die Selbstheilungskräfte dorthinlenken.

Zur Unterstützung des körperlichen und seelischen Reinigungs- und Erneuerungsprozesses während des Heilfastens sind folgende Tonkassetten besonders geeignet: *Heilung/Der innere Arzt, Energie und Lebensfluß – Atem, Geben und Nehmen – Darm.*

Kreatives Gestalten

Sie werden während verschiedener Phasen des Heilfastens ganz sicher Lust verspüren, etwas zu tun, das Spuren hinterläßt, bei dem also etwas entsteht – was ja bei den reinen Bewegungsaktivitäten, wie Gymnastik oder Spaziergang, nicht der Fall ist. Es ist erstarkende Schaffenskraft, die hier nach einem Betätigungsfeld, nach einem Objekt sucht. In der Heilfastensituation kommt es nun darauf an, zu verhindern, daß dieser aufkommende Tätigkeitsdrang zu weit nach außen führt und Sie wieder von sich selbst entfernt. Das gelingt am besten, indem man diese Aktivität in Bahnen künstlerischer Betätigung, das heißt kreativen Gestaltens, lenkt.

Dabei kommt es nicht so sehr auf den ohnehin schwer zu beurteilenden künstlerischen Wert des Resultats an, sondern auf den Vorgang an sich. Das Gestalten, das schöpferische Eingreifen in die vorgefundene Welt, ist für den Menschen des abendländischen Kulturkreises der befriedigendste Ausdruck seiner selbst. Im Werk, im kreativen Gestalten, erfahren wir uns am stärksten. In anderen Kulturkreisen, etwa im hinduistisch oder buddhistisch geprägten asiatischen, ist das ganz anders. Dort geht es nicht um die Veränderung der Welt, sondern um das Einswerden mit ihr (siehe dazu die Tonkassette von Graf Dürckheim, *Weg-Kultur im Osten, Werk-Kultur im Westen*). Unsere ganze Kultur samt ihren Errungenschaften und bedrohlichen Entwicklungen basiert auf diesem Drang, sich im Werk zu erfahren. Selbst die Hektik unseres Alltags ist Ausdruck dieser Werk-Kultur, allerdings in einer verflachten und nicht mehr positiv wirksamen Form. Künstlerische Betätigung dagegen – vorausgesetzt, man entwickelt nicht auch dabei einen Streß erzeugenden Ehrgeiz! – gibt diesem gestalterischen Drang einen eher spielerischen Rahmen und richtet die gedankliche und seelische Konzentration auf die eigene Person.

Wenn Sie über irgendeine spezielle Fähigkeit oder Technik verfügen (Seidenmalerei, Töpfern, Hinterglas- oder Ölmalerei usw.), sollten Sie sie jetzt hervorkramen und sich ihr wieder zuwenden. Haben Sie sich aber bisher nie in Ihrem Leben künstlerisch betätigt, so sollten Sie es jetzt versuchen!

Künstlerische Beschäftigung jeglicher Art

- unterstützt das Loslösen vom Alltag
- bietet Gelegenheit, Farb- und Formerlebnisse konkret umzusetzen
- hilft der Seele beim Bearbeiten dessen, was sie möglicherweise freigibt

Die folgenden Anregungen sind nur eine kleine Auswahl dessen, was man auch ohne Vorkenntnisse künstlerisch tun kann.

Mandala-Ausmalen

Dazu brauchen Sie einen Mandala-Malblock und einen Kasten Buntstifte oder farbige Filzstifte. (Einen Malblock mit 72 der schönsten Mandalas aus dem Buch *Mandalas der Welt* von Rüdiger Dahlke, großformatig abgedruckt, können Sie über den Buchhandel beziehen. Man kann sich solche Mandala-Vorlagen aber auch selbst mit Zirkel und Lineal herstellen.)

Mandalas (indisch: Kreis) sind kreisförmige Symbole für göttliche Vollkommenheit. Sie werden häufig als Meditationshilfe verwendet, da sie den Blick des Betrachters immer wieder zur Mitte lenken. Gedanken und Sinn richten sich dabei allmählich auf die eigene, innere Mitte des Betrachtenden.

Auch das farbige Ausmalen eines Mandalas hat diese Wirkung: Langsam richtet sich die innere Aufmerksamkeit auf die Mitte der eigenen Person. Von dort gewinnt man letztlich seine Ruhe und Kraft.

Malen mit Pinsel und Farbe

Sie brauchen dazu einen großen Malblock (DIN A2), zwei bis drei breite Borsten- oder Haarpinsel (15–25 mm) und mindestens sechs Töpfchen flüssiger Plakatfarbe in den Grundtönen.

Malen Sie unbekümmert mit großzügigem Pinselstrich und flächigem Farbauftrag: abstrakt, indem Sie einfach farbige Flächen nebeneinandersetzen, gegenständlich oder figürlich (Menschen und Tiere), ohne sich um naturgetreue Wiedergabe zu kümmern.

Das hilft, sich freizumachen vom Kleinkram, schärft den Blick für tiefere Zusammenhänge und befreit blockierte Gefühle, die hier einen Weg nach außen finden.

Collagen gestalten

Dafür brauchen Sie statt Farbe und Pinsel einen Kleber und verschiedenes Material: Stoffreste, farbige Papiere, Zeitschriften, Metallfolien – alles, was sich auf ein Blatt Papier kleben läßt.

Die Materialien schneiden oder reißen Sie zurecht und kleben daraus das Werk auf dem Zeichenpapier zusammen: abstrakt, figürlich oder gegenständlich.

Das hilft, sich loszulösen vom Gewohnten, neue Möglichkeiten zu entdecken, überraschende Ansichten zu gewinnen und Dinge oder Probleme mit anderen Augen zu sehen.

Modellieren

Dazu brauchen Sie einen faustgroßen Batzen Ton oder Knet- bzw. Modelliermasse.

Das Modellieren aus einer knetbaren Masse ist die urwüchsigste, archaischste Art des Gestaltens überhaupt: Es geht um den schöpferischen Akt an sich. Nicht umsonst läßt die biblische Schöpfungsgeschichte Gott den Adam aus einem Erdklumpen formen.

Sie können die Skulptur, die Ihnen vorschwebt, allmählich aus dem ganzen Klumpen herausarbeiten oder Einzelteile davon (bei einer Figur Kopf, Rumpf etc.) gesondert vorformen und dann zusammensetzen. Tonskulpturen brennt der Töpfer, spezielle Modelliermasse auch der eigene Backofen.

Einem Klumpen Masse (eigentlich Erde) nach eigenen Vorstellungen Form zu geben, heilt Verletzungen der Seele und gibt Zuversicht und Selbstvertrauen.

Tagebuch führen

Es geschieht viel während des Heilfastens, äußerlich und innerlich. Es lohnt sich, ein Tagebuch zu führen. Aber dieses Tagebuch dient nicht vorrangig der Erinnerung, sondern ist in erster Linie Selbsthilfeinstrument.

Das Heilfastentagebuch unterstützt die körperlichen und seelischen Vorgänge während des Fastens: Organismus und Seele reagieren positiv auf diese gedankliche Zuwendung.

Wahrscheinlich erinnert Sie das Tagebuch an Jungmädchen- oder Jünglingszeiten, in denen die große Traurigkeit, die Verzweiflung über das Unverständnis der Erwachsenen, die erste Liebe, das erste vehemente Aufbegehren den geduldigen und verschwiegenen Seiten eines Tagebuchs anvertraut wurden. Und das Ansinnen, jetzt als erwachsener Mensch so etwas wiederholen zu sollen, mutet Sie seltsam an.

So unausgegoren, sentimental und unwichtig einem die pubertären Tagebuchergüsse auch erscheinen mögen, wenn man sie später, in reiferen Jahren wieder liest, so dokumentieren sie doch Fähigkeiten, die uns als »vernünftige« Erwachsene langsam abgewöhnt wurden und um die es schade ist:

- das Zulassen großer Gefühle und die Hingabe an sie
- das Zulassen auch des Leidens und der Lust am Leid
- den Mut, Vorfälle und Ereignisse rigoros nach dem eigenen, subjektiven Maßstab zu bewerten und zu gewichten
- die Fähigkeit, die Reaktionen (und Aktionen) der eigenen Seele anzuschauen und sich mit ihnen auseinanderzusetzen, auch wenn das erschreckt oder weh tut
- und schließlich der Wille, sich zu äußern, das heißt, seine Gefühle zu zeigen.

Das alles sind sehr wertvolle Fähigkeiten, die aber wenig gelten in unserer Welt, so daß wir sie abtun als Überbleibsel kindlicher Naivität und – vorsätzlich – verkümmern lassen. Große Gefühle stören das reibungslose Funktionieren unserer modernen Technologiegesellschaft: Sie werden ins Kino und in die Schnulzenrefrains verbannt; dort sind sie kontrollierbar. Das Leiden an Kränkungen, Verlusten, Enttäuschungen und unerfüllter Sehnsucht trägt den Stempel des Gesellschaftlich-Unerwünschten. »Cool« sein ist gefragt, denn cool ist gleich stark. Wer leidet ist schwach, und das ist – neben der Erfolglosigkeit – das Schlimmste was einem passieren kann.

Heilfasten jedoch bedeutet Abkehr vom Alltag und seinen Anforderungen und setzt auch seine Wertmaßstäbe außer Kraft. Große Gefühle tauchen in der Seele des Fastenden auf und wollen zugelassen und angeschaut werden.

Das Heilfastentagebuch hilft, mit ihnen umzugehen, sich mit ihnen auseinanderzusetzen und sie auszudrücken, indem man sie hinschreibt. Weniger ergreifend, aber nicht minder spannend, ist es, die körperlichen Vorgänge und Veränderungen während des Heilfastens schriftlich festzuhalten. Auch das hat seinen Sinn. Die Hinwendung zum eigenen Körper, das Vertrautwerden mit ihm und seinen Funktionen sowie das bewußte Beobachten des großen Reinigungsprozesses, dem er sich unterzieht, sind ja wesentliche Elemente des Heilfastens. Wer darüber Tag für Tag etwas aufschreiben will, schaut automatisch genauer hin und ist gezwungen, sich das, was er sieht, bewußt zu machen. Und darauf kommt es an.

Die im folgenden aufgeführten Stichpunkte samt Fragen, die man dazu stellen und beantworten könnte, sollen Ihnen den Einstieg in das Tagebuchschreiben erleichtern. Sie sind eine ganz unverbindliche Anregung. Lassen Sie sich davon aber keinesfalls einengen, sondern schreiben Sie wirklich das auf, was Ihnen wichtig erscheint und womit Sie sich gedanklich und gefühlsmäßig während der Zeit Ihres Heilfastens auseinandersetzen.

Veränderungen: Welche Veränderungen an meinem Körper oder in meinem Denken und Empfinden haben sich bisher gezeigt? Welche davon sind besonders auffallend? Merke ich etwas von den Vorgängen in meinem Organismus? Und in meiner Seele?

Befinden: Wie fühle ich mich heute? Gab es Unpäßlichkeiten, Stimmungsschwankungen, Beschwerden? – Wie sieht es mit der Leistungsfähigkeit aus? Fühle ich mich abgeschlagen und schwach oder fit und unternehmungslustig? – Wie war die letzte Nacht? Konnte ich durchschlafen, oder lag ich wach? Hatte ich Träume?

Träume: Was ist mir von Träumen noch in Erinnerung? Was passierte da? Kamen bekannte Personen darin vor? Welche Gefühle hatte ich ihnen gegenüber? In welcher Umgebung spielte der Traum? An welche Einzelheiten (Gegenstände, Umstände) kann ich mich erinnern? – Was könnte der Traum bedeuten? Erkenne ich darin alte Verletzungen oder Ängste wieder? Alte ungelöste Probleme? Oder wurden darin Ereignisse und Erlebnisse der jüngsten Zeit wiederholt?

Erlebnisse: Ist heute etwas besonders Erfreuliches / Unerfreuliches passiert? Wie habe ich meine Umwelt erlebt? Wie sind mir die Menschen begegnet? Wie kommen mein Partner / Familie und ich miteinander zurecht? – Was habe ich mit mir selbst erlebt? Hat mich etwas an mir erstaunt? Welche Empfindungen hatte ich bei der Meditation? Schweiften meine Gedanken ab? Wohin?

Gedanken: Ging mir etwas besonders lang im Kopf herum? Worüber habe ich nachgedacht während der Wachphasen in der Nacht? Oder beim Spaziergang? Wo waren da meine Gedanken, bei Vergangenem, Gegenwärtigem oder Zukünftigem?

Vorhaben: Kam mir heute etwas in den Sinn, das ich nach der Fastenzeit unbedingt machen möchte? – Gab es Überlegungen, Grundsätzliches in meinem Leben zu ändern?

Auch wenn Sie sonst das Aufschreiben nicht so sehr mögen, werden Sie wahrscheinlich schnell Freude daran finden, das Wichtigste vom Tag schriftlich festzuhalten. Es braucht nur den Anfangsruck!

Fasten und spirituelle Kraft

Heilfasten weckt und stützt im Fastenden die Bereitschaft, sich der spirituellen Ebene unserer Existenz zuzuwenden. Dieser vom Heilfasten ausgehende Impuls bewirkt Phasen ungewöhnlich klarsichtigen Denkens und auch Phasen von Hochstimmung, von Euphorie, während derer man bislang unbekannte Kräfte in sich fließen fühlt.

Daraus entspringen fast immer plötzliche und tiefgehende

Erkenntnisse, die auch eine Umverteilung dessen zur Folge haben, was man in seinem Leben für wichtig hält und was nicht. Die Verbindung zu diesen geistigen (spirituellen) Kräften führt oft auch zu einer Art Initialzündung für grundlegende Veränderungen, für einen auch nach außen hin wirksamen – jedoch keineswegs zwangsläufigen – Zuwachs an elementarer Kraft.

Wenn dies geschieht, sind ganz sicher *alle* Ebenen der Person beteiligt. Sie wirken dann in idealer Weise zusammen, und man kann durchaus geteilter Meinung darüber sein, welche Ebene – die psychische, die spirituelle oder womöglich doch die organisch-physiologische – den entscheidenden Anteil daran hat. Aber es ist müßig, darüber zu streiten. Nach meinen Erfahrungen ist der entscheidende Faktor tatsächlich die Öffnung des normalerweise verschütteten Zugangs zur spirituellen Ebene der Person, der die dauerhafte Veränderung bewirkt. Fest steht jedenfalls, daß es ohne ihn nicht geht, daß der spirituelle Funke, den das Heilfasten schlägt, ohne die aufmerksame und bereitwillige Hinwendung zu dieser Dimension unseres Lebens nur ein momentanes Feuer, ein euphorisches Brennen entfacht, das bald wieder verlischt.

Aufmerksame Hinwendung gelingt um so leichter, je mehr man die bestehenden Zusammenhänge wenigstens vom Ansatz her begreift; das heißt hier: wenn man bereits vorher ein wenig seinen Blick für die spirituelle Dimension der Welt geschärft hat.

Ein weltlicher Weg zur Spiritualität

Religiöse Vorbilder

Der übliche Weg, den Zusammenhang zwischen Fasten und dem Zuwachs an spiritueller Kraft aufzuzeigen, führt über die großen geistigen Führer der Menschheit, die Religionsgründer und den Erlöser: über Buddha, Elias, Christus, Mohammed und viele andere bis hin zu Ghandi. Sie alle haben sich vor ihren entscheidenden, weltverändernden Taten für mehrere Wochen in die Einsamkeit zurückgezogen und gefastet. Danach erst hatten sie die Kraft, die nötig war, ihr Werk zu tun. Und ganz ohne Zweifel war es spirituelle Kraft, die ihnen durch das Fasten zuwuchs.

Es gibt jedoch auch einen »profanen«, weltlichen Weg – diesseits von Religion und Weisheitslehren –, den Zusammenhang zwischen Fasten und spiritueller Kraft zu erhellen und Ansatzpunkte aufzuzeigen, wie man ihn für das Wachsen und Erstarken der eigenen Persönlichkeit nutzen kann. Dieser Weg führt über die Wirklichkeit unseres modernen Alltags.

Unser alltäglicher Umgang mit der spirituellen Ebene

Religion und Spiritualität fallen in unserem Bewußtsein normalerweise zusammen. Beides verweisen wir in den Zuständigkeitsbereich der Geistlichen und ihrer Gottesdienste. In unseren alltäglichen Verrichtungen kommt Religion oder Spiritualität zumeist nicht mehr vor. Dort legen wir größten Wert auf den nüchternen Blick, halten uns strikt an konkrete Tatsachen und an die Logik. Jedenfalls bilden wir uns das ein.

Die Wirklichkeit unseres Alltags nämlich ist keineswegs so schmalspurig, wie das Ideal des nüchternen Blicks uns das weismachen will. Der Bezug zur spirituellen Dimension unseres Lebens ist auch in unserer hochzivilisierten und nüchternen Welt überall und in mannigfacher Weise präsent. Und er wird von uns sogar – meist ohne daß wir uns dessen bewußt sind – eifrig gepflegt. Mit jedem »Grüß Gott« oder »Guten Tag« tun wir das, mit jedem Glückwunsch, mit Sätzen wie »Fordere das Schicksal nicht heraus!«, »Versündige dich nicht!« oder

»Beschrei' es nicht!«, mit einer Vielzahl von Redewendungen wie »eine glückliche Hand haben«, »den Teufel an die Wand malen«, »etwas bezaubernd finden«, und natürlich mit jedem »Prost!« (prosit: lat., es möge nützen), mit jedem Anstoßen der Gläser beim Trinken von Alkohol und so fort. Das alles hätte in einem wirklich nüchternen Umgang mit der Welt nichts zu suchen. Hier wird ganz offensichtlich die spirituelle Ebene ins Spiel gebracht und versucht – wenn auch angeblich nur zum Spaß –, Verbindung mit ihr aufzunehmen und ihre Kräfte zu nutzen.

Diese Anrufung der spirituellen Kräfte erschöpft sich keineswegs in Worten und Redensarten, sondern durchzieht auch unser konkretes Handeln, wie beim schon erwähnten Anstoßen mit den Gläsern. Sehr klar tritt das zutage beim Tragen von Talismanen, den Glückspfennigen, vierblättrigen Kleeblättern und den zahllosen individuellen oder kollektiven Ritualen, mit denen wir Glück herbeizaubern oder Unglück abwenden wollen. Weniger offensichtlich ist das bei Ritualen, von denen wir zwar noch eine gefühlsmäßige Ahnung, aber kaum mehr ein Bewußtsein haben, zum Beispiel beim gemeinsamen Sich-um-einen-Tisch-Setzen. Überhaupt beim Sitzen oder Tanzen im Kreis, beim Ringen der Hände in Verzweiflung, beim mehrfachen Wiederholen ein und desselben Satzes oder Wortes zur Bekräftigung oder eigentlich Beschwörung. In all diesen Beispielen werden geistige Kräfte oder Mächte angerufen, um sich ihrer Mithilfe zu versichern.

Aber es gibt auch noch eine Kategorie von Handlungen oder Verhaltensphänomenen, bei denen uns der ursprünglich vorhandene Bezug zur spirituellen Ebene – der diesen Verhaltensweisen überhaupt erst ihren Sinn gab – völlig verlorengegangen ist und die heute, nüchtern betrachtet, nur noch als kollektive Psychose begreifbar sind. Dazu gehört zum Beispiel der Kult, den wir mit dem Glanz und der Glätte treiben. Nur ihn will ich hier aufgreifen, denn er führt uns zum Heilfasten zurück.

Die Faszination des Glanzes

Glätte und vor allem Glanz üben auf uns eine so unwiderstehliche Faszination aus, daß wir davon gar nicht genug bekommen können. Alles soll glänzen, spiegelglatt sein, blinken oder gleißen, Glanz verbreiten. – Was haben wir davon?

Beim Schmuck ist das noch am leichtesten zu verstehen: Er soll den Glanz (die Ausstrahlung) seiner Trägerin oder seines Trägers erhöhen oder auch dessen, der ihn bezahlt hat. Alle Versuche, den Glanz des Schmucks durch schrille Farben zu ersetzen, sind letztlich gescheitert: Zum wirklich wertvollen Schmuck gehört nach wie vor der Glanz, das Glitzern und Gleißen. Auch der kostbarste Diamant ist als Schmuck so lange nichts wert, bis er nicht durch den entsprechenden Schliff sein berühmtes Feuer entfalten kann.

In anderen Bereichen ist unsere Vorliebe für den Glanz kaum noch verständlich; er ist dort einfach unpraktisch. Beim Hochglanzpapier von Werbeprospekten und Illustrierten ist das der Fall. Halbmatt wäre für die Augen viel angenehmer; es ließe auch Farben und Formen klarer und schärfer hervortreten, da es keine verfälschenden Reflexe gäbe. Aber nein – es muß Hochglanz sein: Er wirkt am wertvollsten und überzeugendsten.

Vollends unsinnig wird die Vorliebe für glänzende, spiegelnde Oberflächen bei den Autolacken und den gerade bei besonders wertvollen Luxusausführungen immer noch begehrten Chromteilen der Autos. Hier ist der Glanz einfach gefährlich: Seine Blendwirkung provoziert Unfälle. Dennoch halten wir daran fest und sorgen mit Waschanlagen und Hochglanzpflegemitteln für seinen makellosen Erhalt. Was aber hat das mit Spiritualität zu tun?

Es ist im Grunde sehr einfach: Glanz ist ein Symbol, ein Ursymbol für Energie, und zwar höhere, reine, also spirituelle Energie.

Der strahlende Glanz, den ein geschliffener Edelstein verbreitet, der Hochglanz der Werbeprospekte und das Blinken und Gleißen der Autodächer stellen eine Verbindung her zur spirituellen Ebene und ihren Kräften. Daß wir diesen Zusammenhang vergessen haben, den Glanz also nicht mehr als Symbol, sondern als Selbstzweck ansehen, kann an der Tatsache nichts ändern, daß er Symbolkraft besitzt. Der Strahlenkranz eines Brillanten und der Strahlenkranz um das Haupt christlicher Heiliger symbolisieren dasselbe: spirituelle Energie.

Die Kraft der Symbole

Symbole sind nicht einfach Zeichen für etwas. Das Wort Symbol stammt vom altgriechischen *symballein*, das zusammenwerfen oder zusammenhalten bedeutet. Ein (echtes) Symbol vereint verschiedene Ebenen der Wirklichkeit. Es weist nicht nur auf die spirituelle Dimension, sondern es hat auch Anteil an ihr. Das unterscheidet es vom bloßen Zeichen. Im Glanz, der ja durchaus auch etwas Materielles ist, nämlich vollständig reflektiertes Licht, als Symbol ist die spirituelle Kraft anwesend. Das macht ihn so unwiderstehlich. Nicht umsonst nennen wir die Unwiderstehlichkeit von Menschen, die schwer erklärbar ist, Ausstrahlung.

Von der spirituellen Kraft des Symbols Glanz zum Heilfasten ist der Weg gar nicht so weit, wie es zunächst vielleicht scheint.

In unserem Alltag ist Glanz sehr eng mit Putzen, Waschen und Polieren verbunden, also mit Saubermachen, mit Reinigung. Glanz und Reinheit sind aber auch in unserem Empfinden miteinander verknüpft. Der »Glanz der Jugend« ist nahezu gleichbedeutend mit der »Reinheit der Jugend«. Die Wendungen »strahlend schön« oder »makellos schön« beinhalten – ein wenig versteckt – dasselbe. Und in allem spürt man deutlich den Bezug zum Überirdischen, zum Absolut-Reinen, das frei ist vom Schmutz der Materie: den Bezug zur spirituellen Dimension.

Reinlichkeit als Sehnsucht
nach spiritueller Kraft

Die Sehnsucht nach Teilhabe an dieser spirituellen Kraft ist tief in uns verankert. Heute ist sie meist ins Unbewußte abgedrängt; denn in unserer naturwissenschaftlich ausgerichteten Zeit gilt eine solche Sehnsucht allenfalls als störend. Natürlich bleibt sie dennoch bestehen und treibt dann aus dem verborgenen heraus kuriose Blüten.

Aber nicht nur die Sehnsucht ist der Verdrängung anheimgefallen, auch das Wissen darum, wie man sich der spirituellen Ebene nähert, ist weitgehend in Vergessenheit geraten. So ist uns nicht bewußt, daß unsere ganze Reinlichkeit, all das Schrubben und Putzen, Waschen und Polieren – bis alles glänzt, »daß man sich drin spiegeln kann« – auch Symbolcharakter hat, also einen Zugang zur spirituellen Ebene darstellt.

Der vielbelächelte sogenannte Putzfimmel kann mit einer neurotischen Angst vor Krankheitskeimen nicht befriedigend erklärt werden. Zumindest braucht es zur Keimfreiheit den Glanz nicht.

Glänzen muß es, weil wir die Reinigung so weit treiben wollen, bis das ursprünglich angestrebte Ziel, das unterschwellig eben immer noch wirksam ist, nämlich die Vorbereitung auf den Kontakt mit den spirituellen Kräften, erreicht ist: Der Glanz zeugt davon. Er *ist* ja zum Teil spirituelle Kraft, er ist Symbol für sie und hat als solches Anteil an ihr.

Dieser Zusammenhang ist unserem Bewußtsein verlorengegangen. Übriggeblieben sind der Putzfimmel und die unerklärlich und kindlich erscheinende Freude an allem, was glänzt.

In anderen Kulturen hat sich das Bewußtsein vom Zusammenhang zwischen Reinigung und Vorbereitung auf den Kontakt mit der geistigen Ebene bis heute erhalten – trotz moderner Zivilisation. So wird zum Beispiel in jedem jüdischen Haushalt vor dem heiligen Sabbat alles »blitzblank« geputzt. Der Sabbat ist ausschließlich dem Gottesdienst (dem Kontakt mit der spirituellen Ebene) vorbehalten, und die Vorbereitung darauf besteht traditionsgemäß in gründlicher Reinigung seiner selbst wie der Umgebung. Übrigens wird am Sabbat auch gefastet, womit wir wieder beim Thema sind.

Die freiwerdenden Kräfte beim Heilfasten

Reinigung als zentrales Geschehen

Im Heilfasten wird uns dieser Zusammenhang nun deutlich vor Augen geführt, unübersehbar. Reinigung ist im Heilfasten ja das zentrale Geschehen. Es beginnt – genaugenommen – im Bewußtsein des Fastenden, indem er verzichtet: auf das Essen, auf Ablenkung, auf Befriedigung von Gelüsten und so fort. Fortgeführt wird die Reinigung dann vom rigorosen Selbstreinigungsprozeß des Organismus. Der wiederum zwingt uns durch vermehrte Ausscheidung über Haut, Schleimhäute und Atem, auch die äußerliche Reinigung des Körpers bewußter und ausgiebiger zu betreiben als sonst. Nimmt man die Reinigungsvorgänge im seelischen Bereich und die damit zusammenhängende Bereinigung im Feld der sozialen Beziehungen hinzu, kann man sich des Eindrucks kaum erwehren, daß sich eigentlich alles um diesen einen Punkt dreht: *Reinigung*.

Es ist tatsächlich der Dreh- und Angelpunkt oder springende Punkt, auch in bezug auf den Zugang zur spirituellen Ebene. Denn diese – wie besessene, rauschhafte – Reinigung der ganzen Person entfaltet auch als Symbol eine gewaltige Kraft, wahrscheinlich die entscheidende überhaupt.

Zunächst aber steht eine andere, psychische Kraft im Vordergrund des Erlebens: das Gefühl der Befreiung.

Befreiung durch Reinigung

Die Reinigungsvorgänge in Physis und Psyche bedeuten ja auch ganz konkret eine Befreiung. Schlacken, Schadstoffe und überflüssige Fettdepots behindern den Organismus in seinen Funktionsabläufen, engen ihn ein, fesseln ihn in gewisser Weise. Wenn das alles abgebaut und ausgeschieden ist, bedeutet das unbehindertes Funktionieren, Wegfall der Einengung: Befreiung. In der Schärfung der Sinnesorgane ist das auch praktisch erfahrbar. Im seelischen Bereich besteht der Reinigungsprozeß zum Großteil im Abbau von Blockaden und im Lösen von Verkrampfungen, das heißt in einem Öffnen der Kanäle, in denen die psychischen Energien fließen. Man fühlt – und kann es beobachten –, wie diese Energien Probleme und Konflikte bereinigen, die bislang nur mühsam unter Kontrolle gehalten wurden, wie sie Verletzungen heilen und Lasten abtragen, die schwer auf der Seele lagen.

Der Fastende fühlt sich im Verlauf dieses Prozesses innerlich immer mehr entlastet, befreiter, freier und – stärker.

Hinzu kommt ein weiterer, sehr wesentlicher Punkt: das Gefühl der Befreiung von der Notwendigkeit zu essen. Natürlich weiß man auch als Heilfastender, daß man irgendwann wieder essen muß, daß man also keineswegs frei vom Zwang zur Nahrungsaufnahme ist, aber so vernünftig sind die Gefühle nicht. Sobald der Organismus vollständig auf das Leben aus den Vorräten umgeschaltet hat, taucht dieses Gefühl der Unabhängigkeit auf und wird im weiteren Verlauf des Fastens immer stärker.

Es erstreckt sich bald auch nicht mehr nur auf das Essen, sondern geht allmählich in ein Gefühl genereller Unabhängigkeit über. Unterstützt wird es dadurch, daß man sich ja auch faktisch aus dem Alltagsgeschehen und seinen Bindungen und Verpflichtungen herausgenommen hat, sich weitgehend auf sich selbst konzentriert und feststellt, daß das durchaus nicht langweilig ist. Das Geschehen an und in einem selbst ist mindestens genauso aufregend, vielgestaltig, anregend und beglückend wie das draußen, dem man soviel Aufmerksamkeit geschenkt hat und wo man glaubte, nichts versäumen zu dürfen. Vor allem aber: Dieses innere Geschehen gibt Kraft, anstatt Kraft zu kosten.

Man fühlt sich also auch unabhängig vom sozialen Umfeld und – man fühlt sich überlegen.

Überlegenheitsgefühle

Das Überlegenheitsgefühl, in das man während des Heilfastens gleichsam hineinrutscht, auch wenn man sich immer wieder klarmacht, daß es keiner objektiven Überprüfung hinsichtlich seiner Berechtigung standhalten würde, hat im wesentlichen zwei Quellen. Die eine ist das eben skizzierte Empfinden der Unabhängigkeit von den materiellen (»niederen«) Bedürfnissen, die für den Normalsterblichen – also den Nichtfastenden – weitgehend lebensbestimmend sind: Bedürfnis nach Nahrung, Geselligkeit, Bestätigung, Ablenkung, künstlichem Sinnesreiz usw. In einer bestimmten Phase des Fastenprozesses glaubt man (und weiß natürlich, daß es nicht stimmt), endgültig von diesen Abhängigkeiten, »Verstrickungen« befreit zu sein oder sich doch zumindest bald ganz davon freimachen zu können. – Aber das ist nicht einmal die ergiebigste Quelle des (allmählich in schwindelnde Höhen wachsenden) Überlegenheitsgefühls.

Die wichtigere ist die immer klarer im Bewußtsein auftauchende spirituelle Dimension der Welt. Dieser Vorgang ist natürlich kaum adäquat beschreibbar. Eine Folge des sich eröffnenden Zugangs zur geistigen Ebene ist die Verschiebung der Wertigkeiten im Bewußtsein des Fastenden. Der eigene Blick richtet sich immer ausschließlicher auf die »wesentlichen Dinge«. – Das sind all jene Sinn- und Existenzfragen, auf die es keine intellektuelle Antwort gibt, die man nur erfahren kann. Und er wird dabei auch immer klarsichtiger. Meist spürt man sogar sehr deutlich, woher die neue Klarsichtigkeit rührt; man erkennt und erfährt die Symbolkraft der Reinigung und entdeckt das Geheimnis der *Reinheit*.

Rein werden, um immer mehr spirituelle Energie einzulassen, letztlich ganz von ihr erfüllt zu sein, das erscheint als das Wichtigste überhaupt, als die eigentliche Erfüllung.

Daß man in dieser Phase für all die anderen, die Nichtfastenden, die mit einer in unseren Augen geradezu lächerlichen Betriebsamkeit lauter nichtigen Dingen nachjagen und sich obendrein mit riesigen Mengen von Nahrung vollstopfen, sich also immer weiter verunreinigen – daß man für sie und ihre offensichtliche Unwissenheit, Blindheit, Dummheit nur noch Verachtung übrig hat und sich ihnen haushoch überlegen fühlt, ist nur folgerichtig.

Fasteneuphorie

Natürlich widerspricht dieses maßlose Überlegenheitsgefühl der angestrebten Reinheit zutiefst. Es ist die pure Überheblichkeit, die einen da ergreift, die Hybris – und sie hält eine ganze Weile an. Beim längeren Fasten erfährt sie meist noch eine Steigerung zu Machtgefühlen bis hin zum Machtrausch.

Unterstützend wirkt hier die spätestens am fünften reinen Fastentag einsetzende Fasteneuphorie. Sie wird unter anderem, also nicht ausschließlich, von einem physiologischen Vorgang ausgelöst: vom verstärkten Auftreten der Endorphine. Das sind spezielle, noch wenig erforschte Hormone, die im Gehirn gebildet werden und an der Entstehung von freudiger Erregung und Glücksgefühlen beteiligt sind.

Die Fasteneuphorie ist das Gefühl einer ungeheuren Freude über die eigene, auch innere Kraft, das Gefühl, alles zu vermögen, sich nichts und niemandem beugen zu müssen, gleichsam die Zügel des Kosmos selbst in Händen zu halten. Es fehlt nicht viel, und man fühlt sich in einem wahren Machtrausch als Herrscher der Welt.

Aber es ist nicht *nur* das. Schließlich hat man keine Drogen geschluckt, die ähnlich rauschhafte Wirkungen erzeugen können, sondern man fastet. Man hat sich der Symbolkraft der Reinigung anvertraut, und was mit zunehmendem Reinerwerden, auch der Gefühle, tatsächlich wächst, ist die Kraft des *Verstehens*, nicht der Macht.

Sensibilisierung für die spirituelle Ebene

Es muß auch nicht unbedingt zu einem solchen Machtrausch kommen. Zwar führen das Gefühl innerer Kraft, der Unabhängigkeit und Überlegenheit, die Euphorie und die bewußt wahrgenommene Präsenz der spirituellen Ebene meist tatsächlich zu Machtphantasien, aber wie weit man sich in sie hineinsteigert, das ist einerseits von der eigenen Persönlichkeitsstruktur abhängig und andererseits davon, wie man mit diesen Phantasien (der Machtversuchung?) konkret umgeht. Daran wird sich entscheiden, was letztlich im Vordergrund steht: das Kraftgefühl, der Machtgedanke oder die fortschreitende Sensibilisierung für die spirituelle Ebene.

Buchinger berichtet von länger Fastenden, bei denen sich diese Sensibilität bis zur Medialität steigerte, bis zur Fähigkeit, selbst Medium (Mittler) zwischen spiritueller und materieller, sinnlich wahrnehmbarer Ebene zu sein. Das sind natürlich Sonderfälle, die jedoch die prinzipiellen Möglichkeiten deutlich machen.

Die Erfahrungen des normalen Heilfastenden mit der spirituellen Ebene sind bescheidener, aber dennoch faszinierend. Sie vermögen uns die Augen zu öffnen und sind weit ungefährlicher.

Was von nahezu allen längere Zeit Fastenden erlebt wird, ist die wachsende Empfänglichkeit für spirituelle Energie. Man erfährt diese Energie zunächst als immer wiederkehrende klarsichtige Augenblicke. Man hat plötzlich das fast körperlich spürbare Empfinden, zu verstehen, was eigentlich vor sich geht in der Welt. Man sieht, daß alles ganz anders ist und im Grunde ganz einfach. Es ereignet sich so etwas wie ein Aha-Erlebnis, das allerdings nicht im Gehirn, im logischen Begreifen, stattfindet, sondern die ganze Person ergreift.

Dieses Verstehen betrifft anfangs meist das eigene Leben, bestimmte Zusammenhänge in ihm, oder auch den eigenen Organismus, zum Beispiel die untrennbare Verbindung von Körper und Seele oder das deutlich fühlbare Vorhandensein und Mitwirken der spirituellen Dimension.

Man spürt auch sehr deutlich, daß die Klarsichtigkeit solcher Augenblicke nicht dem eigenen Denkvermögen entspringt. Man erfährt sie als von einer Kraft bewirkt, für die man nur Durchgangsstation ist. Sie fließt in das eigene Bewußtsein (oder die Seele) ein und auch wieder hinaus, tritt nach außen. Und diese Kraft klärt sowohl den Blick auf sich selbst als auch auf die Welt. Es kommt immer wieder zu einer überraschenden Änderung der Perspektive, zu plötzlichen intuitiven Erkenntnissen, als ob sich ein inneres Muster enthüllte.

Solche Erkenntnisse sind zum einen äußerst beglückend (sie schenken eine nicht näher benennbare Gewißheit, Sicherheit, Aufgehobenheit), und zum anderen erhöhen sie die Empfänglichkeit, die Sensibilität für die spirituelle Ebene. Es schärft sich der Blick für Entsprechungen zwischen innerer und äußerer Welt und für die seltsame Synchronizität (das bedeutet zur selben Zeit und nach demselben Muster) ihrer Abläufe wie für die Allgegenwart der Symbole und ihrer Kraft und die energiespendende Macht der Rituale.

Daß die Fähigkeit, mit der spirituellen Ebene und ihren Kräften in Kontakt zu treten, eng mit der Reinigung zusammenhängt, der sich Organismus und Psyche durch das Fasten unterziehen, spürt man deutlich. Man erfährt es ja auch hautnah: Reinigung ist nicht nur der Vorgang des Entschlackens und Aufarbeitens; sie erweist sich darüber hinaus als Symbol für das In-Verbindung-Treten mit höheren, spirituellen Kräften. Sie ist also gleichzeitig das In-Verbindung-Treten, sie *ist* bereits die Brücke.

Aufgrund dieser Erfahrung betonen die meisten Heilfastenden schon von sich aus die äußerliche Reinigung des Körpers immer nachdrücklicher, und sie *ritualisieren* sie sogar, um die kraftgebende Verbindung zur spirituellen Ebene zu verstärken.

In Demut zur spirituellen Kraft

Die Energie der spirituellen Ebene, deren Wirkungsweise man ebenso wie sie selbst so schwer beschreiben kann, richtet sich, wenn die Verbindung zu ihr gelungen ist, natürlich auch nach außen. Während des Fastens, wenn alle Vorgänge der Reinigung dienen, alles nach Reinheit strebt, zeigt sie sich in der berühmten Ausstrahlung, was ja fast ein Synonym für Glanz ist, eines der Symbole für spirituelle Energie. Sie wird also von den anderen wahrgenommen und verleiht dem Träger dieser Ausstrahlung ein gewisses Maß an Unwiderstehlichkeit. (Gewiß wirken an dieser Ausstrahlung auch psychische Energie und Vitalität mit, das Ausschlaggebende ist nach meiner Überzeugung aber das Vorhandensein spiritueller Kräfte.) Das birgt die Versuchung in sich, sie weiterzuentwickeln und zum eigenen Nutzen gezielt einzusetzen, das heißt Macht auszuüben. Diese Versuchung kann sehr groß sein, denn der Machtgedanke taucht ja bereits aus anderen Gründen auf.

Davor möchte ich warnen! Spirituelle Energie läßt sich nur sehr schwer manipulieren.

Die Gefahr ist groß, durch Versuche, die gewonnene Kraft als Macht einzusetzen, den innerlichen Zugang zur spirituellen Dimension wieder zu verlieren. Denn die innere Haltung, in der der Wille zur Machtausübung wurzelt, das Machen-

Wollen und Erzwingen-Wollen, widerspricht dem Offensein, der Empfänglichkeit.

Um den Kontakt zu den spirituellen Kräften zu festigen und sich überhaupt die Empfänglichkeit für sie zu bewahren, ist eine ganz andere Haltung erforderlich: Demut.

Dieses Wort hört man heutzutage nicht so gern, wo wir doch alle nach dem Gegenteil streben: nach dem Aufsteigen, Sich-Behaupten, Herrschen und der Macht. Wieder wird etwas von uns verlangt, das sich gegen die Ziele unseres alltäglichen Lebens richtet und tiefsitzende Muster aufbricht.

Wer sich ernsthaft den Zugang zur geistigen Ebene erhalten will, kommt darum allerdings nicht herum. Priesterinnen und Priester aller Zeiten, deren Handeln ja dem Zweck dient, den Kontakt zur spirituellen Dimension herzustellen und zu pflegen, also offenzuhalten, haben uns diese innere Haltung der Demut praktisch vorgeführt. Ihre Handlungen sind Rituale (zu denen immer auch solche der Reinigung und das Fasten als umfassendstes Reinigungsritual gehören), die Gerätschaften und Zeichen, die sie verwenden, sind Symbole, und ihr Handeln ist Unterwerfung: sich verneigen, niederknien, den Nakken beugen – also wehrlos darbieten –, sich in den Staub werfen. Das alles sind Bekundungen von Unterwerfung, äußerer Ausdruck von Demut; gleichzeitig aber sind es Symbole für Empfänglichkeit. Der Lohn für die Unterwerfung ist der Empfang der spirituellen Kraft. Immer und in allen Religionen kommt nach der Unterwerfung das Sich-Aufrichten, Sich-Erheben und meist sogar das Aufrecht-Dastehen mit ausgebreiteten Armen: Sinnbild der nun nach außen strahlenden spirituellen Kraft.

Praktische Unterstützung der spirituellen Dimension

Schwerpunkte

Wer sein Heilfasten nach dem in diesem Buch gegebenen 10-Tages-Plan gestaltet, wird mit der spirituellen Seite dieses Prozesses ganz sicher konfrontiert; es läßt sich gar nicht vermeiden. Man kann das einfach hinnehmen, es in sich einlassen, sich daran freuen, ohne diese Seite besonders zu betonen. Wenn es einem gelingt, sie zuzulassen und in den Gesamtprozeß Heilfasten zu integrieren, wird sie ihre Wirkung tun.

Wen aber gerade diese Seite besonders interessiert, oder wer sich während des Fastens von ihr hat einfangen lassen, so daß es ihm plötzlich gar nicht mehr so sehr auf das Abnehmen ankommt, dessentwegen er vielleicht zu fasten begonnen hatte, kann sein Verhalten gezielt auf Erfahrungen im spirituellen Bereich ausrichten. Ich will im folgenden keine detaillierte Anleitung dafür geben, wie das im einzelnen zu bewerkstelligen ist. Das würde meiner Erfahrung nach nur zum »Rumprobieren, ob das auch wirkt« verführen – und das wäre eine entschieden falsche Einstellung diesem ganzen Bereich gegenüber. Ich will sie deshalb gar nicht erst herausfordern. Der (Irr-)Glaube, alles ließe sich bewerkstelligen, würde man nur die entsprechende Verfahrensweise kennen, wird der spirituellen Dimension nicht gerecht.

Das Leitmotiv für den Umgang mit Erfahrungen auf der spirituellen Ebene und ihren Kräften heißt *Achtsamkeit*. Darin schwingt Achtung mit und Aufmerksamkeit und auch Behutsamkeit und Obacht. Das verträgt sich weder mit garantiert funktionierenden Verfahrensweisen noch mit oberflächlichem Rumprobieren.

Was hingegen sinnvoll erscheint und Hilfestellung gibt, sind Hinweise darauf, welchen Bereichen des Heilfastenprozesses man sich besonders zuwenden bzw. welche Schwerpunkte man im eigenen Verhalten setzen sollte.

Es sind vor allem folgende zwei Punkte, auf die es ankommt und die es zu fördern gilt:

■ Empfänglichkeit für die spirituelle Dimension
■ Demut bzw. Unterwerfung

Empfänglichkeit für die spirituelle Energie

Alles, was zu einer Konzentration auf die Mitte der eigenen Person anregt oder dorthin führt, fördert die Empfänglichkeit für die spirituelle Dimension.

Die »Mitte der Person« ist kein körperlicher Mittelpunkt (physikalischer Schwerpunkt), sondern die Mitte (oder der Schnittpunkt) aller Ebenen der individuellen Existenz. Sie umschließt gleichzeitig alle diese Ebenen und ist also eine eigene Dimension. Durch sie stehen wir mit »dem Ganzen« in Verbindung. Sie führt also über uns selbst, über unsere Individualität hinaus.

Diese Mitte zu erreichen, sich in sie zu versenken bzw. darin aufzugehen, ist erklärtes Ziel jeder Meditation.

Meditationstechniken gibt es in zahlreichen Varianten, die sich unterschiedlicher Hilfsmittel bedienen. Manche arbeiten mit optischen Hilfen (z. B. Mandalas), andere mit akustischen, gedanklichen oder mit der Bewegung. Alle dienen demselben Zweck: den ungeordneten Strom der Gedanken und Gefühle zunächst auf einen Punkt oder in eine Richtung zu lenken, sie zu kanalisieren und schließlich ganz versiegen zu lassen. Nachdem das gelungen ist, ist der eigentliche meditative Zustand erreicht.

Der meditative Zustand bedeutet gleichzeitig enge Verbindung zur spirituellen Ebene.

Ihn zu erreichen, gelingt nur durch langes und regelmäßiges Üben, also das, was landläufig als Meditieren bezeichnet wird.

Aber schon das Üben an sich, das konkrete Sich-Bemühen um den meditativen Zustand, dient der Empfänglichkeit für spirituelle Kräfte.

Welche Meditationstechnik der eigenen Persönlichkeit am besten entspricht, wird jeweils die Erfahrung zeigen. Literatur oder Einführungskurse informieren umfassend über die verschiedenen Möglichkeiten. Meist stellt sich dabei schon heraus, zu welcher Technik man besonders neigt.

Eine Sonderstellung nimmt in diesem Bereich die geführte Meditation ein. Zwar ist auch ihr Ziel letztlich die Konzentration auf die eigene Mitte, aber sie geht dabei einen ungewöhnlichen Weg. Anstatt das Leerwerden von allen Gedanken und Gefühlen anzustreben, greift sie die inneren Bilder – aus denen Gedanken letztlich bestehen – des Meditierenden auf und lenkt sie auf Ursymbole und Rituale, die als archetypische Muster im Unbewußten jedes Menschen vorhanden sind.

Das bildhafte Erleben dieser Muster in der inneren Vorstellung führt ebenfalls an die Schwelle jener Dimension, über die wir mit dem Ganzen verbunden sind, und erhöht die Empfänglichkeit für die Kräfte der spirituellen Ebene.

Jede Art von Meditation oder meditativer Beschäftigung, wie etwa das Ausmalen eines Mandalas, läßt sich durch die Wirkung bestimmter Düfte unterstützen.

Daß bestimmte Duftstoffe die Bereitschaft, sich der spirituellen Dimension zu öffnen, in erheblichem Maße fördern, ist seit Jahrtausenden bekannt. Überall auf der Erde und zu allen Zeiten wurden Duftstoffe verwendet, wenn es darum ging, den Kontakt zu den höheren Mächten, der Gottheit, den Dämonen oder Göttern herzustellen. Auch heute noch bedient sich selbst die christliche Kirche – die über jeden Verdacht der Geisterbeschwörung erhaben sein dürfte – der Wirkung des Weihrauchs zur Unterstützung der Gottesdienste.

Bevor man sich selbst solcher Düfte vielleicht in Form von Räucherstäbchen, Verdunstungsschalen für ätherische Öle oder ähnlichem bedient, sollte man sich eingehend über deren

Wirkung informieren (z. B. im Buch *Die heilende Kraft der Wohlgerüche und Essenzen* von Martin Henglein).

Diese Wirkungen sind meist sehr komplex, und man muß genau zu unterscheiden und zu dosieren wissen, um unerwünschte Nebenwirkungen ausschließen zu können.

Eine weitere, ganz andere Methode, die Empfänglichkeit anzuregen oder zu optimieren, habe ich bereits erwähnt: Die Ritualisierung der äußerlichen Reinigung während des Heilfastens. Meist ergibt sich das aus der konkreten Erfahrung mit der Symbolkraft der Reinigung von selbst. Rituale sind tatsächlich ein sehr wirksames Mittel, sich der spirituellen Ebene – und auch der eigenen Mitte – zu nähern. In ihnen wird das Element »Form« betont und gleichsam erhöht: Man unterwirft sich ihm als einem höheren Prinzip.

Demut und Unterwerfung

Die bewußte Überwindung von Allmachtsgefühlen und Machtgelüsten ist eine ganz wichtige Voraussetzung dafür, die Verbindung zur spirituellen Energie aufrechtzuerhalten. Das Ergebnis dieser Überwindung ist die Demut; ihr konkretes Handeln ist die Unterwerfung.

Im Heilfasten-Leitfaden wurden bereits symbolische Haltungen (Körperstellungen) der Unterwerfung angesprochen und empfohlen:

- in der Yoga-Haltung als »Unterwerfung«
- beim Einlauf als »Demutshaltung«

Die Yoga-Haltung ist ursprünglich und eigentlich ja Bestandteil eines Heilsweges, eines Weges zur Vereinigung (das bedeutet das Wort Yoga) mit dem Ganzen. In der Yoga-Haltung wird gleichermaßen die körperliche, seelische und spirituelle Ebene des Menschen angesprochen und stimuliert.

Die »Unterwerfungs«-Haltung führt zur vollständigen Entspannung der Muskulatur und darüber hinaus zur tiefgreifenden Entspannung des seelischen Bereichs. Sie bewirkt ein Absinken des Bewußtseins zur Mitte hin und schlägt gleichzeitig über ihre starke Symbolkraft eine Brücke zur spirituellen Dimension. (Und sie hilft gegen Machtphantasien!)

Die »Demutshaltung« beim Einlauf hat eine ähnlich komplexe und sehr nachhaltige Wirkung.

Der Einlauf als eingeleitete Darmentleerung, also bewußt vollzogene Reinigung, ist stark negativ besetzt. Wir empfinden ihn an sich schon als demütigend, obwohl kein objektiver Grund dafür vorhanden ist. Hier wirkt sich die generelle Tabuisierung des gesamten Analbereichs aus. Er ist der Bereich unseres Körpers, der als am »unwürdigsten« gilt, der auch, mehr noch als der Genitalbereich, am stärksten mit Schamgefühlen besetzt ist und am konsequentesten bedeckt gehalten wird. Die negative Besetzung des analen Bereichs ist so fest in uns verankert, durch Erziehung im weitesten Sinne, daß uns diese Region des eigenen Körpers völlig fremd, ja sogar unangenehm ist. Sich mit ihr – über die notwendigen Ausscheidungsvorgänge hinaus – gezielt zu beschäftigen, halten wir für unanständig und scheuen davor zurück, selbst wenn es – wie beim Einlauf – ganz im verborgenen geschieht!

Es bedeutet also eine große Überwindung, ein bewußtes Durchbrechen psychischer Barrieren, sich überhaupt zum Einlauf zu entschließen, sich dazu durchzuringen. Was in der Fastensituation allenfalls erleichternd wirken kann, ist die Tatsache, daß es sich dabei ganz augenscheinlich um Reinigung, und zwar um eine auf den Grund gehende, handelt.

Zur praktischen Durchführung des Einlaufs ist nun in jedem Fall eine Haltung erforderlich, die gefühlsmäßig mit Unterwerfung assoziiert wird: Irgendwie vorbeugen, bücken muß man sich; ganz aufrecht, stolz oder in Herrscherpose geht es nicht. Und man muß in dieser Haltung verharren: immerhin dreißig bis fünfundvierzig Sekunden lang. Diese halbe bis dreiviertel Minute ist eine sehr wichtige Zeit. So befremdlich es auch klingen mag, es ist genau so: Diese kurze Zeitspanne in unwürdiger Situation, in der man nur noch ausharrt, bis das Wasser eingelaufen ist, kann einen zum entscheidenden Schritt bewegen. Und der heißt: herunter vom hohen Roß, von den Machtphantasien, dem Größen- und Allmachtswahn!

Die Situation, in der man sich befindet, ist allzu entlarvend.

Ist dieser Schritt erst einmal getan, wird man wahrscheinlich ganz von selbst die »Demutshaltung« als die angemessenste erkennen und auch einnehmen. Durch sie, die nun äußeres Zeichen der inneren Haltung, der Demut, geworden ist, kann kraft der gemeinsam wirkenden Symbole von Reinigung und Unterwerfung ein sehr inniger Kontakt zur spirituellen Dimension entstehen. Auch hier wirkt eine bewußte Ritualisierung vertiefend und festigend.

Ist die Reinigung vollzogen, hat also der Einlauf seine körperliche Wirkung getan, ergibt sich das Sich-Aufrichten von selbst; nicht nur äußerlich – was gar nicht so wichtig ist in diesem Fall –, sondern vor allem innerlich. Das Quäntchen gewonnener »Reinheit« und die empfangene spirituelle Energie sorgen dafür.

Es gibt gewiß noch andere Möglichkeiten und Gelegenheiten, sich während des Heilfastens in Demut zu üben, zum Beispiel durch das Gebet. Nach christlichem Ritual ist dabei der Kopf gesenkt, der Nacken gebeugt.

Aber demütig kann man auch ganz ohne eigenes aktives Handeln werden; etwa in den Augenblicken plötzlicher Erkenntnis, in denen man das Einssein mit der Schöpfung erlebt. Das maßlose Staunen, das einen dabei ergreift, führt oft geradewegs in die Demut, in die rückhaltlose Bereitschaft zu dienen, was der ursprüngliche Sinn dieses Wortes ist.